이 책의 활용법

〈1단계: 손으로 영작하며 문장 깨우치기〉의 각 패턴을 학습한 후,
해당 패턴의 **〈2단계: 손으로 깨우친 문장 입으로 영작하기〉**를 학습해야 높은 학습 효과를 기대할 수 있습니다.

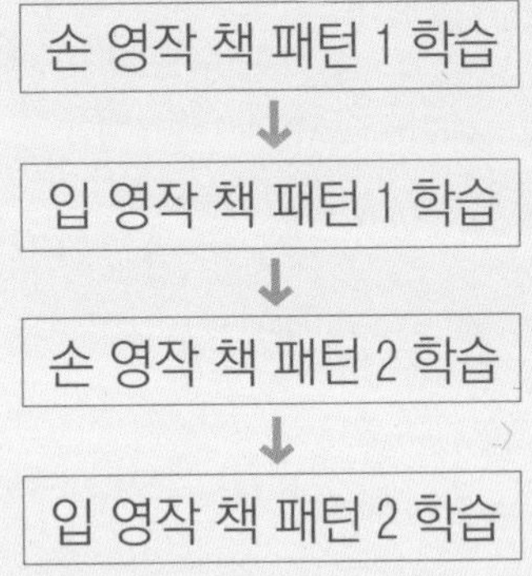

입영작 트레이너 MP3 파일 활용법

〈영어회화 입영작 훈련〉을 할 때에는 반드시 MP3 파일을 200% 활용해서 훈련하세요!
MP3 파일 음원에는 다음 세 가지 코너가 녹음되어 있습니다.

- 손 영작: 완성 문장 확인 – 네이티브 스피커의 음성으로 완성 문장을 확인하세요.
- 입 영작: 의미 단위 입 영작 – 우리말 성우와 네이티브 스피커가 동시통역하듯 우리말과 영어를 의미 단위로 끊어서 읽어줍니다. 여러분도 같이 따라해 보세요.
- 입 영작: 완성 문장 낭독 훈련 – 완성 문장을 5회 반복하여 들려줍니다. 최소 10회 이상 반복해서 큰 소리로 낭독 훈련해 보세요.

ONE MORE
외모도 목소리도 훈훈한 마스터유진 선생님의 해설 강의를 팟캐스트로 들으실 수 있습니다.

입영작 훈련 또는 입영훈을 검색해 보세요!

필수 패턴 100

영어회화 입영작 훈련 ①

영어회화 입영작 훈련 1 개정판

저자 | 마스터유진
초판 1쇄 발행 | 2014년 7월 28일
개정판 2쇄 발행 | 2024년 2월 9일

발행인 | 박효상
편집장 | 김현
기획 · 편집 | 장경희, 김효정, 권순범, 이한경
디자인 | 임정현
마케팅 | 이태호, 이전희
관리 | 김태옥

교정 | 엄성수, 안창렬
디자인 · 조판 · 삽화 | 홍수미

종이 | 월드페이퍼
인쇄 · 제본 | 예림인쇄 · 바인딩

출판등록 | 제10-1835호
발행처 | 사람in
주소 | 04034 서울시 마포구 양화로11길 14-10(서교동) 3F
전화 | 02) 338-3555(代) 팩스 | 02) 338-3545
E-mail | saramin@netsgo.com
Website | www.saramin.com

ISBN 978-89-6049-971-3 14740
978-89-6049-401-5 (set)

필수 패턴 100
영어회화 입영작 훈련
패턴 01~25
손으로 영작하며
문장 깨우치기

진리는 변하지 않는다

여러분들은 아마도 한번쯤 다음과 같은 말을 들어보았을 것이다.

하지만 나는 이런 생각들이 절대적인 오류이며 오히려 교묘한 상업적 멘트라고 생각한다.

미국에서 오랜 시간을 1.5세로 보냈음에도 불구하고, 나는 대한민국의 어휘 · 문법 위주의 영어 교육이 결코 수준이 낮다거나 헛되다고 생각해 본 적이 없다. 오히려 그런 교육이 없었다면 본인도 미국에서 영어로 살아남지 못했을 것이며, 그 생각은 지금도 변함이 없다. (잠깐! 이 책은 문법 책이 아니라 스피킹 책이 맞다. 끈기를 가지고 계속 읽어보시라.) 어휘 · 문법이라고 하는 것은 시대나 유행을 타는 것이 아니며, 영어를 외국어로 습득하는 사람이라면 전 세계 그 누구든 의심 없이 무조건 배워야 할 필수 영역이다.

우리가 외국에서 혹은 국내에서라도 어린 시절부터 완벽한 영어 사용 환경에서 자라지 않은 이상, 어휘와 문법의 이해 없이 스피킹에 도전하는 것은 불가능할 뿐만 아니라 위험하기까지 하다. 미리 결론부터 말하자면, 어휘와 문법에서 기본이 갖추어지지 않았다면 스피킹은 꿈도 꾸지 말아야 한다.

마스터유진의 스토리

본인 또한 한국에서 여느 누구처럼 학창 시절을 보내며 같은 방식의 어휘와 문법 위주의 영어 공부를 했었다. 나는 뒤늦게 미국으로 떠나며, "쓸데없는 문법은 집어치우고 미국 가서 무조건 말을 내뱉어보면 스피킹이 어떻게든 해결되겠지."라는 건방진 기대를 했고 결과는 참담했다.

고등학교에서는 어떻게든 손짓 발짓하며 넘어가던 영어가 대학에 진학하면서 참담하게 무너졌다. 몇 마디 단어로 대화하는 수준의 질 낮은 스피킹의 연속. '무조건 지르는 스피킹'의 최후는 그러했다.

수업 내의 그룹 프로젝트에서 난 깍두기 역할을 했다. "한국 스타일의 어휘와 문법 위주의 영어가 쓸모없다 하길래 다 무시하고 미국 스타일로 질러본 건데 왜 안 되는 거지?" 하지만 그것은 나의 바보 같은 생각이 만들어 낸 함정이었던 것이다.

내 영어 실력은 고작 커피를 주문할 만한 '단어' 혹은 '기초 회화' 수준이었지, 문장을 확장하며 다른 이들 앞에서 멋지게 프레젠테이션을 할 수 있는 '스피킹'의 수준이 아니었던 것이다. 앞으로 평생을 미국에서 살아야 하는데 정말 암담했다. 나만 바라보시는 어머니께도 드릴 말씀이 없었다.

그 와중에 나는 필수 수업 중 하나였던 Freshman Composition(기본 작문) 수업의 Term Paper(리포트)에서 F를 받게 되고, **그것은 큰 충격이었지만 어휘·문법 실력, 나아가서는 영작 실력이 스피킹과 직결된다는 사실을 깨닫게 해 준 운명의 계기가 되었다.** 어휘·문법 공부 좀 해봤다는 생각은 나만의 착각이었다. 나의 영어 기본기가 이 정도 수준인데 입으로 나오는 영어는 처참할 수밖에…….

그날을 기점으로 나는 무조건 나가서 외국인들과 얘기하는 시간을 줄이고, 오히려 한국에서 들고 온 단어집과 문법 책을 처음부터 다시 복습하고 그것을 기본으로 영작하는 연습을 수도 없이 반복했다. 그리고 그것이 결국 내 스피킹 엔진의 기반이 되었다.

그 와중에 정말 감사했다. 한국에서 학창시절 그렇게 주입식으로 배워둔 어휘와 문법 지식이 있었기에 많은 것이 수월할 수 있었음에. 그것들이 없었다면 맹세코 나의 스피킹은 지금까지도 단어 수준에 머물러 있었을 것임을 확신한다.

후회하지 말 것

우리가 초중고 및 대학 시절에 시험 영어 위주로 습득한 영어는 비록 주입식의 어휘·문법 위주였으나, 다행인 것은 그 덕에 우리는 그 누구보다 어휘력이 우수한 편이며, 문법적으로 틀린 문장을 보면 어느 정도 의문을 품을 수 있는 실력을 가지게 되었다는 것이다. 수년간 배워왔기에, 자신도 모르는 사이에 완벽하진 않을지라도 문법이 어느 정도는 체화된 것이다. (이것이 바로 반복의 무서움이다.)

education = 교육 / love = 사랑 (단어)
be interested in = ~에 관심이 있다 (덩어리 표현)
I cry yesterday. (×) ◇ I cried yesterday. (O) (시제)
You am a model. (×) ◇ You are a model. (O) (주어와 동사의 수 일치)
Learn English I. (×)◇ I learn English. (O) (어순)

I cry yesterday. ㅠㅠ
뭔가 이상한데?!

위의 단어나 문장을 보고, "이게 도대체 뭐야? 전혀 모르겠는데?"라고 하는 사람은 거의 없을 것이다. 주입식 어휘·문법 교육은 적어도 우리에게 이러한 기본적이고도 필수적인 지식을 선물해 주었다. 이것은 여러분들이 반복적인 훈련을 통해 쌓아온 가치 있는 재산이며, 버릴 이유도 없고 오히려 더욱 강화시켜야 할 부분이다. 대한민국의 학교 영어 공부는 절대로 낭비가 아니다. 그러므로 이제부터는 걱정하거나 아까워하거나 후회하지 말 것. 그 지식들 덕분에 여러분의 스피킹은 이제 날개를 달게 될 테니까.

무엇이 문제인가?

그렇다면 아마도 의문이 들 것이다.
대한민국에서 강조해온 어휘·문법 중심의 영어 공부가 정말 잘한 일이라면,
왜 우리는 아직도 영어 벙어리인가?

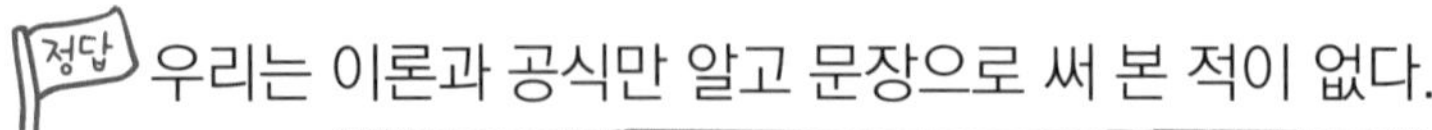

정답
우리는 이론과 공식만 알고 문장으로 써 본 적이 없다.

그렇다, 단순한 '경험 부족'이 문제이다.
이런 측면에서, 대한민국 영어 교육은 수준이 낮은 게 아니라 비효율적인 것이다.
그동안 수학 공부하듯 공식으로만 흡수한 지식을 써먹을 기회가 없었던 것이다.
읽어본 예문은 많았으나 '직접 써본' 예문은 없었다.

'아는 것'이 아닌 '하는 것'

그렇다면 해결책은 무엇일까?
우리는 지금껏 '알아'왔다. 단어를, 표현을, 문법을, 공식을.
좋은 현상이다. 잘해 온 것이다. 절대로 시간 혹은 노력의 낭비가 아니다.
단, 이제부터는 "Do"해야 한다.

그동안의 영어 공부를 헛되지 않게 하는 유일한 길은 영어 공부의 확장이다.
말은 거창하지만 확장이라 함은 결국,

01 '아는 것'을 써보는 것, 그리고 많이 써보는 것
02 '손으로' 그리고 '입으로'

우리의 현재 수준은 '어휘와 문법을 아는' 수준이고, 우리의 목표는 '스피킹'이다. 중요한 것은 어휘·문법과 스피킹 사이에 끊어진 고리를 연결해 줄 무언가가 필요하다는 것이다. 바로 그 다리 역할을 해주는 것이 '손 영작과 입 영작'이며, 그것이 이 책의 목표이다.

어휘·문법 ➔ 손 영작+입 영작 ➔ 스피킹

위의 순서는 병행할 수는 있으나 건너뛸 수도 없으며 바뀔 수도 없다.
물론, 문장 확장 훈련과 반복 훈련이 항상 병행되어야 한다.

입이 열리는 단계

1단계 ➾ 어휘력과 문법이 튼튼하면 영작이 가능하다.
2단계 ➾ 영작이 가능하면 빠르게 영작이 가능하다.
3단계 ➾ 빠르게 영작이 가능하면 입으로 영작이 가능하다.
4단계 ➾ 입으로 영작이 가능하면 빠르게 입 영작이 가능하다.
5단계 ➾ 빠르게 입 영작이 가능하면 스피킹이 가능하며 communication(소통)이 시작된다.

우리 대부분이 학창 시절에 다다른 단계는 1단계까지였다.
현재 자신이 어느 단계에 와 있는지 잘 생각해보길 바란다.
과연 지금 전화 영어 수업이나 원어민의 과외를 받고 있다고 해서 5단계에 올라가 있는 수준인지.
혹시 1단계조차 부실하진 않은지 다시 생각해 봐야 할 필요가 있다.

자가 테스트

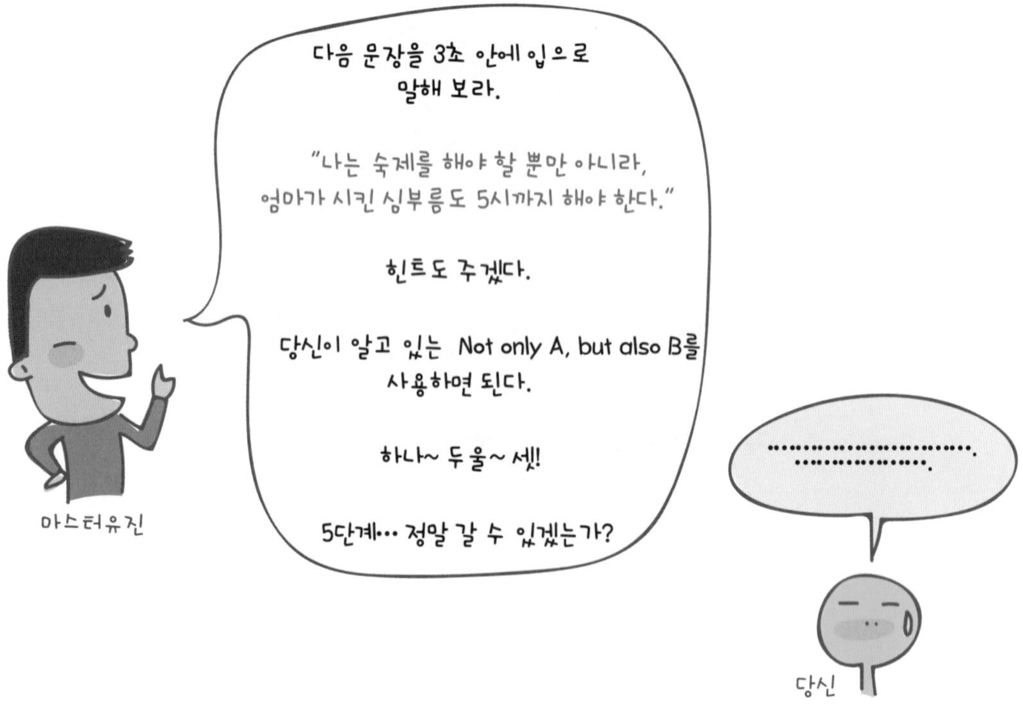

다음 문장을 3초 안에 입으로
말해 보라.

"나는 숙제를 해야 할 뿐만 아니라,
엄마가 시킨 심부름도 5시까지 해야 한다."

힌트도 주겠다.

당신이 알고 있는 Not only A, but also B를
사용하면 된다.

하나~ 두울~ 셋!

5단계… 정말 갈 수 있겠는가?

마스터유진

……………………………….
…………………….

당신

"문법이 중요한 게 아니다. 어서 스피킹을 하자!"라고 하는 말은 "1단계에서 4단계까지 모두 무시하고 5단계로 가서 단어 수준의 질 낮은 회화나 하자."라는 것과 같다. "기초공사는 일단 시간과 돈이 많이 드니까 대충 하고 그래도 있어 보여야 하니까 100층 건물을 세우고 보자."는 것과 다를 바가 없는 것이다. 얼마나 위험하고 낭비적인 생각인지 이해했으리라 믿는다. 뒤늦게 후회하고 1단계로 다시 돌아오는 학생들을 수도 없이 봐왔기에 이 점은 자신 있게 말할 수 있다. 부실 공사 하자고 부추기는 상술에 넘어가지 말고 이성적으로 생각해 보길 바란다.

마치며

진리는 변하지 않는다.
언어 습득은 반복적인 훈련이다.

어휘·문법 지식 또한 여러분들 스스로가 반복적인 훈련을 통해 얻은 것이다.

이제는 그것을 문장 만들기로 확장시키면 된다.

손을 움직이고 입을 움직이길 바란다.

영어 스피킹?
몰라서 안 되는 게 아니다.
안 해봐서 안 되는 것이다.

오늘부터는 교육 제도와 교사들에게 모든 원인을 돌리지 말길 바란다.
문제는 자기 자신이니까.
이제는 생각만 하지 말고 "Do"할 것!

My love goes out to:
사랑하는 나의 어머니,
메이슨, 장캡틴, 뽐이,
듬직한 나의 직원들, 조교들과 학생들,
영어 교육 및 출판에 도움을 주신 모든 분들

Thank you all for your unconditional love and support.

마스터유진

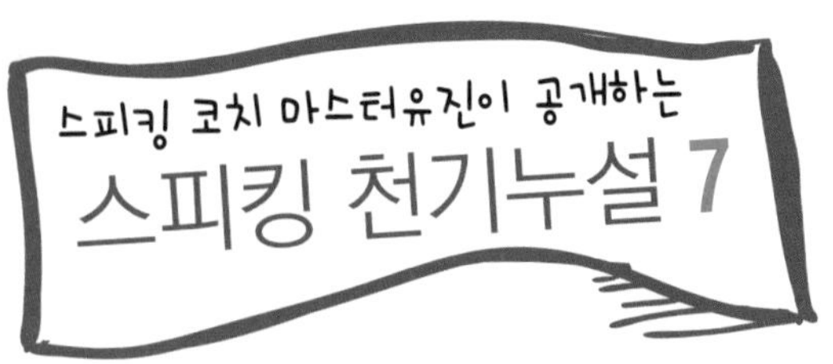

1 자신감을 가져라

'자신감(confidence)'이라는 단어는 언어 습득에 있어서 단지 추상적이거나 진부한 단어가 아니다. 우리가 가장 간과해온, 그러나 알고 보면 가장 중요한 요소이다.
언어를 습득하려면 목표 언어의 언어적인 부분만이 아니라, 그에 밸런스를 맞추어 문화적인 습성도 동시에 흡수해야 하며, 그렇지 않으면 흔히 말하는 '한국적인 느낌이 충만한 영어'가 될 수밖에 없다. 영어권의 문화와 태도 자체가 굉장히 적극적이며 능동적인데, 우리는 그것에 반대되는 '조용히 말하기'와 상대방이 마음을 열 때까지 기다리는 소심함으로 영어에 접근하고 있다. 우리는 어려서부터 한국인들만의 고유의 태도인 '부끄러움', '남의 눈치보기'에 익숙하다. "잘난 체하면 재수 없어", "못해서 무시당하느니 난 아예 안 하겠어."라는 태도에 익숙하다. 하지만, 영어 습득에서 이러한 태도는 취약이 된다.

부끄러움과 눈치보기는 다음과 같은 결과를 초래한다.
부끄러움+눈치보기 ➡ 자신감 결여 ➡ 웅얼거림 ➡ 커뮤니케이션 단절

결국, 부끄러워하고 눈치만 보면 커뮤니케이션은 이미 끝이다. 아니 시작도 없다. 아무리 진심 어린 마음으로 여자에게 다가가도 부끄러움 타고, 자신감 결여에 말까지 더듬으면 여자가 귀엽다고 봐줄 것 같겠지만 단지 귀엽다고 생각만 하고 끝인 것처럼, 그녀는 아마도 자신감을 가지고 자신의 생각을 분명히 말하는 사람을 훨씬 더 매력적이라고 생각할 것이다.

부끄러움 극복을 위한 처방

2 기본에 충실하고 초심으로 돌아가라

자신이 어휘와 문법이 완벽하다고 쉽게 판단하지 마라. 우리가 나름 오랜 시간 동안 어휘와 문법을 접하긴 했지만, 막상 실력은 그 시간과 비례하지 않을 수도 있다. 내가 시험 영어 지문을 어느 정도 막힘없이 독해할 수 있는지, 시중 문법 교재에서 다루고 있는 문법 사항들을 세세하게 이해하고 있는지, 어휘 실력이 정말 바닥은 아닌지, 반드시 짚고 넘어가야 한다. 기본이 부족하면 영어가 귀로 들리지도, 입으로 나오지도 않는 것은 당연한 일이다. 저학년 수준의 기초 단어 교재와 문법 교재로 돌아가도 좋다. **초심으로 돌아가서 반드시 기본을 확실하게 재정비하라.**

3 많이 쓰고 빨리 써라

문법 사항을 하나 마스터하고 나서 예문을 써 볼 때, 달랑 10문장 써보고 뿌듯해하지 마라. 우리의 입에서 한국어가 자연스럽게 나오는 것은, 같은 문법, 표현, 패턴을 이용한 문장을 살면서 수천 번, 수만 번 이상 반복하여 사용하기 때문이다. 그렇기 때문에 여러분이 본 교재로 공부하고 나서도 추가적인 문장들을 스스로 만들어가며 써보는 것이 중요하다. 하지만 한자리에서 그렇게 많은 문장들을 쓰는 것은 현실적으로도 쉽지 않고 비효율적이고 질릴 수 있기 때문에, 평소에 영어를 생활화하는 것이 중요하다. 지겨울 때까지, 진저리가 날 때까지 써봐야 한다. 언어는 반복 훈련이라는 것을 진심으로 다시 한 번 강조하고 싶다.

4 많이 말하고 빨리 말해라

이것은 많이 쓰고 빨리 쓰는 것과 같은 맥락이다. 단, 차이라고 한다면, 손으로 만들던 출력(output)을 입으로 만든다는 점이다. 기억할 것은 독해와 청취가 비슷한 채널의 입력(input)인 것처럼, 쓰기와 말하기 또한 비슷한 채널의 출력(output)이라는 것이다. 많이 쓰고 빨리 쓰게 될 때, 많이 말하고 빨리 말하는 훈련은 생각보다 수월하게 이루어질 것이다. 쓰는 훈련과 말하는 훈련은 동시에 병행해도 좋다. 이 두 영역의 훈련은 함께 시너지 효과를 낼 수 있는 훈련이다. (마찬가지로, 읽는 훈련과 듣는 훈련도 함께 하면 최상의 결과를 기대할 수 있다.)

5 3RA를 실천하라

하나만 부족해도 스피킹에 치명적인 타격을 입을 수 있는 3RA

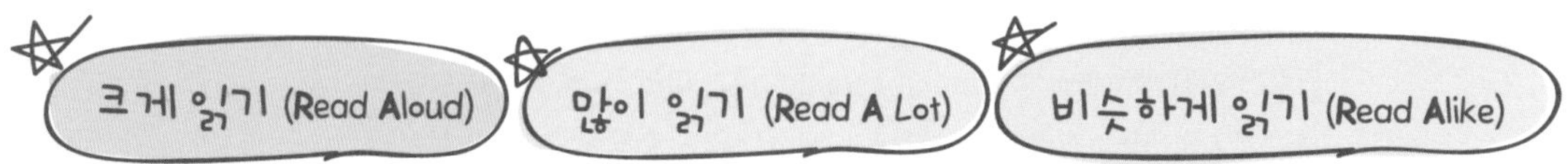

크게 읽는 이유: 발음할 때 공기의 흐름과 혀의 움직임을 도와주어 명확한 의사 전달이 가능
많이 읽는 이유: 반복 훈련을 통해 자연스럽게 문장 구조를 이해하고, 발음+연음+억양을 익힘
비슷하게 읽는 이유: 보다 원어민에 가까운 발음과 억양을 길러주는 마무리 작업의 역할을 함

이제 더 이상, 문장 하나를 읽더라도 조용하게, 영혼 없이 읽는 일은 없어야 한다. 그렇게 오랜 시간 독해를 해왔어도 스피킹에 전혀 도움이 되지 않았다면, **이제는 독해가 아닌, 자신감 있게 소리 내어 읽는 '낭독'을 해야 한다.**

6 집착하지 마라

우리가 문법에 익숙하다는 것에는 장점도 많지만 단점 또한 있는데, 그것은 바로 완벽주의와 피드백에 대한 집착이다. 문장 하나를 입으로 말하려고 해도 너무 작은 디테일에 연연하기 때문에 도무지 진전이 되질 않는다. 또한, "내가 말한 것이 완벽한 문장인가?"에 대한 끊임없는 의심 때문에 누군가 옆에서 고쳐주지 않으면 의미가 없다며 스피킹을 시도하는 것 자체를 거부하는 사람들도 있다.(가장 답답하고 스피킹이 늘지 않는 전형적인 케이스이다.)

지금은 피드백에 집착할 때가 아니다. 생각만 하고 있을 때가 아니다. 지금은 "Do"할 때다.
반복적인 말하기를 통해 어느 정도 스피킹에 자신감과 스피드가 붙었을 때 피드백을 받아도 늦지 않다. 문법과 영작 훈련을 반복적으로 병행하면, 입 영작을 할 때 발생하는 실수 또한 현저히 줄어들기 때문에 너무 걱정하고 눈치만 보지 말고, 이제는 입으로 내뱉어라. 좀 틀려도 죽지 않는다.

7 영어를 생활화하라

위에서 언급했듯이 언어는 반복적으로 사용하지 않으면, 실력을 유지하기조차 쉽지 않다. 하지만, 한자리에 앉아 같은 패턴의 영어 공부만 반복하면 지치게 되고, 결국 가장 무서운 포기에 이른다. 아무리 달리기가 다이어트에 좋다 한들, 매일 같은 시간에 같은 장소에서 반복한다면, 단기적인 효과는 있을지 모르지만 지겹고 힘들어서 포기하는 사람이 대부분인 것과 같다. 우리는 이제 습득한 영어 지식을 최대한 자연스럽게 우리의 일상생활에 녹여내는 작업을 해야 한다. 나는 이것을 '스스로에게 긍정적인 속임수를 건다'고 표현한다. 긍정적인 속임수들을 몇 가지 소개한다.

영어 생활화를 위한 긍정적인 속임수들

영어 채팅

자신이 습득한 표현을 실제로 써먹어봄으로써 자연스럽게 머릿속에 기억되도록 도와주며, 빠른 영어 쓰기 프로세스를 통해 스피킹을 도와주는 도구

SNS(Kakao Talk, Facebook, Twitter 등)

영어 채팅과 비슷한 효과를 얻을 수 있는 도구(영어 채팅보다 높은 접근성)

한국인 친구

에러 피드백의 목적보다는 영어로 말하는 임계량을 늘리는 것이 목적(초중급 학습자)

외국인 친구

외국인 친구와 스피킹을 할 수 있으며 피드백까지 받는 것이 목적(중고급 학습자)

영어 잡지, 신문, 교재 등

이미 알고 있는 표현이나 문장 구조를 접하면서 자연스럽게 스피킹 기본기를 강화시키는 것이 목적(반드시 자신의 관심사를 다룬 글이어야 하며, 독해만이 아닌 '낭독'이 되어야 함)

스스로 만드는 예문

하나의 표현 혹은 문법 사항을 두고 최소 100개 이상의 한글로 된 예문을 만든 후, 친구와 역할을 바꾸어 가며 입 영작하고 서로 피드백을 줌으로써 스피킹 임계량을 늘리는 것이 목적

스터디 그룹

2~4명의 스터디 그룹을 결성하여 정기적으로 자유 주제로 free talking을 실시함으로써 에러 수정보다는 output의 양을 늘리는 것이 목적(연애, 영화, 최근 이슈 등 반드시 공감할 만한 흥미로운 주제를 선택해야 함)

입영작 훈련이 가능하게 한다!

〈영어회화 입영작 훈련〉 시리즈는 머리에만 머물러 있었던 '지식(어휘/문법)'을 손 영작과 입 영작을 통해 '하는 영어'로 바꾸어주는 스피킹 훈련입니다.

〈영어회화 입영작 훈련〉은 어려운 단어들, 혹은 여러분들이 평생 접해보지도 못한 새로운 문법을 다루지 않습니다. 중요한 것은 아는 지식의 양을 계속 늘리기에만 집중하는 것이 아니라, 이미 가지고 있는 지식을 최대한 많이 사용하여 그것을 '체화'시키는 것입니다. 학창 시절 시험용 영어 공부로 쌓아온 것을 '영어 공부 Version 1.0'이라고 한다면, 이 교재는 반복 훈련을 통해 그 지식을 확장시켜 줄 '영어 공부 Version 2.0'이라고 볼 수 있습니다.

제한시간 내에 말해야 한다는 압박감 속에서 입 영작 훈련을 꾸준히 하다 보면, 머릿속에서 영어 어순으로 이해하는 처리 속도가 빨라집니다. 따라서 입 영작 훈련을 하면 주어진 상황에서 적절한 표현과 문장을 순발력 있게 내뱉게 되고, 단어 단위가 아닌 문장 단위로 말하는 습관이 생길 것입니다.

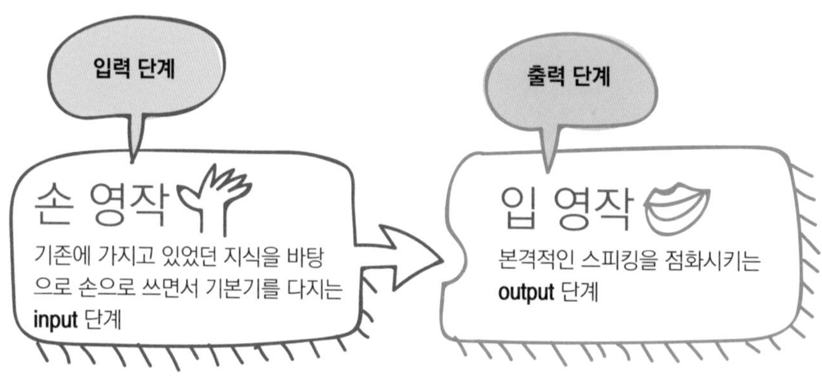

입력 단계
출력 단계
손 영작
기존에 가지고 있었던 지식을 바탕으로 손으로 쓰면서 기본기를 다지는 input 단계
입 영작
본격적인 스피킹을 점화시키는 output 단계

① 실제 사용 빈도가 가장 높은 영어회화 패턴 100개를 엄선하여 구성하였으므로, 짧은 시간 내에 효율적으로 스피킹 실력을 향상시킬 수 있습니다.

② 이해하기 쉬운 패턴 설명 + 이해하기 쉬운 예문 = 쉽게 스스로 예문을 만드는 능력이 생겨납니다.

③ 영작 훈련이 어순 대로 진행되기 때문에 자연스럽게 영어 어순에 익숙해집니다.

④ 반복적인 손 영작 + 입 영작 훈련을 통해 output의 오류 횟수가 줄어들고 속도가 빨라지게 됩니다.
→ 스피킹 실력의 필수 요소

⑤ 반복적인 낭독 훈련을 통해 발음과 연음은 기본이며, 문장 구조에 대한 이해력이 향상됩니다.

⑥ 스스로 문장을 만드는 과정을 통해 어휘를 문장 내에서 자연스럽게 익히게 됩니다.

⑦ 압박감 속에서 하는 말하기 훈련은 결국 시간 제한을 받는 스피킹 시험 즉, TOEIC Speaking, OPIc 등에서의 고득점과 직결됩니다.

입영작 훈련 프로세스

1단계 INPUT **손**으로 **영작**하며 문장 깨우치기

입으로 소리 내어 말하기 전에 손으로 문장을 영작하며 어휘와 문장 구조를 익히는 단계입니다.

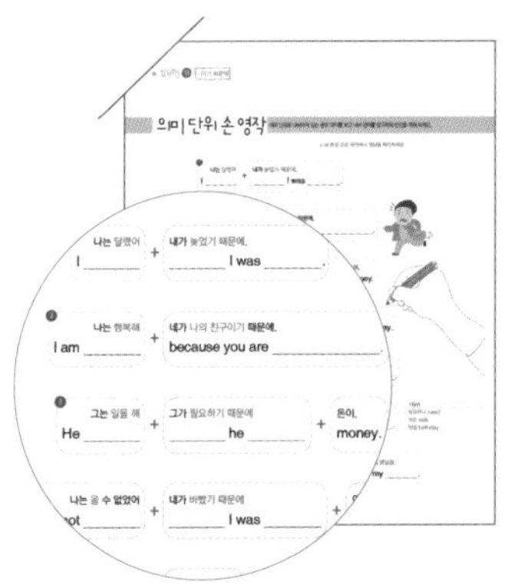

의미 단위 손 영작

긴 문장을 한꺼번에 영작하려면 부담부터 느껴지지요? '천리 길도 한 걸음부터'라는 말이 있듯이 한 걸음씩 가자구요~ 의미 단위로 잘라서 한글 문장과 비교하며 하나씩 빈칸을 채워 봅시다. 의미 단위별로 빈칸을 채우다 보면 어느새 한 문장의 빈칸이 모두 채워져 문장이 완성되어 있을 것입니다. 주어진 Hint 단어를 참고하여 빈칸을 채워 보세요!

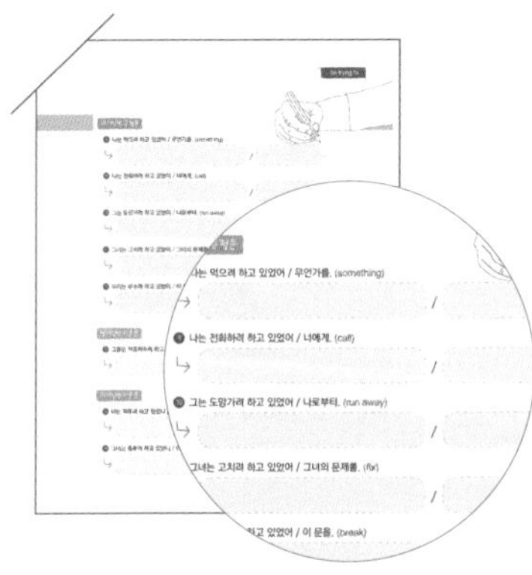

어순 손 영작

이번에는 빈칸 채우기가 아니라 의미 단위의 어순대로 영작해 보는 순서입니다. 앞서 의미 단위 손 영작에서 빈칸을 한 번 채워 보았으니 어순대로 영작할 수 있는지 확인해 봅시다. 아직은 관사, 전치사 등 작은 것들을 놓칠까봐 너무 걱정하지 마세요.

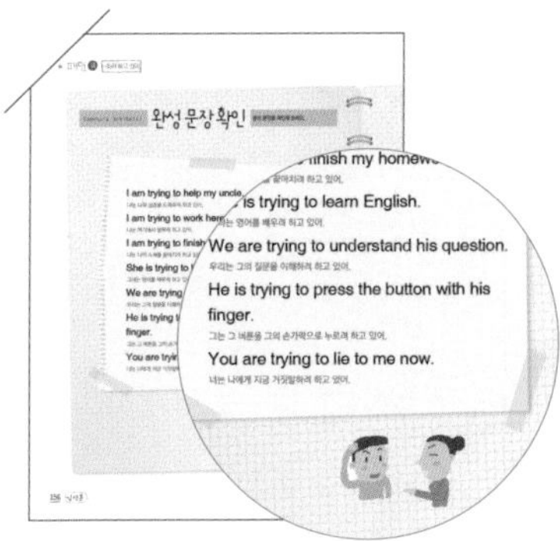

완성 문장 확인

의미 단위 손 영작과 어순 손 영작에서 영작해 본 문장들의 정답 문장들입니다. 자신이 만든 문장과 비교해서 잘못된 부분을 고쳐봅시다. 같은 부분에서 계속 실수가 나온다면 문법 공부를 병행하면 좋겠죠.

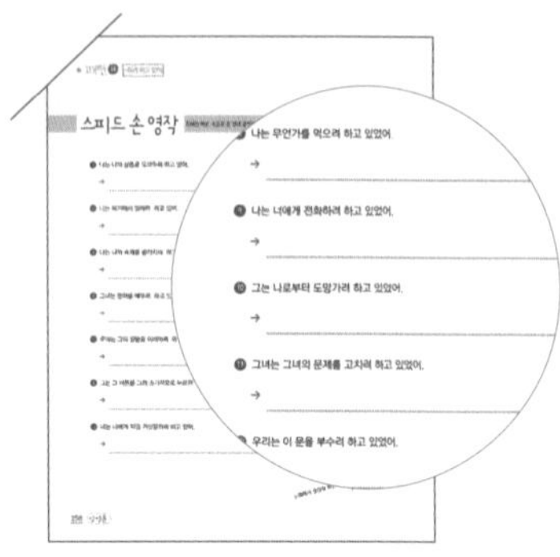

스피드 손 영작

앞서 확인한 완성 문장을 빠른 속도로 써 보면서 배운 문장들을 숙지했는지 확인하는 순서입니다. 어순 손 영작과 비슷하지만 최대한 빠른 속도로 써 보는 것이 포인트입니다. 시도할 때마다 걸린 시간을 기록해 둡니다. 1회에 만족하지 말고 막힘 없이 쓸 수 있을 때까지 써보자는 오기로 반복해 보세요.

2단계 OUTPUT 손으로 깨우친 문장 **입**으로 **영작**하기

1단계에서 손으로 익힌 문장을 직접 소리 내어 입으로 말하는 훈련을 하는 단계입니다.

의미 단위 입 영작

이번에는 의미 단위로 잘라서 하나씩 빈칸을 채워서 (써보는 것이 아닌) 말해 보는 순서입니다. 빈칸의 단어뿐만 아니라 문장 전체를 처음부터 말해나가야 합니다. 우리말 성우와 네이티브 스피커가 동시통역하듯이 녹음한 음원을 활용해 보세요.

어순 입 영작

이번에는 빈칸 채우기가 아니라 의미 단위 어순대로 입으로 영작해보는 순서입니다. 처음부터 완벽하지 않아도 됩니다. 관사, 전치사 등 작은 부분에 너무 신경 쓰지 마세요.

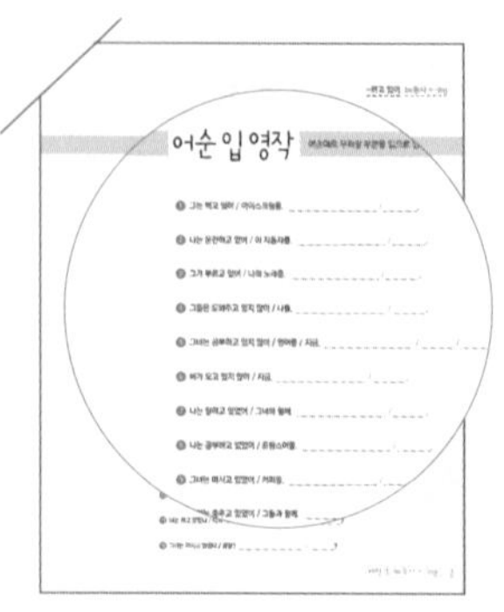

완성 문장 낭독 훈련

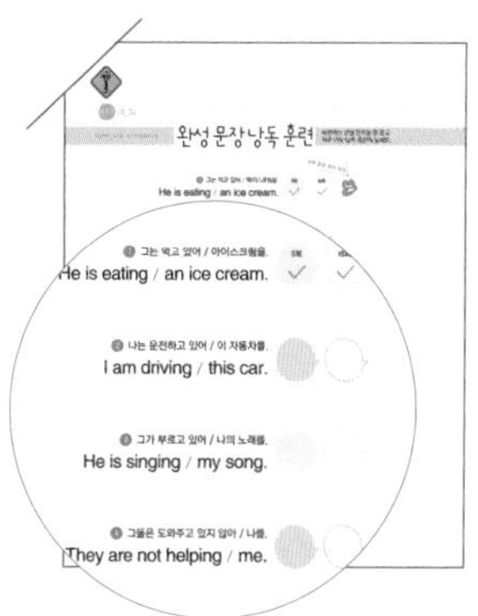

의미 단위 입 영작과 어순 입 영작에서 입으로 영작해 본 문장들의 정답 문장들을 가지고 네이티브 스피커의 음성을 들으면서 낭독 훈련해 봅니다. 5회 반복 음원을 활용하여 훈련하세요. 머리에서 입으로 이어지는 링크를 강화시키는 작업이기 때문에 자신감을 가지고 크게 낭독합니다.

아무 생각 없이 낭독하는 것이 아니라, 문장의 의미와 어순을 인지하면서 하는 것이 중요합니다. 1~5회까지는 천천히 또박또박 낭독하고, 6~10회까지는 속도를 내어 스피드 낭독을 해보면 더 좋습니다. 네이티브 스피커의 발음을 듣고, 발음, 연음 그리고 억양까지 신경 쓰면서 따라서 낭독해 보세요.

스피드 입 영작

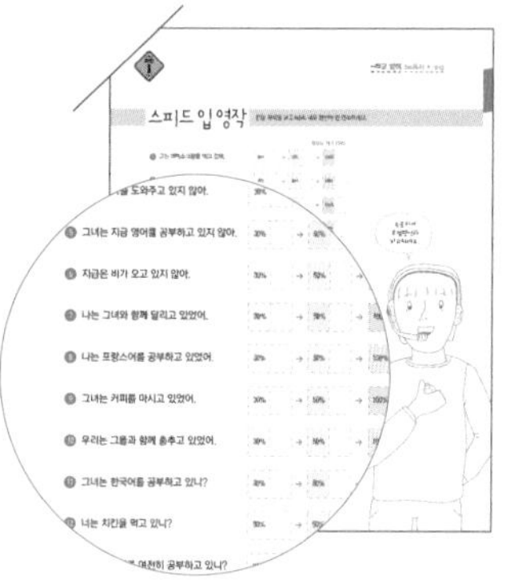

낭독 훈련한 완성 문장을 빠른 속도로 말해 보고 학습한 문장들을 얼마나 잘 숙지하고 있는지 최종적으로 확인합니다. 어순 입 영작과 비슷한 상황이지만 최대한 빠르게 즉시적으로(0.5초 내로 말하기 시작하는 것을 목표로) 입 영작해 보는 것이 중요합니다. 1회에 만족하지 말고, 막힘 없이 입에서 술술 나올 때까지 완성도 체크란에 체크하면서 완성도 100%에 도달할 때까지 반복 훈련합니다. 완성도 체크의 기준은 다음을 참고하세요.

V 완성도 체크 기준

완성도	속도	유창성&정확성
30%	입으로 나오는 시간까지 3초 이상 걸림	단어 사이에 머뭇거림이 많았으며 문장을 완성하지 못함
50%	입으로 나오는 시간까지 1초 이상 3초 미만 걸림	단어 사이에 머뭇거림이 있었으며 완성 문장에 오류가 있음
100%	0.5초만에 즉각 영어로 말하기 시작함	단어 사이에 머뭇거림이 없었으며 완성 문장에 오류가 없음

1단계 INPUT **손**으로 **영작**하며 문장 깨우치기

패턴 1 be동사+-ing ~하고 있어 ······ 20
패턴 2 현재형 동사 do ~하다 ······ 30
패턴 3 have been -ing ~해오고 있어 ······ 40
패턴 4 have p.p.~해 본 적이 있어 ······ 50
패턴 5 was/were going to ~하려고 했어 ······ 60
패턴 6 used to ~하곤 했어 ······ 70
패턴 7 -ing ~하는 것 / ~하기 ······ 80
패턴 8 to+동사원형 ~하기 위해 / ~하도록 ······ 90
패턴 9 look+형용사 ~해 보여 ······ 100
패턴 10 형용사+enough 충분히 ~한 ······ 110
패턴 11 possibly 어쩌면 / 혹시 ······ 120
패턴 12 never 절대로 아닌 ······ 130
패턴 13 because vs. because of ~이기 때문에 vs. ~ 때문에 ······ 140
패턴 14 be trying to ~하려 하고 있어 ······ 150
패턴 15 help+목적어+동사원형 …가 ~하는 것을 도와주다 ······ 160
패턴 16 help A with B A를 B와 관련해 도와주다 ······ 170
패턴 17 비교급 형용사+than …보다 더 ~한 ······ 180
패턴 18 the+최상급 형용사 가장 ~한 ······ 190
패턴 19 A is as 형용사 as B A는 B만큼이나 ~해 ······ 200
패턴 20 keep -ing 계속 ~해 ······ 210
패턴 21 stop -ing 그만 ~하다 / ~하는 것을 멈추다 ······ 220
패턴 22 be willing to ~할 의향이 있어 / 기꺼이 ~하겠어 ······ 230
패턴 23 be about to 막 ~하려는 참이야 ······ 240
패턴 24 tend to ~하는 경향이 있어 ······ 250
패턴 25 had better ~하는 게 좋을 거야 ······ 260

1단계 INPUT!
손으로 영작하며 문장 깨우치기
INPUT

패턴 1

~하고 있어

be동사 + -ing

영어에서는 **무엇인가가 진행되고 있을 때 '~하고 있다'라는 의미로 'be동사 + -ing'의 형태로 표현**합니다.

현재진행형(~하고 있다)은

말하고 있는 시점 혹은 그 즈음에 한창 그 행동을 진행 중이라는 것을 강조하며,

과거진행형(~하고 있었다)은

과거의 어느 순간에 그 행동을 한창 진행 중이었다는 것을 강조합니다.

현재진행형인지 과거진행형인지는 be동사의 시제로 구분합니다.

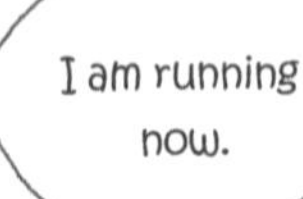

예를 들어,

"나는 지금 달리고 있어."라고 하려면

"I am running now."라고 하면 됩니다.

또, "나는 그 시간에 달리고 있었어."라고 하려면

"I was running at that time."이라고 표현할 수 있습니다.

'be동사 + -ing'는 '가까운 미래에 ~할 것이다'라는 의미로도 사용할 수 있으나

이 Unit에서는 사용 빈도가 높은 진행형 표현에만 집중하겠습니다.

↳ I am helping / her.

나는 도와주고 있어 / 그녀를. → 나는 그녀를 도와주고 있어.

↳ I am not drinking / water.

나는 마시고 있지 않아 / 물을. → 나는 물을 마시고 있지 않아.

↳ They were smoking / in this building.

그들은 담배를 피우고 있었어 / 이 빌딩 안에서. → 그들은 이 빌딩 안에서 담배를 피우고 있었어.

↳ Is he talking / about me?

그는 말하고 있니 / 나에 대해서? → 그는 나에 대해서 말하고 있니?

☆ 패턴 1 ~하고 있어

의미 단위 손 영작

의미 단위로 나뉘어져 있는 문장 마디를 보고 Hint 단어를 참고하여 빈칸을 채워 보세요.

p.26 완성 문장 확인에서 정답을 확인하세요.

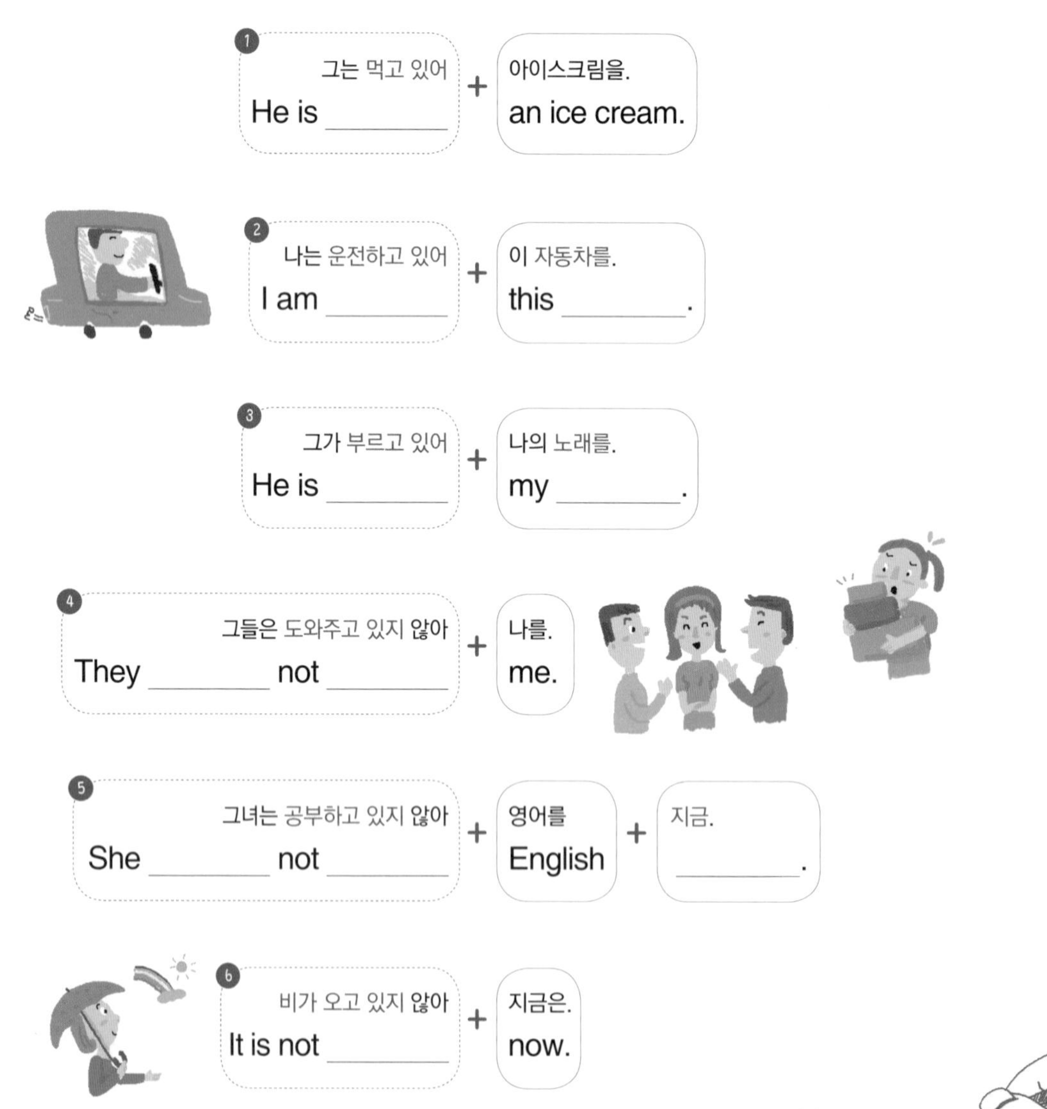

1. 그는 먹고 있어 + 아이스크림을.
   He is ________ + an ice cream.

2. 나는 운전하고 있어 + 이 자동차를.
   I am ________ + this ________.

3. 그가 부르고 있어 + 나의 노래를.
   He is ________ + my ________.

4. 그들은 도와주고 있지 않아 + 나를.
   They ________ not ________ + me.

5. 그녀는 공부하고 있지 않아 + 영어를 + 지금.
   She ________ not ________ + English + ________.

6. 비가 오고 있지 않아 + 지금은.
   It is not ________ + now.

7. 나는 달리고 있었어 + 그녀와 함께.
   I was ________ + ________ her.

Hint
운전하다 drive
노래하다 sing
도와주다 help
달리다 run

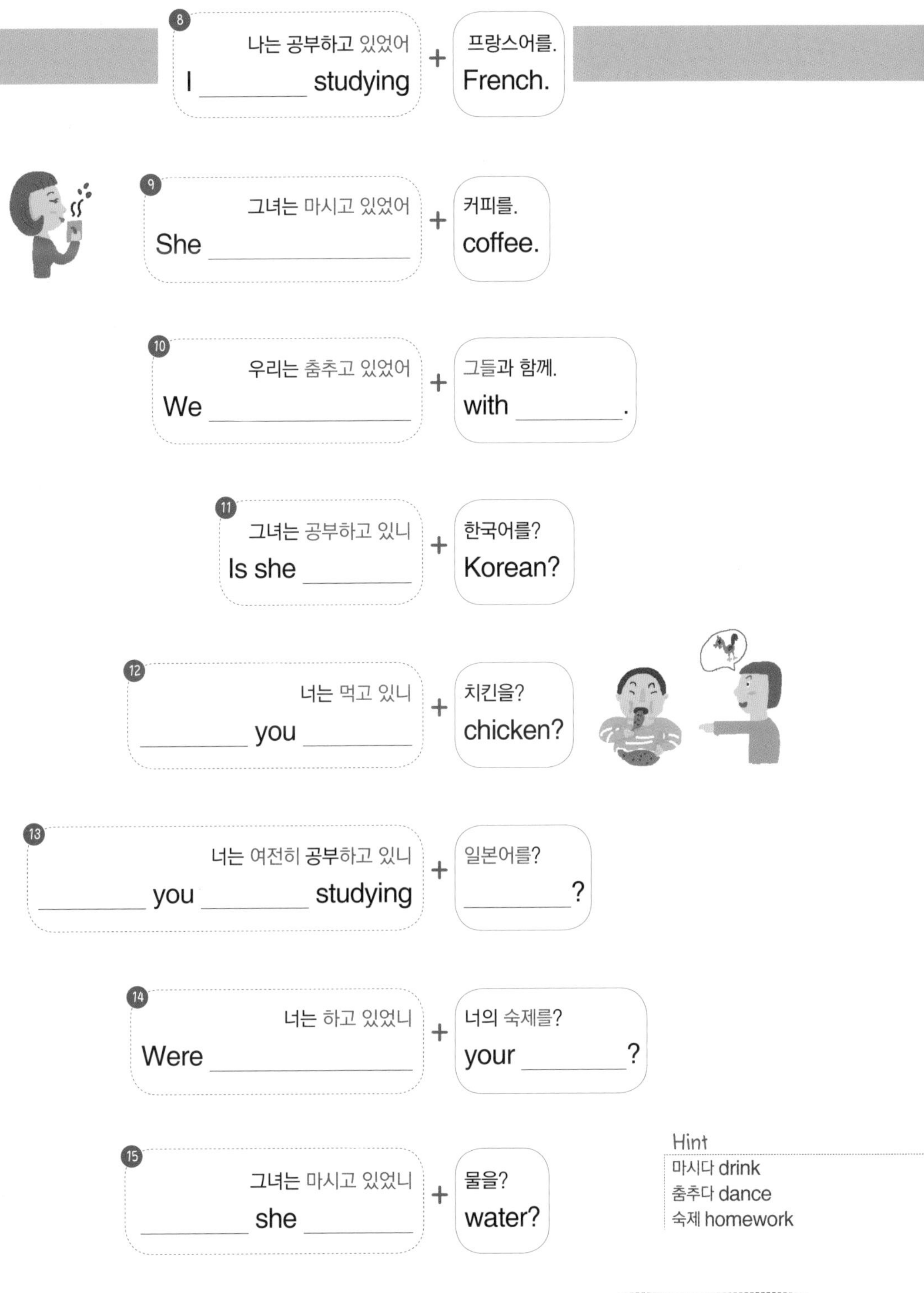

8 나는 공부하고 있었어 + 프랑스어를.
I ________ studying + French.

9 그녀는 마시고 있었어 + 커피를.
She ______________ + coffee.

10 우리는 춤추고 있었어 + 그들과 함께.
We ______________ + with ________.

11 그녀는 공부하고 있니 + 한국어를?
Is she ________ + Korean?

12 너는 먹고 있니 + 치킨을?
________ you ________ + chicken?

13 너는 여전히 공부하고 있니 + 일본어를?
________ you ________ studying + ________?

14 너는 하고 있었니 + 너의 숙제를?
Were ______________ + your ________?

15 그녀는 마시고 있었니 + 물을?
________ she ________ + water?

Hint
마시다 drink
춤추다 dance
숙제 homework

어순 손 영작

어순대로 영작해 보세요.

현재진행 긍정문

❶ 그는 먹고 있어 / 아이스크림을. (an ice cream)

↳ ______ / ______.

❷ 나는 운전하고 있어 / 이 자동차를. (drive)

↳ ______ / ______.

❸ 그가 부르고 있어 / 나의 노래를. (sing)

↳ ______ / ______.

현재진행 부정문

❹ 그들은 도와주고 있지 않아 / 나를. (help)

↳ ______ / ______.

❺ 그녀는 공부하고 있지 않아 / 영어를 / 지금. (study)

↳ ______ / ______ / ______.

❻ 비가 오고 있지 않아 / 지금은. (rain)

↳ ______ / ______.

과거진행 긍정문

❼ 나는 달리고 있었어 / 그녀와 함께. (with)

↳ ______ / ______.

8 나는 공부하고 있었어 / 프랑스어를. (French)

↳ / .

9 그녀는 마시고 있었어 / 커피를. (drink)

↳ / .

10 우리는 춤추고 있었어 / 그들과 함께. (dance)

↳ / .

현재진행 의문문

11 그녀는 공부하고 있니 / 한국어를? (Korean)

↳ / ?

12 너는 먹고 있니 / 치킨을? (chicken)

↳ / ?

13 너는 여전히 공부하고 있니 / 일본어를? (Japanese)

↳ / ?

과거진행 의문문

14 너는 하고 있었니 / 너의 숙제를? (homework)

↳ / ?

15 그녀는 마시고 있었니 / 물을? (water)

↳ / ?

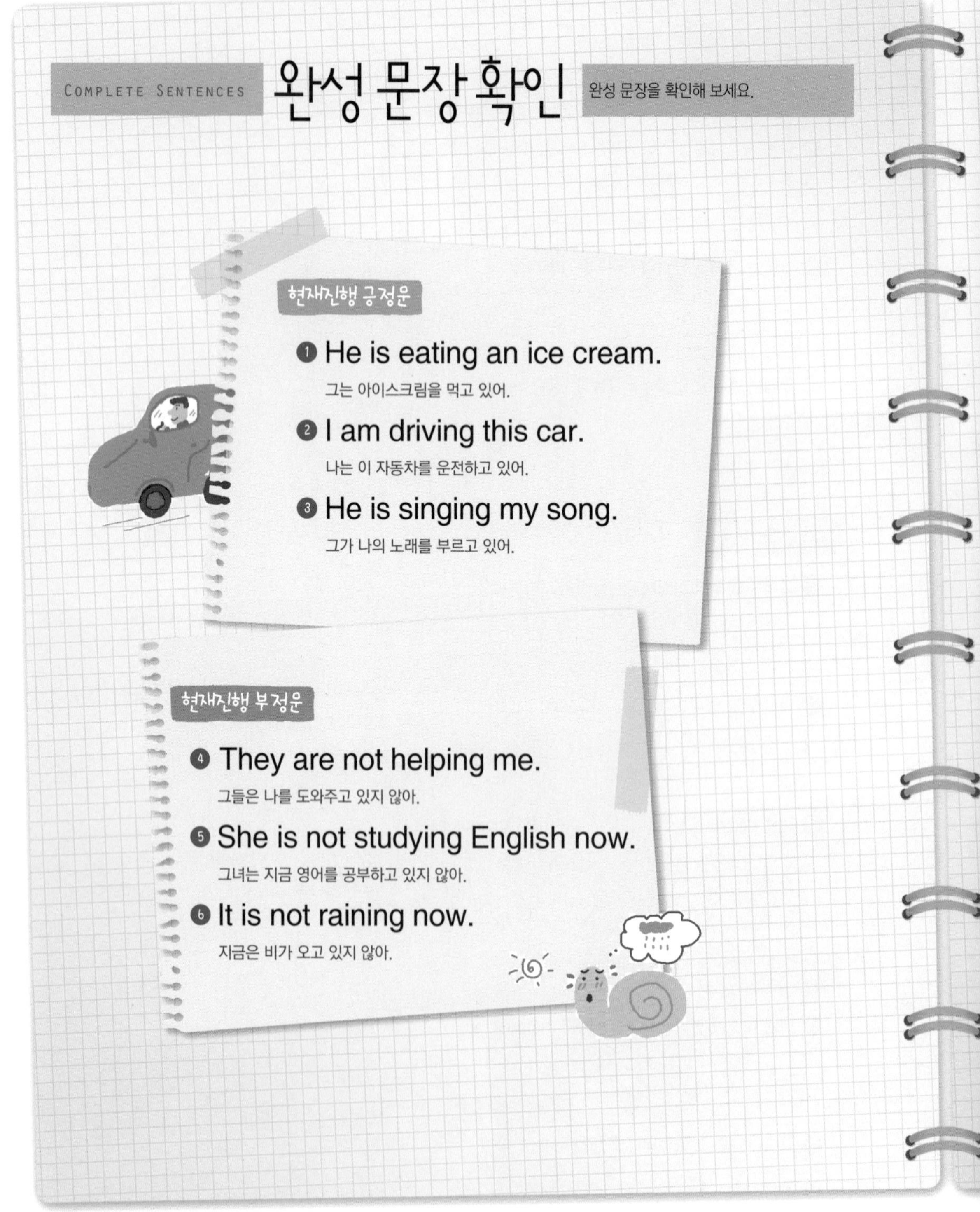

COMPLETE SENTENCES 완성 문장 확인

완성 문장을 확인해 보세요.

현재진행 긍정문

1. He is eating an ice cream.
   그는 아이스크림을 먹고 있어.
2. I am driving this car.
   나는 이 자동차를 운전하고 있어.
3. He is singing my song.
   그가 나의 노래를 부르고 있어.

현재진행 부정문

4. They are not helping me.
   그들은 나를 도와주고 있지 않아.
5. She is not studying English now.
   그녀는 지금 영어를 공부하고 있지 않아.
6. It is not raining now.
   지금은 비가 오고 있지 않아.

과거진행 긍정문

7 I was running with her.
나는 그녀와 함께 달리고 있었어.

8 I was studying French.
나는 프랑스어를 공부하고 있었어.

9 She was drinking coffee.
그녀는 커피를 마시고 있었어.

10 We were dancing with them.
우리는 그들과 함께 춤추고 있었어.

현재진행 의문문

11 Is she studying Korean?
그녀는 한국어를 공부하고 있니?

12 Are you eating chicken?
너는 치킨을 먹고 있니?

13 Are you still studying Japanese?
너는 일본어를 여전히 공부하고 있니?

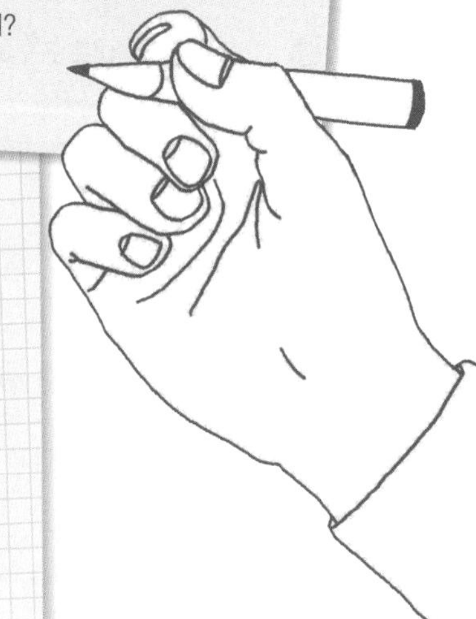

과거진행 의문문

14 Were you doing your homework?
너는 너의 숙제를 하고 있었니?

15 Was she drinking water?
그녀는 물을 마시고 있었니?

스피드 손 영작

최대한 빠른 속도로 한 번에 영작해 보세요.

1. 그는 아이스크림을 먹고 있어.

→ ______________________________.

2. 나는 이 자동차를 운전하고 있어.

→ ______________________________.

3. 그가 나의 노래를 부르고 있어.

→ ______________________________.

4. 그들은 나를 도와주고 있지 않아.

→ ______________________________.

5. 그녀는 지금 영어를 공부하고 있지 않아.

→ ______________________________.

6. 지금은 비가 오고 있지 않아.

→ ______________________________.

7. 나는 그녀와 함께 달리고 있었어.

→ ______________________________.

p.26에서 정답을 확인하세요.

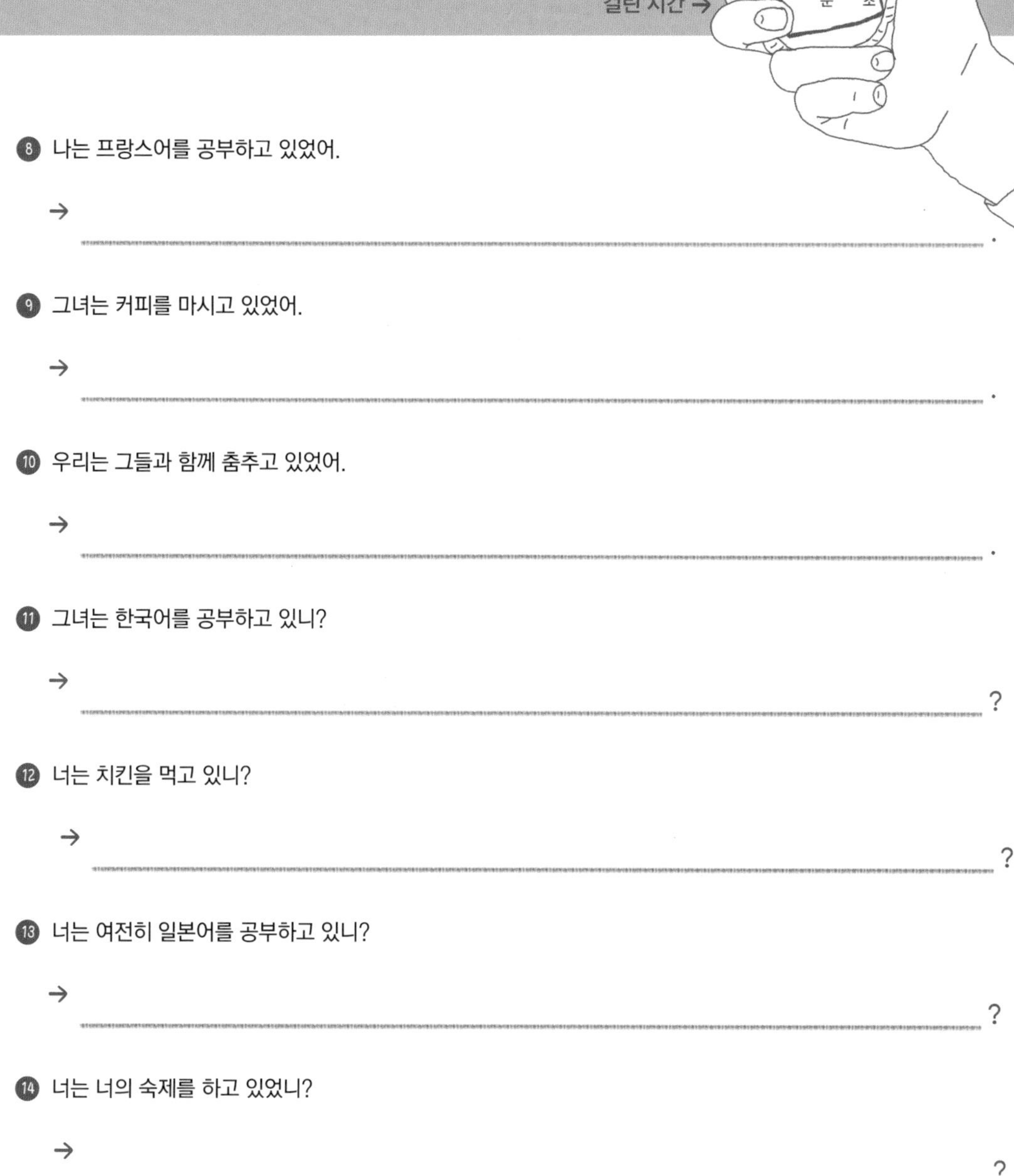

❽ 나는 프랑스어를 공부하고 있었어.

→ ______________________________.

❾ 그녀는 커피를 마시고 있었어.

→ ______________________________.

❿ 우리는 그들과 함께 춤추고 있었어.

→ ______________________________.

⓫ 그녀는 한국어를 공부하고 있니?

→ ______________________________?

⓬ 너는 치킨을 먹고 있니?

→ ______________________________?

⓭ 너는 여전히 일본어를 공부하고 있니?

→ ______________________________?

⓮ 너는 너의 숙제를 하고 있었니?

→ ______________________________?

⓯ 그녀는 물을 마시고 있었니?

→ ______________________________?

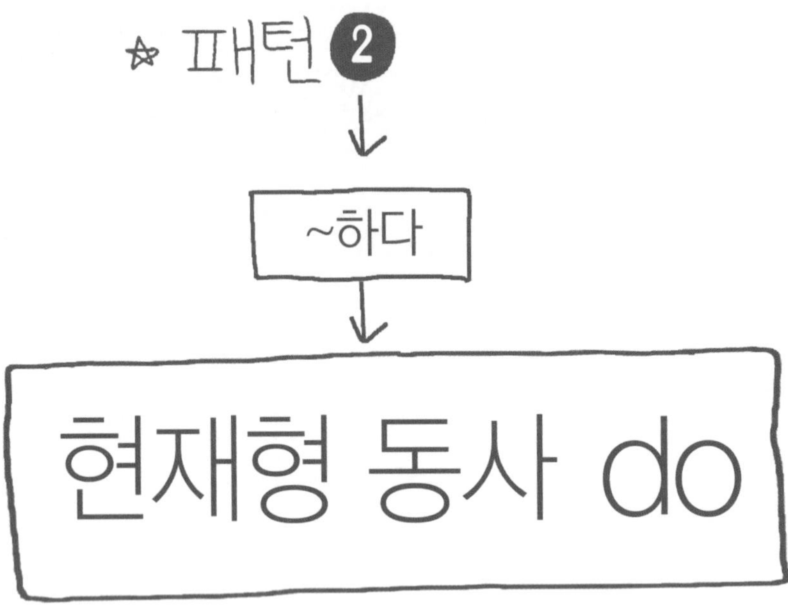

동사의 단순현재형은 '~하다'로 해석됩니다.

일반적인 사실, 주지의 사실, 습관적인 행동 등을 나타낼 때 사용하며,

해당 문장을 말하고 있는 현재 시점에 그 행동을 하고 있는지의 여부는 중요하지 않습니다.

예를 들어,

"나는 평소 안경을 써."라는 문장은 습관적인 주지의 사실이므로,

동사의 단순현재형을 써서 "I wear glasses."라고 표현합니다.

반면,

말하고 있는 바로 **그 순간에** 안경을 쓰고 있다며 **진행 중인 행동을 강조하고 싶다면,**

현재진행형을 써서 "I am wearing glasses."라고 표현해야 합니다.

또한 동사를 명령어로 사용하고 싶다면

동사의 단순현재형을 문장 맨 앞에 위치시키면 됩니다.

예를 들어,

"이것을 먹어!"라고 하려면

"Eat this!"라고 하면 됩니다.

↳ They **run** / every morning.

그들은 달려 / 매일 아침. → 그들은 매일 아침 달려.

↳ **I do not like** / stupid guys.

나는 좋아하지 않아 / 바보 같은 남자들을. → 나는 바보 같은 남자들을 좋아하지 않아.

↳ **Does** he **talk** / about me?

그는 이야기하나요 / 나에 대해? → 그는 나에 대해 이야기하나요?

↳ **Sing** / this song / right now.

불러라 / 이 노래를 / 지금 당장. → 이 노래를 지금 당장 불러라.

☆ 패턴 ❷ ~하다

의미 단위 손 영작

의미 단위로 나뉘어져 있는 문장 마디를 보고 Hint 단어를 참고하여 빈칸을 채워 보세요.

p.36 완성 문장 확인에서 정답을 확인하세요.

1. 나는 일해 + 준희와 함께.
   I ________ + ________ Junhee.

2. 나는 달려 + 매일.
   I ________ + every day.

3. 그녀는 공부해 + 한국어를.
   She ________ + ________.

4. 우리는 좋아해 + 한국 음식을.
   We ________ + ________ food.

5. 남자들은 좋아하지 않아 + 단 음식을.
   ________________ like + ________ food.

6. 그녀는 사랑하지 않아 + James를.
   She ________________ love + ________.

7. 나는 마시지 않아 + 콜라를.
   I ________________ + coke.

Hint
일하다 work
달리다 run
단 sweet

8
그들은 쓰지 않아 + 안경을.
They ______________ + glasses.

9
너는 좋아하니 + 치킨을?
________ you ________ + chicken?

10
너는 운동하니 + 매일 아침?
Do ______________ + every ________?

11
그는 사용하니 + 휴대폰을?
________ he ________ + a cell ________?

12
가르쳐줘 + 나에게 + 수학을.
________ + me + ________.

13
끝내 + 너의 에세이를 + 오늘.
________ + your ________ + ________.

14
건들지 마 + 나를.
Do not ________ + ________.

15
묻지 마 + 나에게 + 그에 대해서.
______________ ask + me + ________ him.

Hint
(안경을) 쓰다 wear
운동하다 exercise
사용하다 use
가르쳐주다 teach
끝내다 finish
건드리다 touch
~에 대해서 about

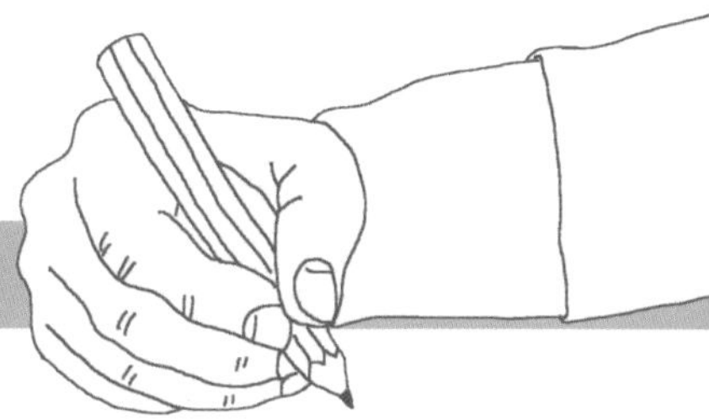

어순 손 영작

어순대로 영작해 보세요.

현재 긍정문

1. 나는 일해 / 준희와 함께. (with)

↳ ______ / ______.

2. 나는 달려 / 매일. (every day)

↳ ______ / ______.

3. 그녀는 공부해 / 한국어를. (Korean)

↳ ______ / ______.

4. 우리는 좋아해 / 한국 음식을. (food)

↳ ______ / ______.

현재 부정문

5. 남자들은 좋아하지 않아 / 단 음식을. (sweet)

↳ ______ / ______.

6. 그녀는 사랑하지 않아 / James를. (love)

↳ ______ / ______.

7. 나는 마시지 않아 / 콜라를. (drink)

↳ ______ / ______.

❽ 그들은 쓰지 않아 / 안경을. (glasses)

↳ ______ / ______.

현재 의문문

❾ 너는 좋아하니 / 치킨을? (chicken)

↳ ______ / ______?

❿ 너는 운동하니 / 매일 아침? (exercise)

↳ ______ / ______?

⓫ 그는 사용하니 / 휴대폰을? (cell phone)

↳ ______ / ______?

명령문

⓬ 가르쳐줘 / 나에게 / 수학을. (math)

↳ ______ / ______ / ______.

⓭ 끝내 / 너의 에세이를 / 오늘. (essay)

↳ ______ / ______ / ______.

⓮ 건들지 마 / 나를. (touch)

↳ ______ / ______.

⓯ 묻지 마 / 나에게 / 그에 대해서. (ask)

↳ ______ / ______ / ______.

COMPLETE SENTENCES 완성 문장 확인

완성 문장을 확인해 보세요.

현재 긍정문

1. I work with Junhee.
   나는 준희와 함께 일해.
2. I run every day.
   나는 매일 달려.
3. She studies Korean.
   그녀는 한국어를 공부해.
4. We like Korean food.
   우리는 한국 음식을 좋아해.

현재 부정문

5. Men do not like sweet food.
   남자들은 단 음식을 좋아하지 않아.
6. She does not love James.
   그녀는 James를 사랑하지 않아.
7. I do not drink coke.
   나는 콜라를 마시지 않아.
8. They do not wear glasses.
   그들은 안경을 쓰지 않아.

현재 의문문

❾ Do you like chicken?
너는 치킨을 좋아하니?

❿ Do you exercise every morning?
너는 매일 아침 운동하니?

⓫ Does he use a cell phone?
그는 휴대폰을 사용하니?

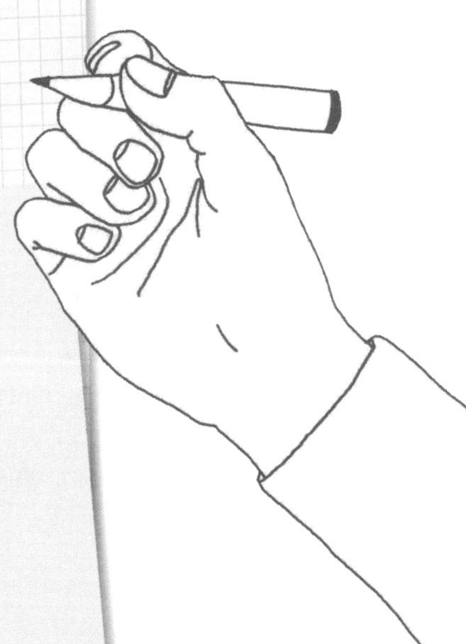

명령문

⓬ Teach me math.
나에게 수학을 가르쳐줘.

⓭ Finish your essay today.
오늘 너의 에세이를 끝내.

⓮ Do not touch me.
나를 건들지 마.

⓯ Do not ask me about him.
그에 대해서 나에게 묻지 마.

☆ 패턴 2 ~하다

스피드 손 영작

최대한 빠른 속도로 한 번에 영작해 보세요.

1. 나는 준희와 함께 일해.

→ ______________________________.

2. 나는 매일 달려.

→ ______________________________.

3. 그녀는 한국어를 공부해.

→ ______________________________.

4. 우리는 한국 음식을 좋아해.

→ ______________________________.

5. 남자들은 단 음식을 좋아하지 않아.

→ ______________________________.

6. 그녀는 James를 사랑하지 않아.

→ ______________________________.

7. 나는 콜라를 마시지 않아.

→ ______________________________.

p.36에서 정답을 확인하세요.

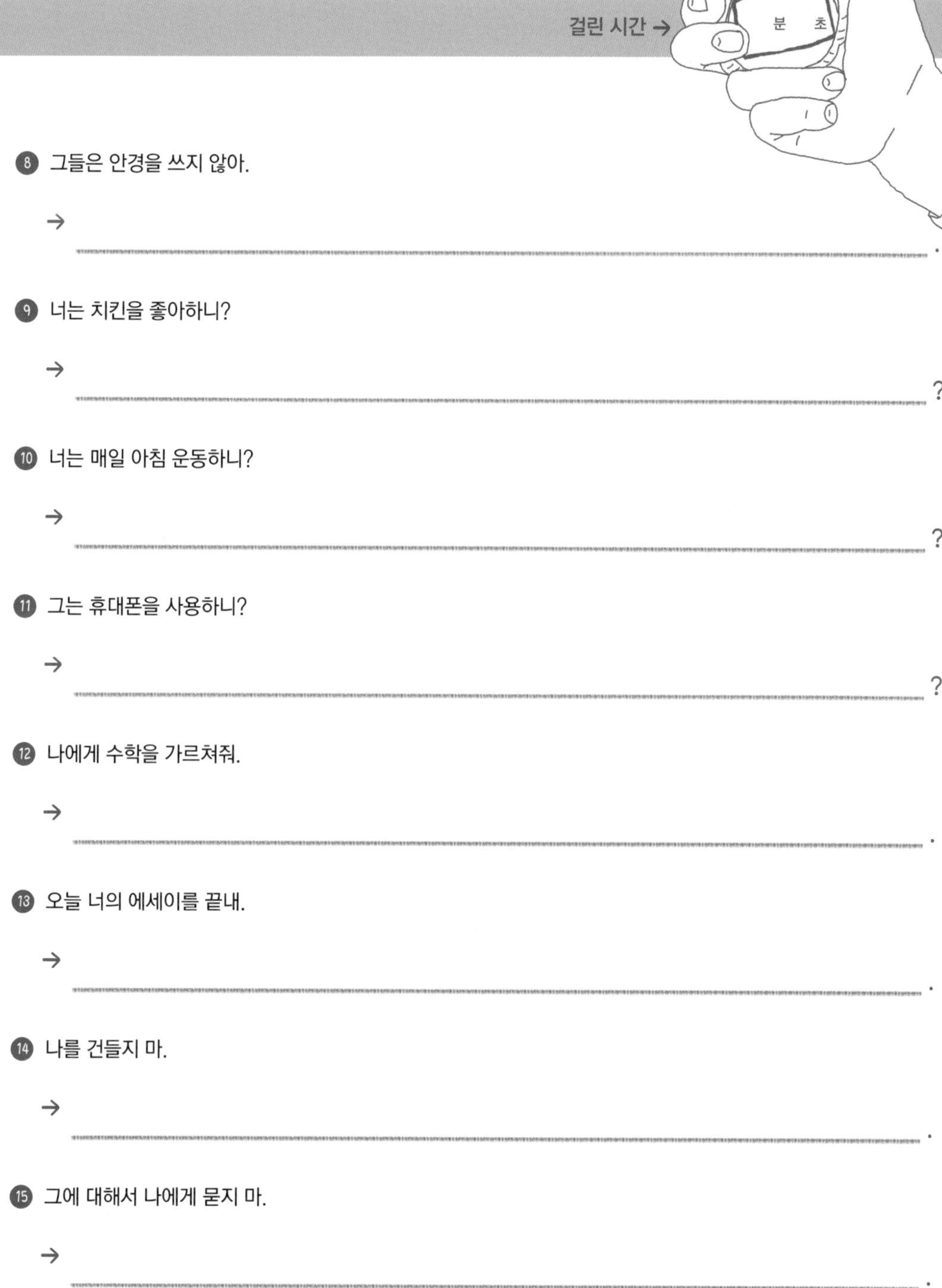

8 그들은 안경을 쓰지 않아.

→ ______________________________.

9 너는 치킨을 좋아하니?

→ ______________________________?

10 너는 매일 아침 운동하니?

→ ______________________________?

11 그는 휴대폰을 사용하니?

→ ______________________________?

12 나에게 수학을 가르쳐줘.

→ ______________________________.

13 오늘 너의 에세이를 끝내.

→ ______________________________.

14 나를 건들지 마.

→ ______________________________.

15 그에 대해서 나에게 묻지 마.

→ ______________________________.

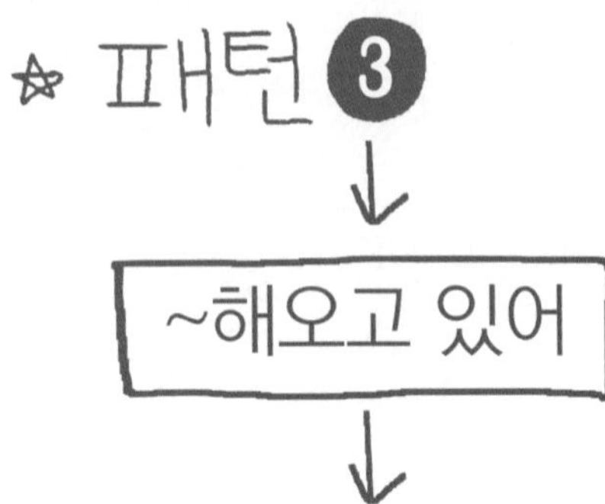
패턴 3
~해오고 있어

have been -ing

현재완료 진행형이라고 부르는 'have been + -ing'는

과거에서부터 현재까지 그 행동을 해왔다는 사실을 강조할 때 씁니다.

말하는 시점에도 계속 그 행동이 진행되고 있을 수도 있고
방금 그 행동을 마쳤을 수도 있지만,
핵심은 현재 당장의 시점에서 하고 있다는 것이 아니며
그러한 행동을 줄곧 해왔다는 것입니다.

I have been loving you.

예를 들어,
"당신을 줄곧 사랑해오고 있어."라고 하려면
"I have been loving you."라고 표현합니다.

"너는 이 아이스크림을 먹어오고 있었니?"라고 하려면
"Have you been eating this ice cream?"이라고 표현합니다.

↳ **I have been** study**ing** / for 3 hours.

나는 공부해오고 있어 / 세 시간 동안. → 나는 세 시간 동안 공부해오고 있어.

↳ She **has been** talk**ing** / for a long time.

그녀는 얘기해오고 있어 / 오랫동안. → 그녀는 오랫동안 얘기해오고 있어.

↳ **Have** you **been** sing**ing**?

너는 노래를 불러오고 있니? → 너는 노래를 불러오고 있니?

↳ **Have** you **been** work**ing** /
for more than 2 hours?

너는 일해오고 있니 / 두 시간 이상 동안? → 너는 두 시간 이상 동안 일해오고 있니?

의미 단위 손 영작

의미 단위로 나뉘어져 있는 문장 마디를 보고 Hint 단어를 참고하여 빈칸을 채워 보세요.

p.46 완성 문장 확인에서 정답을 확인하세요.

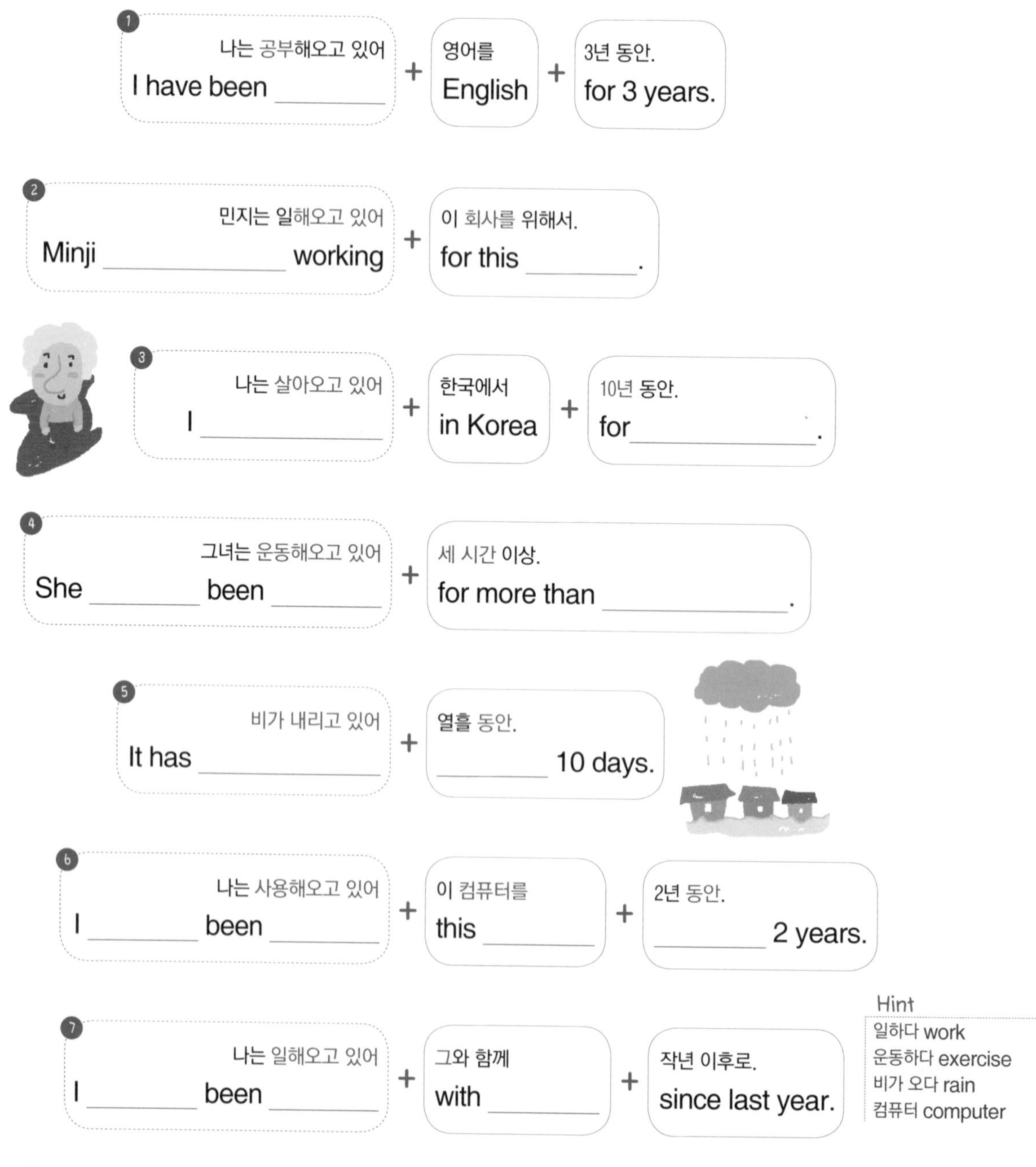

1. 나는 공부해오고 있어 I have been ______ + 영어를 English + 3년 동안. for 3 years.

2. 민지는 일해오고 있어 Minji ______ working + 이 회사를 위해서. for this ______.

3. 나는 살아오고 있어 I ______ + 한국에서 in Korea + 10년 동안. for ______.

4. 그녀는 운동해오고 있어 She ______ been ______ + 세 시간 이상. for more than ______.

5. 비가 내리고 있어 It has ______ + 열흘 동안. ______ 10 days.

6. 나는 사용해오고 있어 I ______ been ______ + 이 컴퓨터를 this ______ + 2년 동안. ______ 2 years.

7. 나는 일해오고 있어 I ______ been ______ + 그와 함께 with ______ + 작년 이후로. since last year.

Hint
일하다 work
운동하다 exercise
비가 오다 rain
컴퓨터 computer

8 나는 울어오고 있어
I have ____________ + 다섯 시간 동안.
________ 5 hours.

9 그녀는 마셔오고 있어
She ________ been ________ + 맥주를
beer + 세 시간 동안.
________ 3 ________.

10 그들은 거짓말을 해오고 있어
________ have ____________ + 나에게.
to ________.

11 나는 읽어오고 있어
I ____________ reading + 이 책을
____________ + 이 도서관에서.
in this ________.

12 너는 달려오고 있니
Have ________ been ________ + 30분 동안?
________ 30 ________?

13 너는 일해 오고 있니
________ you been ________ + 그를 위해
________ him + 오랫동안?
for a ________ time?

14 너는 기다려오고 있니
Have ________ been ________ + 나를.
for ________ + 여기서?
________?

Hint
울다 cry
거짓말하다 lie
기다리다 wait
작년 last year

15 그들은 공부해 오고 있니
________ they been ________ + 한국어를
Korean + 작년 이후로?
since ____________?

어순 손 영작

어순대로 영작해 보세요.

현재완료 긍정문

1. 나는 공부해오고 있어 / 영어를 / 3년 동안. (English)

↳ ______ / ______ / ______.

2. 민지는 일해오고 있어 / 이 회사를 위해서. (work for)

↳ ______ / ______.

3. 나는 살아오고 있어 / 한국에서 / 10년 동안. (live)

↳ ______ / ______ / ______.

4. 그녀는 운동해오고 있어 / 세 시간 이상. (exercise)

↳ ______ / ______.

5. 비가 내리고 있어 / 열흘 동안. (rain)

↳ ______ / ______.

6. 나는 사용해오고 있어 / 이 컴퓨터를 / 2년 동안. (use)

↳ ______ / ______ / ______.

7. 나는 일해오고 있어 / 그와 함께 / 작년 이후로. (since)

↳ ______ / ______ / ______.

8. 나는 울어오고 있어 / 다섯 시간 동안. (cry)

↳ ______ / ______.

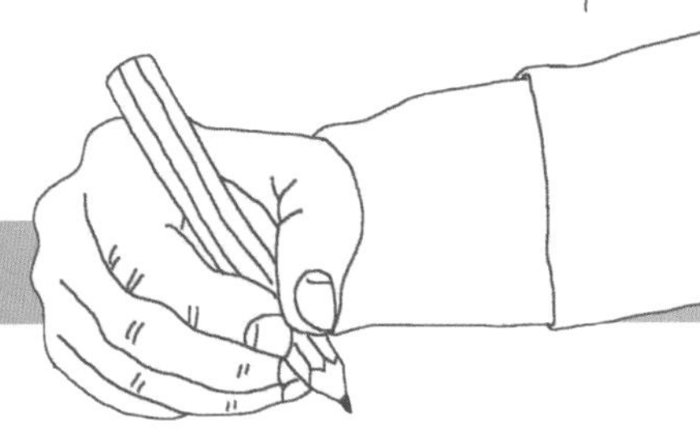

9 그녀는 마셔오고 있어 / 맥주를 / 세 시간 동안. (drink)

↳ / / .

10 그들은 거짓말을 해오고 있어 / 나에게. (lie)

↳ / .

11 나는 읽어오고 있어 / 이 책을 / 이 도서관에서. (library)

↳ / / .

현재완료 의문문

12 너는 달려오고 있니 / 30분 동안? (run)

↳ / ?

13 너는 일해오고 있니 / 그를 위해 / 오랫동안? (for a long time)

↳ / / ?

14 너는 기다려오고 있니 / 나를 / 여기서? (wait for)

↳ / / ?

15 그들은 공부해오고 있니 / 한국어를 / 작년 이후로? (last year)

↳ / / ?

COMPLETE SENTENCES 완성 문장 확인

완성 문장을 확인해 보세요.

현재완료 긍정문

1. I have been studying English for 3 years.
   나는 영어를 3년 동안 공부해오고 있어.
2. Minji has been working for this company.
   민지는 이 회사를 위해서 일해오고 있어.
3. I have been living in Korea for 10 years.
   나는 한국에서 10년 동안 살아오고 있어.
4. She has been exercising for more than 3 hours.
   그녀는 세 시간 이상 운동해오고 있어.
5. It has been raining for 10 days.
   비가 열흘 동안 내리고 있어.
6. I have been using this computer for 2 years.
   나는 이 컴퓨터를 2년 동안 사용해오고 있어.
7. I have been working with him since last year.
   나는 작년 이후로 그와 함께 일해오고 있어.
8. I have been crying for 5 hours.
   나는 다섯 시간 동안 울어오고 있어.
9. She has been drinking beer for 3 hours.
   그녀는 세 시간 동안 맥주를 마셔오고 있어.

03_01

⑩ They have been lying to me.
그들은 나에게 거짓말을 해오고 있어.

⑪ I have been reading this book in this library.
나는 이 도서관에서 이 책을 읽어오고 있어.

⑫ Have you been running for 30 minutes?
너는 30분 동안 달려오고 있니?

⑬ Have you been working for him for a long time?
너는 그를 위해 오랫동안 일해오고 있니?

⑭ Have you been waiting for me here?
너는 여기서 나를 기다려오고 있니?

⑮ Have they been studying Korean since last year?
그들은 작년 이후로 한국어를 공부해오고 있니?

스피드 손 영작

최대한 빠른 속도로 한 번에 영작해 보세요.

1. 나는 영어를 3년 동안 공부해오고 있어.

→ ____.

2. 민지는 이 회사를 위해서 일해오고 있어.

→ ____.

3. 나는 한국에서 10년 동안 살아오고 있어.

→ ____.

4. 그녀는 세 시간 이상 운동해오고 있어.

→ ____.

5. 비가 열흘 동안 내리고 있어.

→ ____.

6. 나는 이 컴퓨터를 2년 동안 사용해오고 있어.

→ ____.

7. 나는 작년 이후로 그와 함께 일해오고 있어.

→ ____.

p.46에서 정답을 확인하세요.

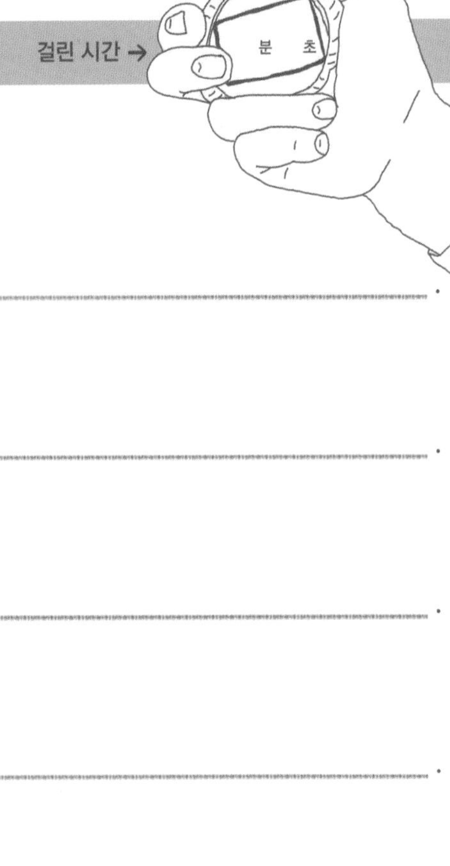

걸린 시간 →

8 나는 다섯 시간 동안 울어오고 있어.

→ ____________________.

9 그녀는 세 시간 동안 맥주를 마셔오고 있어.

→ ____________________.

10 그들은 나에게 거짓말을 해오고 있어.

→ ____________________.

11 나는 이 도서관에서 이 책을 읽어오고 있어.

→ ____________________.

12 너는 30분 동안 달려오고 있니?

→ ____________________?

13 너는 그를 위해 오랫동안 일해오고 있니?

→ ____________________?

14 너는 여기서 나를 기다려오고 있니?

→ ____________________?

15 그들은 작년 이후로 한국어를 공부해오고 있니?

→ ____________________?

☆ 패턴 4

~해 본 적이 있어

have p.p.

현재완료 형태인 have p.p.는 과거에 겪은 일을 표현할 때 가장 많이 사용합니다.

have p.p.는 **'과거부터 현재까지 ~해왔다'**식으로 **시제에 집중한 해석도 가능**하지만,
이 Unit에서는 사용 빈도가 높은 '~해본 적이 있다'라는 '경험' 의 의미에만 집중하겠습니다.

예를 들어,
"나는 전에 누군가를 사랑해 본 적이 있어."라고 하려면
"I have loved someone before."라고 표현합니다.

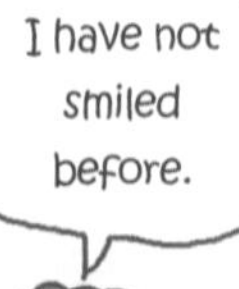
I have not smiled before.

반대로, '~해 본 적이 없다'라고 하려면 have 뒤에 not 혹은 never를 붙입니다.

예를 들어,
"나는 전에 미소를 지어본 적이 없어."라고 하려면
"I have not smiled before."라고 표현합니다.

마지막으로, 동사의 과거분사는 불규칙한 경우가 많으므로, 반드시 암기해 두는 것이 좋습니다.
Ex. give – given / teach – taught / run – run / show – shown 등

↳ She **has seen** / this movie / before.

그녀는 본 적이 있어 / 이 영화를 / 전에. → 그녀는 전에 이 영화를 본 적이 있어.

↳ I **have** not **kissed** / anyone / before.

나는 키스해 본 적이 없어 / 누구에게도 / 전에. → 나는 전에 누구에게도 키스해 본 적이 없어.

↳ He **has** never **used** / a smart phone / in his life.

그는 전혀 사용해 본 적이 없어 / 스마트 폰을 / 그의 일생에.
→ 그는 그의 일생에 스마트 폰을 사용해 본 적이 전혀 없어.

↳ **Have** you **studied** / English?

넌 공부해 본 적이 있니 / 영어를? → 넌 영어를 공부해 본 적이 있니?

의미 단위 손 영작

의미 단위로 나뉘어져 있는 문장 마디를 보고 Hint 단어를 참고하여 빈칸을 채워 보세요.

p.56 완성 문장 확인에서 정답을 확인하세요.

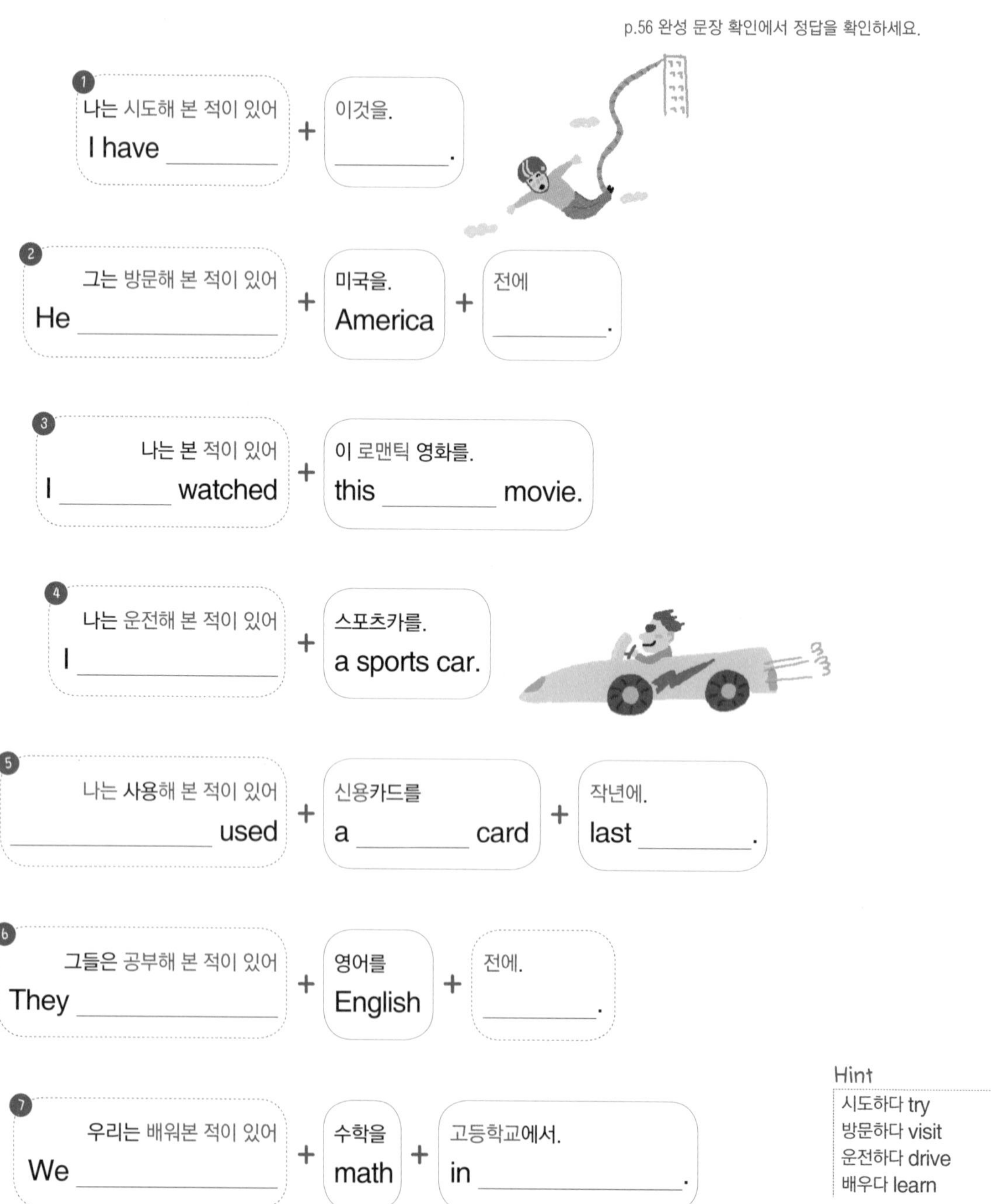

1. 나는 시도해 본 적이 있어 I have ______ + 이것을. ______.
2. 그는 방문해 본 적이 있어 He ______ + 미국을. America + 전에 ______.
3. 나는 본 적이 있어 I ______ watched + 이 로맨틱 영화를. this ______ movie.
4. 나는 운전해 본 적이 있어 I ______ + 스포츠카를. a sports car.
5. 나는 사용해 본 적이 있어 ______ used + 신용카드를 a ______ card + 작년에. last ______.
6. 그들은 공부해 본 적이 있어 They ______ + 영어를 English + 전에. ______.
7. 우리는 배워본 적이 있어 We ______ + 수학을 math + 고등학교에서. in ______.

Hint
시도하다 try
방문하다 visit
운전하다 drive
배우다 learn

8 나는 시도해 본 적이 없어 + 이것을.
I have not ________ + ________.

9 나는 울어본 적이 없어 + 내 일생에.
I ________ not ________ + in my ________.

10 나는 사용해 본 적이 전혀 없어 + 컴퓨터를.
I ________ never ________ + a ________.

11 나는 요리해 본 적이 전혀 없어 + 내 일생에.
I ____________ + in my life.

12 너는 울어본 적이 있니 + 전에?
Have you ________ + before?

13 너는 가져본 적이 있니 + 직업을 + 전에?
________ you ________ + a job + ________?

14 너는 방문해 본 적이 있니 + 한국을?
________ you visited + ________?

15 그녀는 불러본 적이 있니 + 이 노래를 + 전에?
________ she ________ + this ________ + ________?

Hint
사용하다 use
요리하다 cook
노래 부르다 sing

어순 손 영작

어순대로 영작해 보세요.

현재완료 긍정문

1. 나는 시도해 본 적이 있어 / 이것을. (try)
↳ ______ / ______.

2. 그는 방문해 본 적이 있어 / 미국을 / 전에. (visit)
↳ ______ / ______ / ______.

3. 나는 본 적이 있어 / 이 로맨틱 영화를. (watch)
↳ ______ / ______.

4. 나는 운전해 본 적이 있어 / 스포츠카를. (drive)
↳ ______ / ______.

5. 나는 사용해 본 적이 있어 / 신용카드를 / 작년에. (a credit card)
↳ ______ / ______ / ______.

6. 그들은 공부해 본 적이 있어 / 영어를 / 전에. (before)
↳ ______ / ______ / ______.

7. 우리는 배워본 적이 있어 / 수학을 / 고등학교에서. (math)
↳ ______ / ______ / ______.

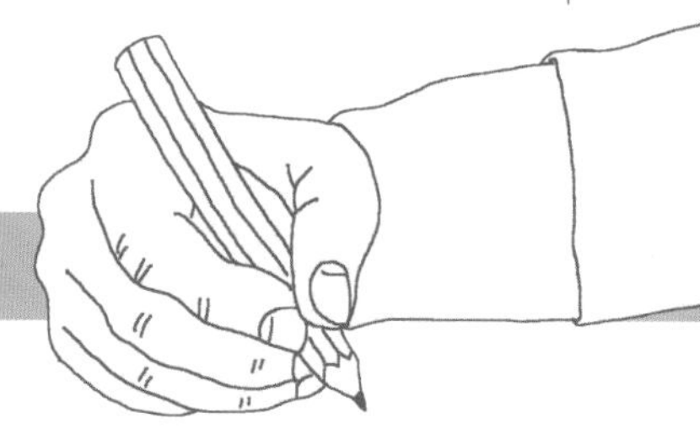

현재완료 부정문

⑧ 나는 시도해 본 적이 없어 / 이것을. (try)

↳ ______ / ______.

⑨ 나는 울어본 적이 없어 / 내 일생에. (in my life)

↳ ______ / ______.

⑩ 나는 사용해 본 적이 전혀 없어 / 컴퓨터를. (use)

↳ ______ / ______.

⑪ 나는 요리해 본 적이 전혀 없어 / 내 일생에. (cook)

↳ ______ / ______.

현재완료 의문문

⑫ 너는 울어본 적이 있니 / 전에? (cry)

↳ ______ / ______?

⑬ 너는 가져본 적이 있니 / 직업을 / 전에? (job)

↳ ______ / ______ / ______?

⑭ 너는 방문해 본 적이 있니 / 한국을? (visit)

↳ ______ / ______?

⑮ 그녀는 불러본 적이 있니 / 이 노래를 / 전에? (sing)

↳ ______ / ______ / ______?

COMPLETE SENTENCES

완성 문장 확인

완성 문장을 확인해 보세요.

현재완료 긍정문

1. I have tried this.
   나는 이것을 시도해 본 적이 있어.
2. He has visited America before.
   그는 전에 미국을 방문해 본 적이 있어.
3. I have watched this romantic movie.
   나는 이 로맨틱 영화를 본 적이 있어.
4. I have driven a sports car.
   나는 스포츠카를 운전해 본 적이 있어.
5. I have used a credit card last year.
   나는 작년에 신용카드를 사용해 본 적이 있어.
6. They have studied English before.
   그들은 전에 영어를 공부해 본 적이 있어.
7. We have learned math in high school.
   우리는 고등학교에서 수학을 배워본 적이 있어.

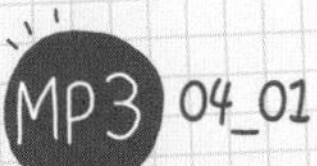

현재완료 부정문

❽ I have not tried this.
나는 이것을 시도해 본 적이 없어.

❾ I have not cried in my life.
나는 내 일생에 울어본 적이 없어.

❿ I have never used a computer.
나는 컴퓨터를 사용해 본 적이 전혀 없어.

⓫ I have never cooked in my life.
나는 내 일생에 요리해 본 적이 전혀 없어.

현재완료 의문문

⓬ Have you cried before?
너는 전에 울어본 적이 있니?

⓭ Have you had a job before?
너는 전에 직업을 가져본 적이 있니?

⓮ Have you visited Korea?
너는 한국을 방문해 본 적이 있니?

⓯ Has she sung this song before?
그녀는 전에 이 노래를 불러본 적이 있니?

스피드 손 영작

최대한 빠른 속도로 한 번에 영작해 보세요.

1. 나는 이것을 시도해 본 적이 있어.

→ ______________________________.

2. 그는 전에 미국을 방문해 본 적이 있어.

→ ______________________________.

3. 나는 이 로맨틱 영화를 본 적이 있어.

→ ______________________________.

4. 나는 스포츠카를 운전해 본 적이 있어.

→ ______________________________.

5. 나는 작년에 신용카드를 사용해 본 적이 있어.

→ ______________________________.

6. 그들은 전에 영어를 공부해 본 적이 있어.

→ ______________________________.

7. 우리는 고등학교에서 수학을 배워본 적이 있어.

→ ______________________________.

p.56에서 정답을 확인하세요.

걸린 시간 → 분 초

⑧ 나는 이것을 시도해 본 적이 없어.

→ ______________________________.

⑨ 나는 내 일생에 울어본 적이 없어.

→ ______________________________.

⑩ 나는 컴퓨터를 사용해 본 적이 전혀 없어.

→ ______________________________.

⑪ 나는 내 일생에 요리해 본 적이 전혀 없어.

→ ______________________________.

⑫ 너는 전에 울어본 적이 있니?

→ ______________________________?

⑬ 너는 전에 직업을 가져본 적이 있니?

→ ______________________________?

⑭ 너는 한국을 방문해 본 적이 있니?

→ ______________________________?

⑮ 그녀는 전에 이 노래를 불러본 적이 있니?

→ ______________________________?

☆ 패턴 5

~하려고 했어

was/were going to

was / were going to는 '과거에 ~하려고 했다'라고 해석이 되며,

'실제로는 안 했다/못 했다'라는 느낌을 담고 있습니다.

예를 들어,

그녀에게 전화하려고 했으나 실제로는 하지 않았을 때는

"I was going to call her."라고 표현합니다.

반대로, **부정문에서는 '~ 안 하려고 했다'라고 해석**이 되며,

'실제로는 했다'라는 느낌을 담고 있습니다.

예를 들어,

그녀에게 전화 안 하려고 했으나 실제로는 했을 때는

"I was not going to call her."라고 표현합니다.

참고로, 구어에서는 going to 대신 gonna[고너]라고 발음하는 경우가 많으므로,

함께 연습해 두면 좋습니다.

↳ I was going to help / you.

나는 도와주려고 했어 / 너를. → 나는 너를 도와주려고 했어.

↳ I was not going to hit / him.

나는 안 때리려고 했어 / 그를. → 나는 그를 안 때리려고 했어.

↳ Were you going to hit / him?

당신은 때리려고 했습니까 / 그를? → 당신은 그를 때리려고 했습니까?

↳ Was he going to propose / to her / yesterday?

그는 청혼하려고 했나요 / 그녀에게 / 어제? → 그는 어제 그녀에게 청혼하려고 했나요?

의미 단위 손 영작

의미 단위로 나뉘어져 있는 문장 마디를 보고 Hint 단어를 참고하여 빈칸을 채워 보세요.

p.66 완성 문장 확인에서 정답을 확인하세요.

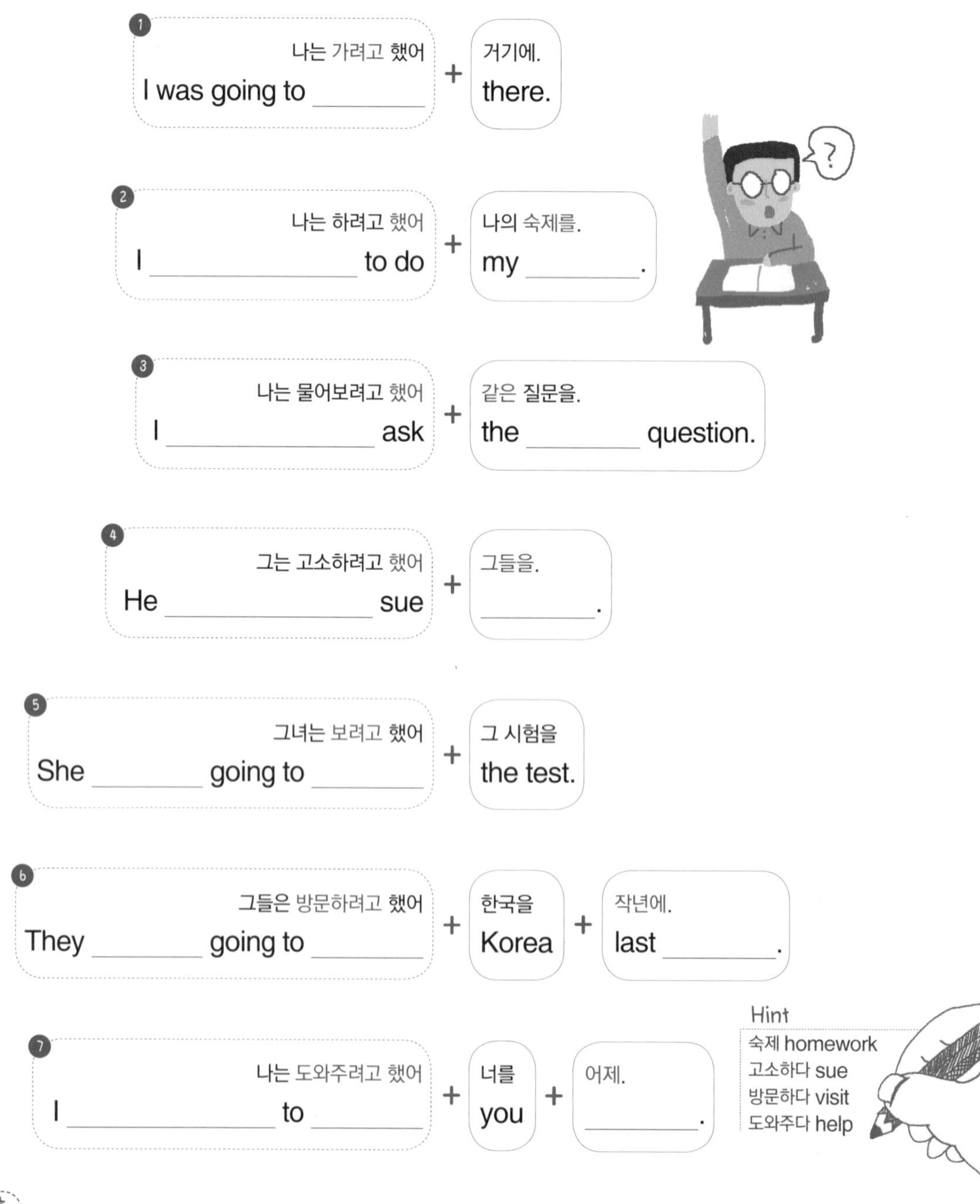

1. 나는 가려고 했어 I was going to ________ + 거기에. there.

2. 나는 하려고 했어 I ____________ to do + 나의 숙제를. my ________.

3. 나는 물어보려고 했어 I ____________ ask + 같은 질문을. the ________ question.

4. 그는 고소하려고 했어 He ____________ sue + 그들을. ________.

5. 그녀는 보려고 했어 She ________ going to ________ + 그 시험을 the test.

6. 그들은 방문하려고 했어 They ________ going to ________ + 한국을 Korea + 작년에. last ________.

7. 나는 도와주려고 했어 I ____________ to ________ + 너를 you + 어제. ________.

Hint
숙제 homework
고소하다 sue
방문하다 visit
도와주다 help

8 나는 전화하려 하지 않았어 + 그녀에게.
I was not going to ________ her.

9 나는 입으려 하지 않았어 + 이 스커트를 + 어제.
I ____________ going to ________ this ________ yesterday.

10 그는 오려 하지 않았어 + 이 파티에 + 오늘.
He was not going to ________ to this ________ ________.

11 그들은 이사하려 하지 않았어 + 미국으로.
They ________ not going to ________ ________ America.

12 너는 오려고 했니 + 내 파티에?
________ you ________ to come to ____________?

13 그는 담배를 피우려고 했니 + 이 빌딩 안에서?
________ he going to ________ in this ________?

14 그녀는 포기하려고 했니 + 모든 것을?
Was ________ going to ________ up ________?

15 Dean은 이사하려고 했니 + 미국으로 + 작년에?
________ Dean ________ to ________ ________ America ____________?

Hint
전화하다 call
입다 wear
이사하다 move
담배를 피우다 smoke
포기하다 give up
이사하다 move

어순 손 영작

어순대로 영작해 보세요.

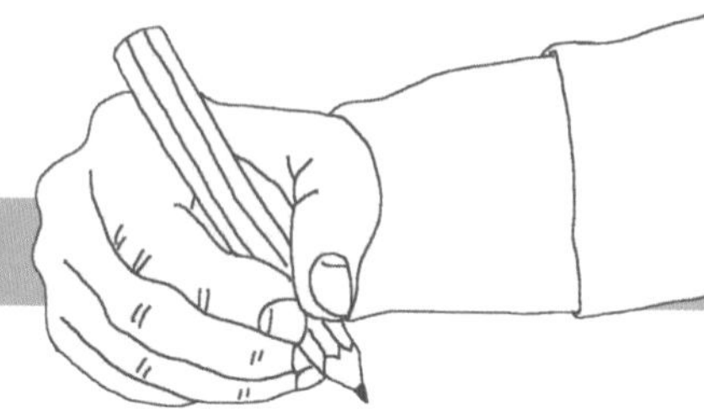

was/were going to 긍정문

1. 나는 가려고 했어 / 거기에. (there)
↳ ______ / ______.

2. 나는 하려고 했어 / 나의 숙제를. (homework)
↳ ______ / ______.

3. 나는 물어보려고 했어 / 같은 질문을. (question)
↳ ______ / ______.

4. 그는 고소하려고 했어 / 그들을. (sue)
↳ ______ / ______.

5. 그녀는 보려고 했어 / 그 시험을. (take)
↳ ______ / ______.

6. 그들은 방문하려고 했어 / 한국을 / 작년에. (visit)
↳ ______ / ______ / ______.

7. 나는 도와주려고 했어 / 너를 / 어제. (help)
↳ ______ / ______ / ______.

was/were going to 부정문

❽ 나는 전화하려 하지 않았어 / 그녀에게. (call)

↳ / .

❾ 나는 입으려 하지 않았어 / 이 스커트를 / 어제. (skirt)

↳ / / .

❿ 그는 오려 하지 않았어 / 이 파티에 / 오늘. (come)

↳ / / .

⓫ 그들은 이사하려 하지 않았어 / 미국으로. (move)

↳ / .

was/were going to 의문문

⓬ 너는 오려고 했니 / 내 파티에? (party)

↳ / ?

⓭ 그는 담배를 피우려고 했니 / 이 빌딩 안에서? (building)

↳ / ?

⓮ 그녀는 포기하려고 했니 / 모든 것을? (give up)

↳ / ?

⓯ Dean은 이사하려고 했니 / 미국으로 / 작년에? (last year)

↳ / / ?

COMPLETE SENTENCES 완성 문장 확인

완성 문장을 확인해 보세요.

was/were going to 긍정문

❶ I was going to go there.
나는 거기에 가려고 했어.

❷ I was going to do my homework.
나는 나의 숙제를 하려고 했어.

❸ I was going to ask the same question.
나는 같은 질문을 하려고 했어.

❹ He was going to sue them.
그는 그들을 고소하려고 했어.

❺ She was going to take the test.
그녀는 그 시험을 보려고 했어.

❻ They were going to visit Korea last year.
그들은 작년에 한국을 방문하려고 했어.

❼ I was going to help you yesterday.
나는 어제 너를 도와주려고 했어.

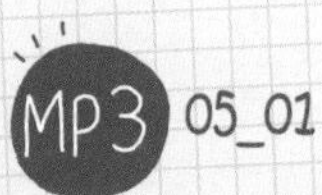

was/were going to 부정문

⑧ I was not going to call her.
나는 그녀에게 전화하려 하지 않았어.

⑨ I was not going to wear this skirt yesterday.
나는 어제 이 스커트를 입으려 하지 않았어.

⑩ He was not going to come to this party today.
그는 오늘 이 파티에 오려 하지 않았어.

⑪ They were not going to move to America.
그들은 미국으로 이사하려 하지 않았어.

was/were going to 의문문

⑫ Were you going to come to my party?
너는 내 파티에 오려고 했니?

⑬ Was he going to smoke in this building?
그는 이 빌딩 안에서 담배를 피우려고 했니?

⑭ Was she going to give up everything?
그녀는 모든 것을 포기하려고 했니?

⑮ Was Dean going to move to America last year?
Dean은 작년에 미국으로 이사하려고 했니?

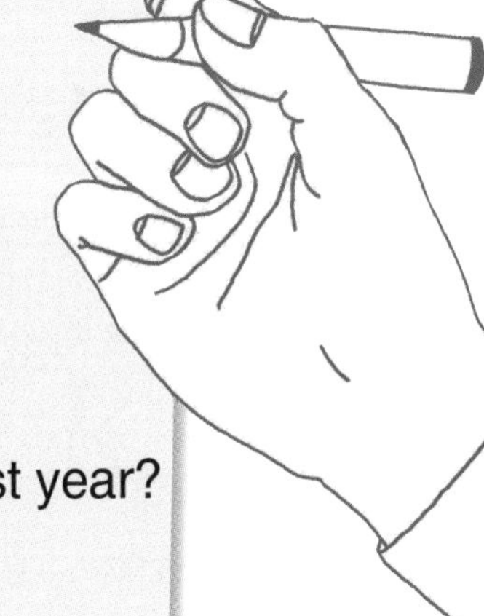

스피드 손 영작

최대한 빠른 속도로 한 번에 영작해 보세요.

1. 나는 거기에 가려고 했어.

→ .

2. 나는 나의 숙제를 하려고 했어.

→ .

3. 나는 같은 질문을 하려고 했어.

→ .

4. 그는 그들을 고소하려고 했어.

→ .

5. 그녀는 그 시험을 보려고 했어.

→ .

6. 그들은 작년에 한국을 방문하려고 했어.

→ .

7. 나는 어제 너를 도와주려고 했어.

→ .

p.66에서 정답을 확인하세요.

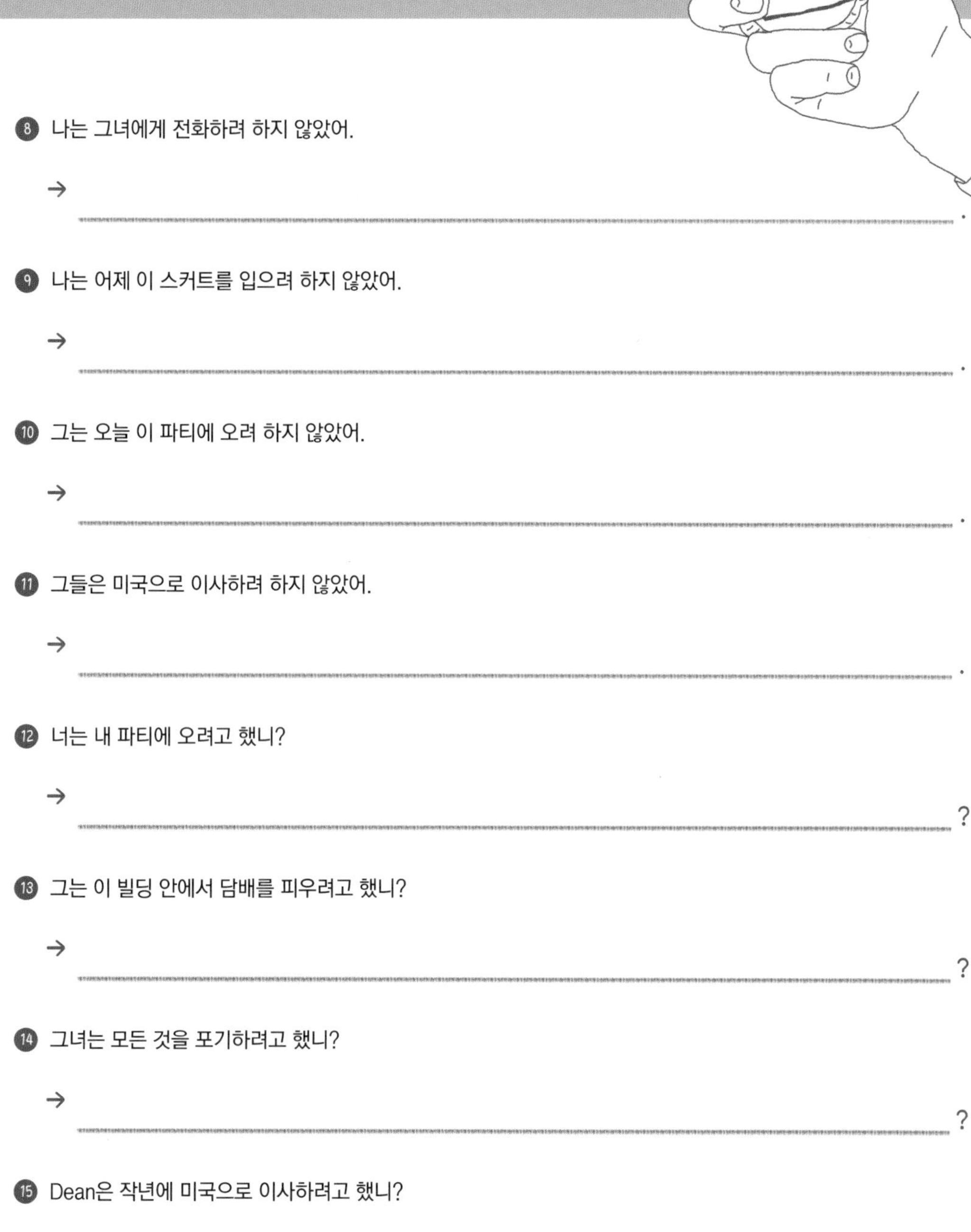

걸린 시간 →

❽ 나는 그녀에게 전화하려 하지 않았어.

→ ______________________________.

❾ 나는 어제 이 스커트를 입으려 하지 않았어.

→ ______________________________.

❿ 그는 오늘 이 파티에 오려 하지 않았어.

→ ______________________________.

⓫ 그들은 미국으로 이사하려 하지 않았어.

→ ______________________________.

⓬ 너는 내 파티에 오려고 했니?

→ ______________________________?

⓭ 그는 이 빌딩 안에서 담배를 피우려고 했니?

→ ______________________________?

⓮ 그녀는 모든 것을 포기하려고 했니?

→ ______________________________?

⓯ Dean은 작년에 미국으로 이사하려고 했니?

→ ______________________________?

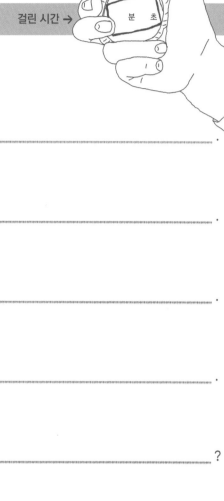

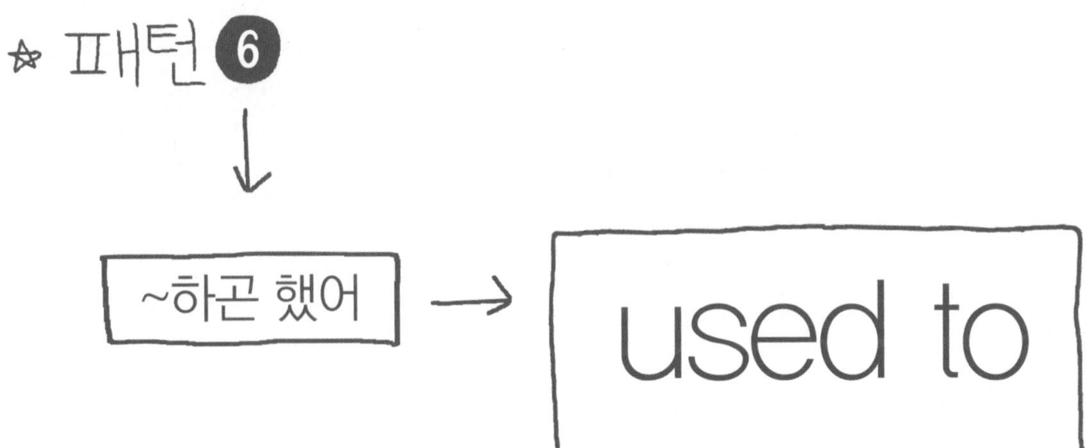

used to 뒤에 동사원형이 붙으면 '~하곤 했다'라고 해석이 됩니다.

'과거에는 규칙적으로 했었으나 현재는 그렇지 않다'는 것을 강조합니다.

시제는 항상 과거인 used to로 정해져 있습니다.

예를 들어,

"나는 그녀를 좋아하곤 했어."라고 하려면

"I used to like her."라고 말하면 됩니다.

의문문에서는 did가 문장 앞에 붙으며, 그럴 경우 동사는 동사원형인 use to를 씁니다.

Did you use to study English?

예를 들어,

"너는 영어를 공부하곤 했니?"라고 하려면

"Did you use to study English?"라고 표현합니다.

'be used to -ing = ~하는 것에 익숙하다'라는 표현과 헷갈리기 쉬운 표현이므로,

많은 손 영작과 입 영작을 필요로 합니다.

↳ He **used to** drive / a sports car.

그는 운전하곤 했어 / 스포츠카를. → 그는 스포츠카를 운전하곤 했어.

↳ She **used to** wake up / early.

그녀는 일어나곤 했어 / 일찍. → 그녀는 일찍 일어나곤 했어.

↳ Did you **use to** come / here?

넌 오곤 했니 / 여기에? → 넌 여기에 오곤 했니?

↳ Did she **use to** call / you / from time to time?

그녀는 전화하곤 했니 / 너에게 / 가끔씩? → 그녀는 가끔씩 너에게 전화하곤 했니?

의미 단위 손 영작

의미 단위로 나뉘어져 있는 문장 마디를 보고 Hint 단어를 참고하여 빈칸을 채워 보세요.

p.76 완성 문장 확인에서 정답을 확인하세요.

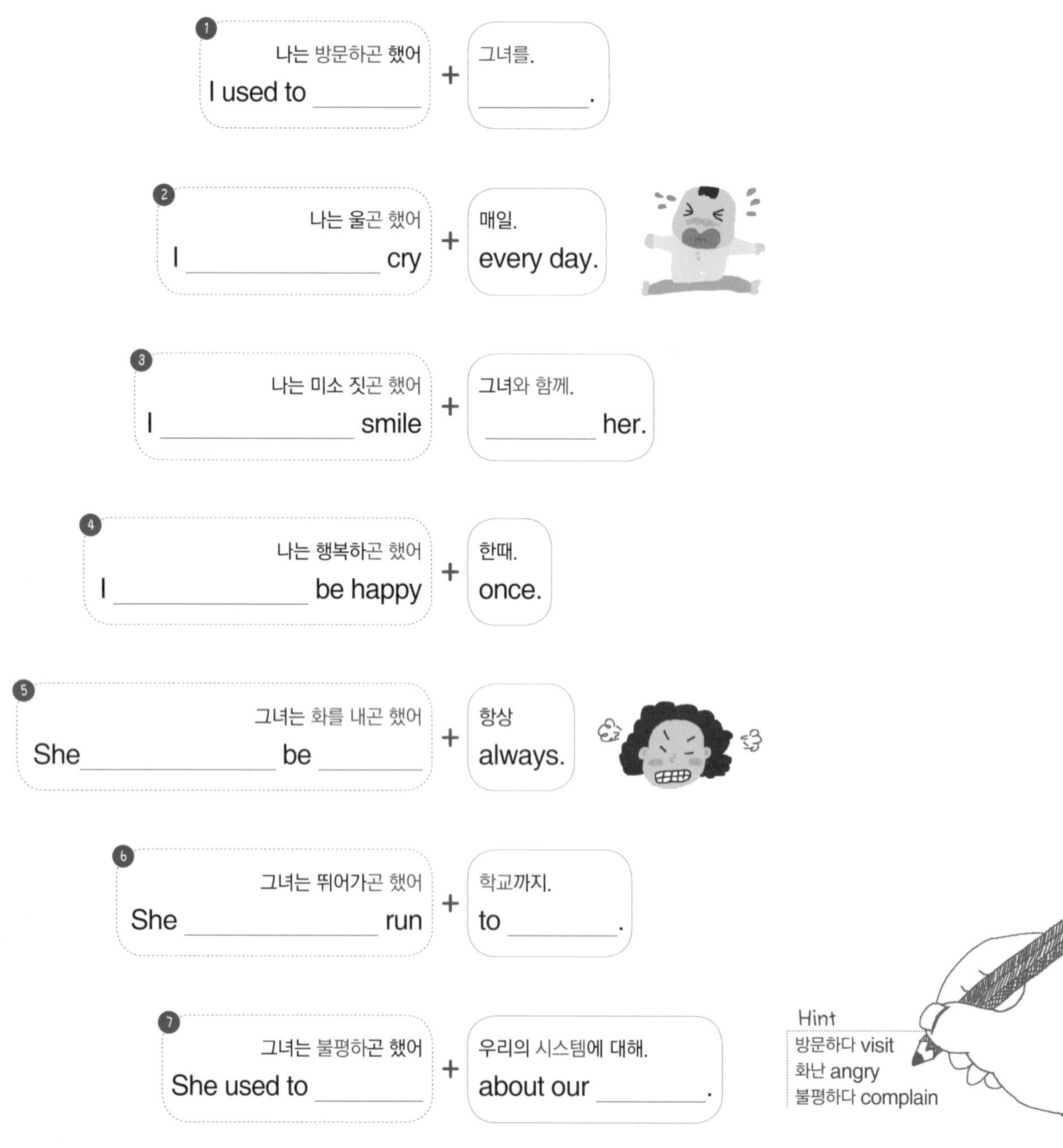

1. 나는 방문하곤 했어 + 그녀를.
   I used to ________ + ________.

2. 나는 울곤 했어 + 매일.
   I ________ cry + every day.

3. 나는 미소 짓곤 했어 + 그녀와 함께.
   I ________ smile + ________ her.

4. 나는 행복하곤 했어 + 한때.
   I ________ be happy + once.

5. 그녀는 화를 내곤 했어 + 항상
   She ________ be ________ + always.

6. 그녀는 뛰어가곤 했어 + 학교까지.
   She ________ run + to ________.

7. 그녀는 불평하곤 했어 + 우리의 시스템에 대해.
   She used to ________ + about our ________.

Hint
방문하다 visit
화난 angry
불평하다 complain

8 나는 게으르곤 했어 + 전에.

I ____________ be lazy + ________.

9 그들은 춤추곤 했어 + 함께.

They ____________ + together.

10 우리는 공부하곤 했어 + 영어를 + 함께.

We ____________ + English + ________.

11 나는 운전하곤 했어 + 비싼 차들을.

I used to ________ + ________ cars.

12 넌 운동하곤 했니?

Did you use to ________?

13 그녀는 걷곤 했니 + 너와 함께

________ she ____________ walk + ________ you?

14 그들은 부르곤 했니 + 이 노래를?

________ they ____________ sing + this ________?

Hint
운전하다 drive
비싼 expensive
운동하다 exercise
똑똑한 smart
아이 child

15 넌 똑똑하곤 했니 + 네가 아이였을 때?

________ you ____________ be ________ + when you were a ________?

★ 패턴 6 ~하곤 했어

어순 손 영작

어순대로 영작해 보세요.

used to긍정문

1. 나는 방문하곤 했어 / 그녀를. (visit)
↳ ______ / ______.

2. 나는 울곤 했어 / 매일. (cry)
↳ ______ / ______.

3. 나는 미소 짓곤 했어 / 그녀와 함께. (smile)
↳ ______ / ______.

4. 나는 행복하곤 했어 / 한때. (happy)
↳ ______ / ______.

5. 그녀는 화를 내곤 했어 / 항상. (angry)
↳ ______ / ______.

6. 그녀는 뛰어가곤 했어 / 학교까지. (run)
↳ ______ / ______.

7. 그녀는 불평하곤 했어 / 우리의 시스템에 대해. (complain)
↳ ______ / ______.

8. 나는 게으르곤 했어 / 전에. (lazy)
↳ ______ / ______.

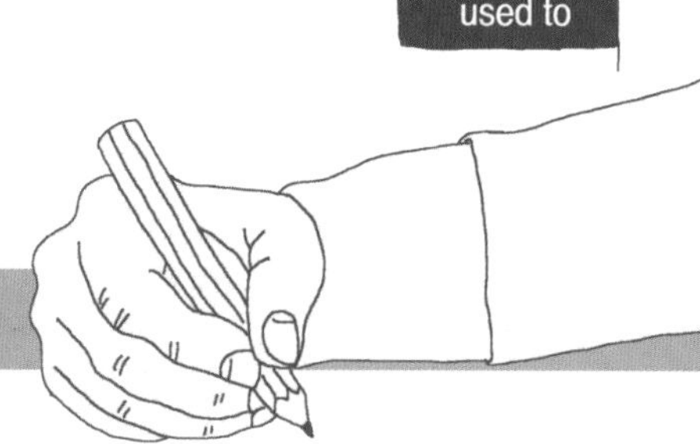

9 그들은 춤추곤 했어 / 함께. (dance)

↳ ______ / ______.

10 우리는 공부하곤 했어 / 영어를 / 함께. (study)

↳ ______ / ______ / ______.

11 나는 운전하곤 했어 / 비싼 차들을. (expensive)

↳ ______ / ______.

used to 의문문

12 넌 운동하곤 했니? (exercise)

↳ ______?

13 그녀는 걷곤 했니 / 너와 함께? (walk)

↳ ______ / ______?

14 그들은 부르곤 했니 / 이 노래를? (sing)

↳ ______ / ______?

15 넌 똑똑하곤 했니 / 네가 아이였을 때? (smart)

↳ ______ / ______?

COMPLETE SENTENCES 완성 문장 확인

완성 문장을 확인해 보세요.

used to긍정문

❶ I used to visit her.
나는 그녀를 방문하곤 했어.

❷ I used to cry every day.
나는 매일 울곤 했어.

❸ I used to smile with her.
나는 그녀와 함께 미소 짓곤 했어.

❹ I used to be happy once.
나는 한때 행복하곤 했어.

❺ She used to be angry always.
그녀는 항상 화를 내곤 했어.

❻ She used to run to school.
그녀는 학교까지 뛰어가곤 했어.

❼ She used to complain about our system.
그녀는 우리의 시스템에 대해 불평하곤 했어.

❽ I used to be lazy before.
나는 전에 게으르곤 했어.

❾ They used to dance together.
그들은 함께 춤추곤 했어.

⑩ We used to study English together.
우리는 함께 영어를 공부하곤 했어.

⑪ I used to drive expensive cars.
나는 비싼 차들을 운전하곤 했어.

used to 의문문

⑫ Did you use to exercise?
넌 운동하곤 했니?

⑬ Did she use to walk with you?
그녀는 너와 함께 걷곤 했니?

⑭ Did they use to sing this song?
그들은 이 노래를 부르곤 했니?

⑮ Did you use to be smart when you were a child?
넌 네가 아이였을 때 똑똑하곤 했니?

☆ 패턴 6 ~하곤 했어

스피드 손 영작

최대한 빠른 속도로 한 번에 영작해 보세요.

1. 나는 그녀를 방문하곤 했어.

→ ______________________________.

2. 나는 매일 울곤 했어.

→ ______________________________.

3. 나는 그녀와 함께 미소 짓곤 했어.

→ ______________________________.

4. 나는 한때 행복하곤 했어.

→ ______________________________.

5. 그녀는 항상 화를 내곤 했어.

→ ______________________________.

6. 그녀는 학교까지 뛰어가곤 했어.

→ ______________________________.

7. 그녀는 우리의 시스템에 대해 불평하곤 했어.

→ ______________________________.

p.76에서 정답을 확인하세요.

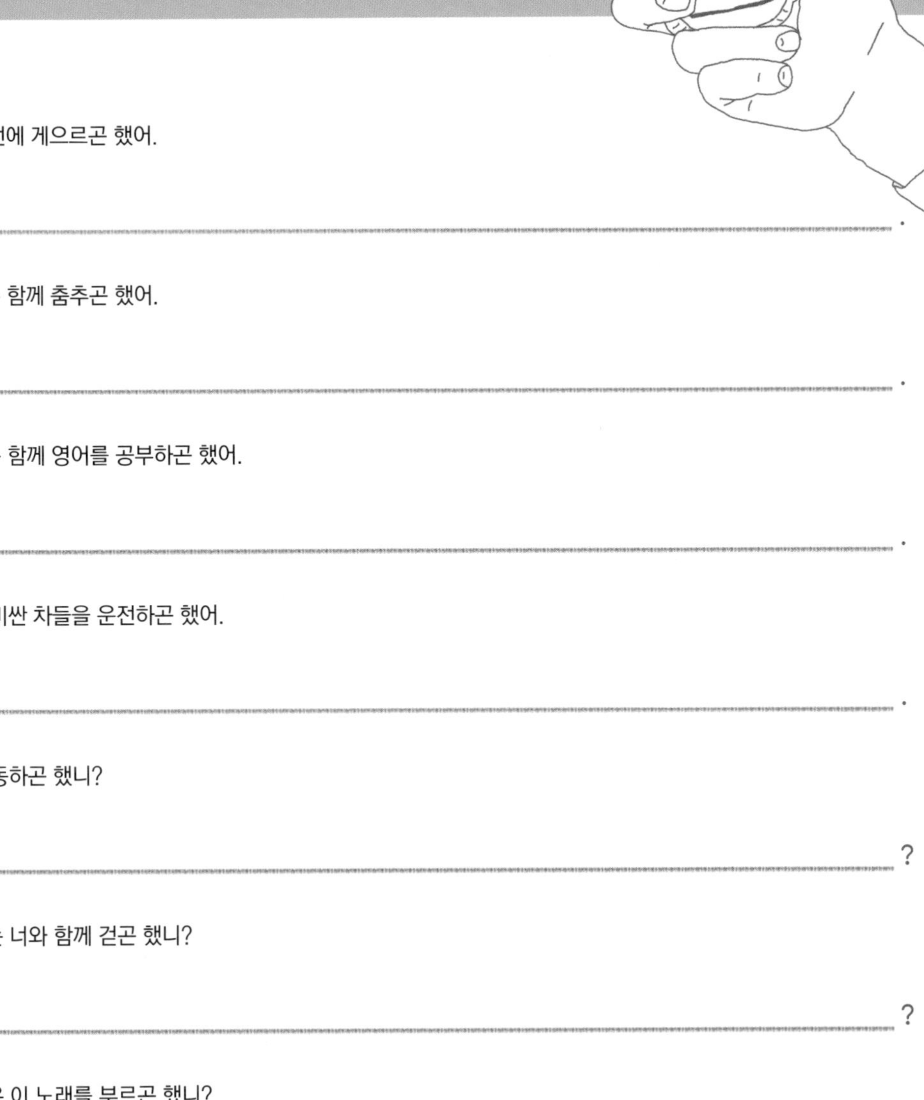

8 나는 전에 게으르곤 했어.

→ ______________________________.

9 그들은 함께 춤추곤 했어.

→ ______________________________.

10 우리는 함께 영어를 공부하곤 했어.

→ ______________________________.

11 나는 비싼 차들을 운전하곤 했어.

→ ______________________________.

12 넌 운동하곤 했니?

→ ______________________________?

13 그녀는 너와 함께 걷곤 했니?

→ ______________________________?

14 그들은 이 노래를 부르곤 했니?

→ ______________________________?

15 넌 네가 아이였을 때 똑똑하곤 했니?

→ ______________________________?

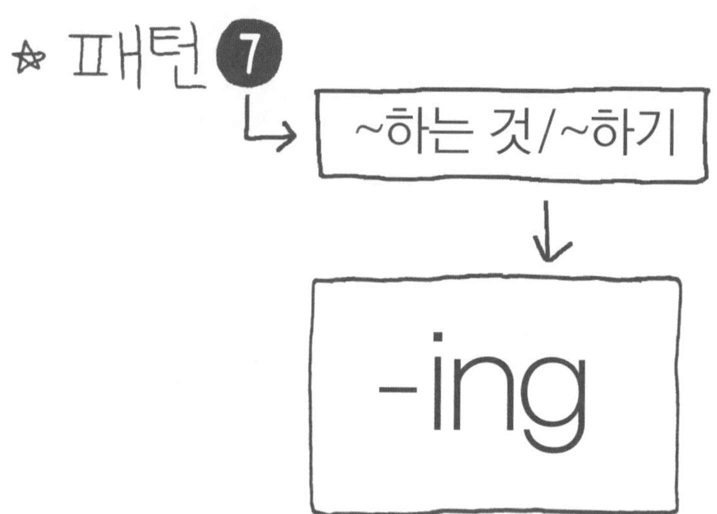
패턴 7
~하는 것/~하기
-ing

-ing는 '~하는 것 / ~하기'로 해석이 되며,

주어로도 혹은 목적어로도 사용이 가능합니다.

예를 들어,

'eat = 먹다'는 'eating = 먹는 것 / 먹기',

'love = 사랑하다'는 'loving = 사랑하는 것 / 사랑하기',

'smile = 미소 짓다'는 'smiling = 미소 짓는 것 / 미소 짓기',

등으로 바꿀 수 있습니다.

'사랑하는 것 = loving'을 주어로 써서

"사랑하는 것은 아름다운 것이야."라고 하려면

"Loving is a beautiful thing."이라고 표현합니다.

'먹는 것 = eating'을 목적어로 써서

"나는 먹는 것을 좋아해."라고 하려면

"I like eating."이라고 표현합니다.

I like eating.

↳ Learning is / fun.

배우는 것은 / 재미있어. → 배우는 것은 재미있어.

↳ Reading this book / helped / me.

이 책을 읽는 것은 / 도와줬어 / 나를. → 이 책을 읽는 것은 나를 도와줬어.(도움이 됐다는 뜻.)

↳ I enjoy / drinking / milk.

나는 즐겨 / 마시는 것을 / 우유를. → 나는 우유를 마시는 것을 즐겨.

↳ I hate / going / to school.

나는 싫어해 / 가는 것을 / 학교에. → 나는 학교에 가는 것을 싫어해.

의미 단위 손 영작

의미 단위로 나뉘어져 있는 문장 마디를 보고 Hint 단어를 참고하여 빈칸을 채워 보세요.

p.86 완성 문장 확인에서 정답을 확인하세요.

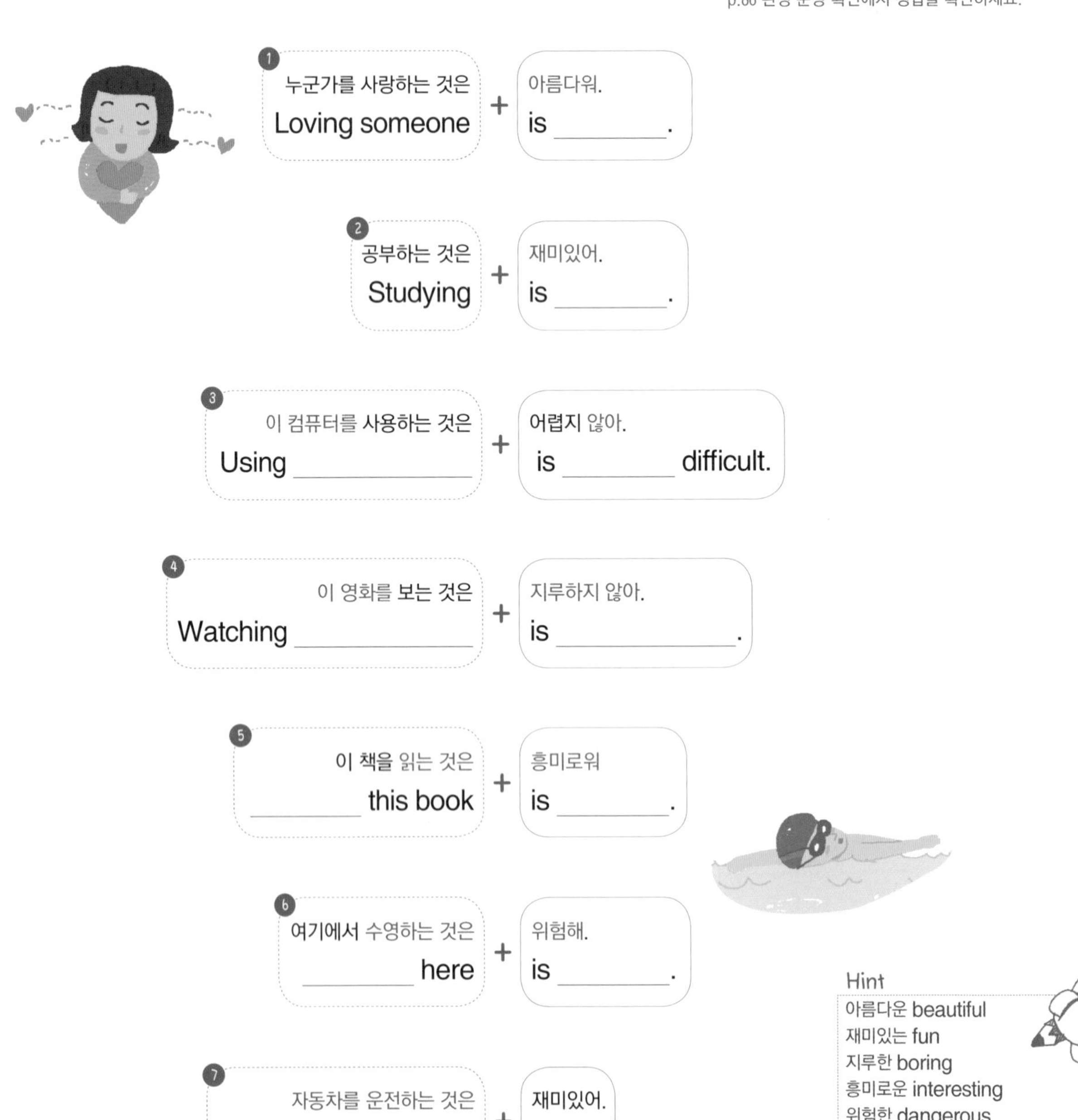

1. 누군가를 사랑하는 것은 Loving someone + 아름다워. is ________.
2. 공부하는 것은 Studying + 재미있어. is ________.
3. 이 컴퓨터를 사용하는 것은 Using ____________ + 어렵지 않아. is ________ difficult.
4. 이 영화를 보는 것은 Watching ____________ + 지루하지 않아. is ____________.
5. 이 책을 읽는 것은 ________ this book + 흥미로워 is ________.
6. 여기에서 수영하는 것은 ________ here + 위험해. is ________.
7. 자동차를 운전하는 것은 ________ a ________ + 재미있어. is fun.

Hint
아름다운 beautiful
재미있는 fun
지루한 boring
흥미로운 interesting
위험한 dangerous
운전하다 drive

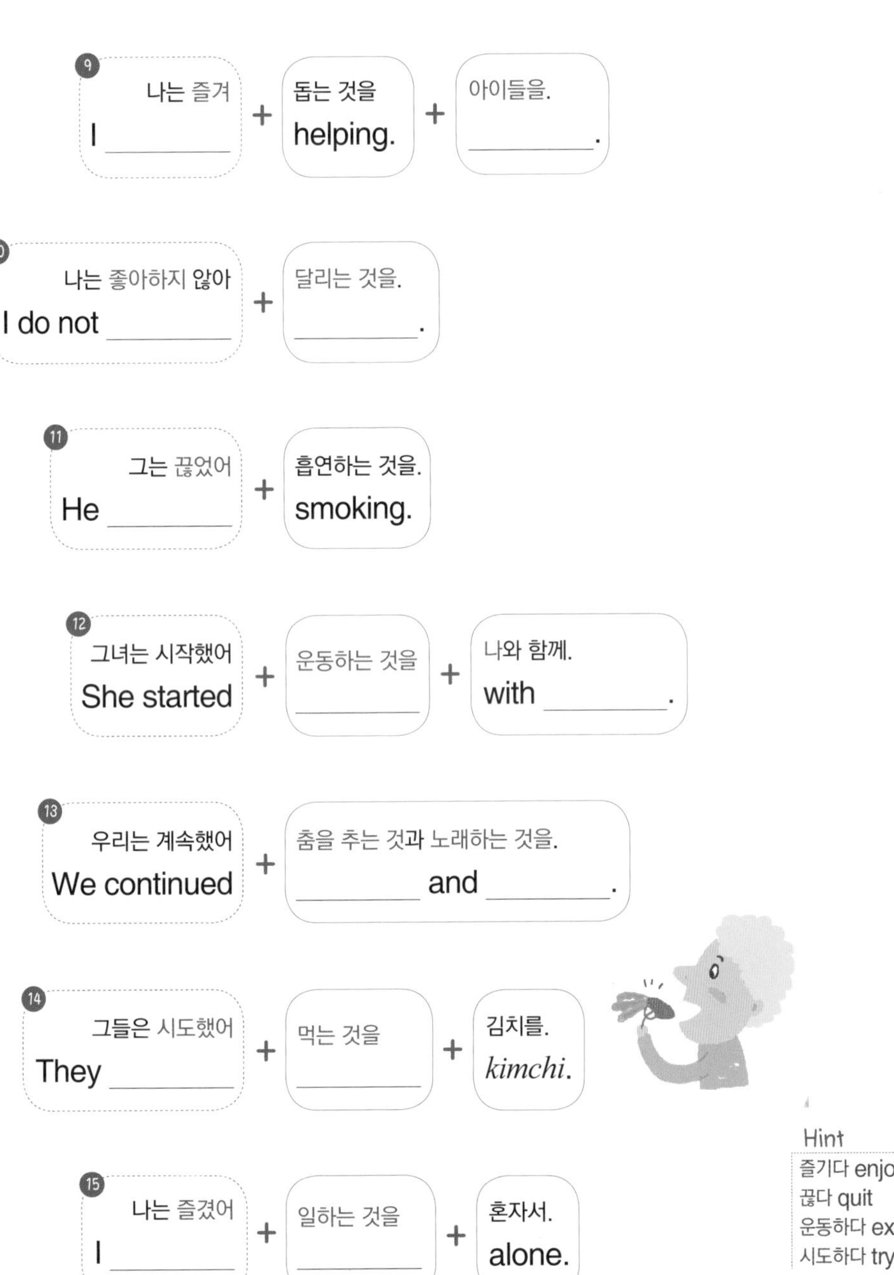

8
나는 아주 좋아해
I love
+
공부하는 것을
________.
+
영어를.
English.
9
나는 즐겨
I ________
+
돕는 것을
helping.
+
아이들을.
________.
10
나는 좋아하지 않아
I do not ________
+
달리는 것을.
________.
11
그는 끊었어
He ________
+
흡연하는 것을.
smoking.
12
그녀는 시작했어
She started
+
운동하는 것을
____
+
나와 함께.
with ________.
13
우리는 계속했어
We continued
+
춤을 추는 것과 노래하는 것을.
________ and ________.
14
그들은 시도했어
They ________
+
먹는 것을
____
+
김치를.
kimchi.
15
나는 즐겼어
I ________
+
일하는 것을
____
+
혼자서.
alone.

Hint
즐기다 enjoy
끊다 quit
운동하다 exercise
시도하다 try

어순 손 영작

어순대로 영작해 보세요.

-ing가 주어로 쓰이는 경우

1. 누군가를 사랑하는 것은 / 아름다워. (beautiful)

↳ / .

2. 공부하는 것은 / 재미있어. (fun)

↳ / .

3. 이 컴퓨터를 사용하는 것은 / 어렵지 않아. (difficult)

↳ / .

4. 이 영화를 보는 것은 / 지루하지 않아. (boring)

↳ / .

5. 이 책을 읽는 것은 / 흥미로워. (interesting)

↳ / .

6. 여기에서 수영하는 것은 / 위험해. (dangerous)

↳ / .

7. 자동차를 운전하는 것은 / 재미있어. (drive)

↳ / .

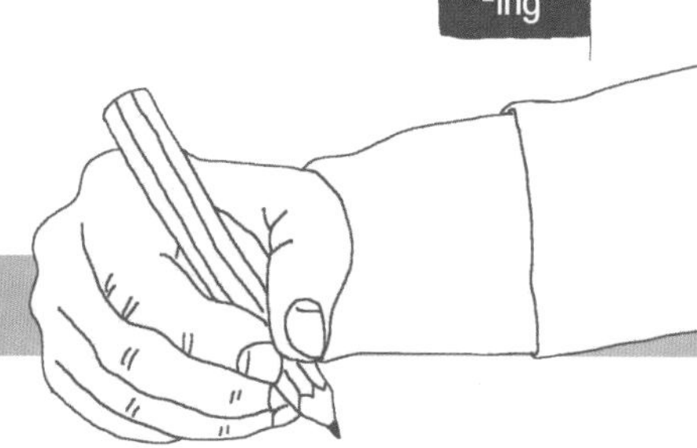

-ing가 목적어로 쓰이는 경우 – 현재

8 나는 아주 좋아해 / 공부하는 것을 / 영어를. (love)

↳ / / .

9 나는 즐겨 / 돕는 것을 / 아이들을. (enjoy)

↳ / / .

10 나는 좋아하지 않아 / 달리는 것을. (like)

↳ / .

-ing가 목적어로 쓰이는 경우 – 과거

11 그는 끊었어 / 흡연하는 것을. (quit)

↳ / .

12 그녀는 시작했어 / 운동하는 것을 / 나와 함께. (start)

↳ / / .

13 우리는 계속했어 / 춤을 추는 것과 노래하는 것을. (continue)

↳ / .

14 그들은 시도했어 / 먹는 것을 / 김치를. (try)

↳ / / .

15 나는 즐겼어 / 일하는 것을 / 혼자서. (alone)

↳ / / .

COMPLETE SENTENCES 완성 문장 확인

완성 문장을 확인해 보세요.

-ing가 주어로 쓰이는 경우

1. Loving someone is beautiful.
   누군가를 사랑하는 것은 아름다워
2. Studying is fun.
   공부하는 것은 재미있어.
3. Using this computer is not difficult.
   이 컴퓨터를 사용하는 것은 어렵지 않아.
4. Watching this movie is not boring.
   이 영화를 보는 것은 지루하지 않아.
5. Reading this book is interesting.
   이 책을 읽는 것은 흥미로워.
6. Swimming here is dangerous.
   여기에서 수영하는 것은 위험해.
7. Driving a car is fun.
   자동차를 운전하는 것은 재미있어.

07_01

-ing가 목적어로 쓰이는 경우 – 현재

❽ I love studying English.
나는 영어를 공부하는 것을 아주 좋아해.

❾ I enjoy helping children.
나는 아이들을 돕는 것을 즐겨.

❿ I do not like running.
나는 달리는 것을 좋아하지 않아.

-ing가 목적어로 쓰이는 경우 – 과거

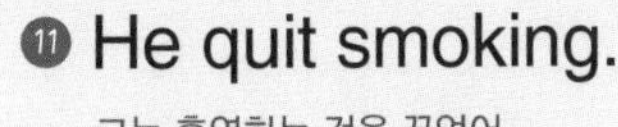

⓫ He quit smoking.
그는 흡연하는 것을 끊었어.

⓬ She started exercising with me.
그녀는 나와 함께 운동하는 것을 시작했어.

⓭ We continued dancing and singing.
우리는 춤을 추는 것과 노래하는 것을 계속했어.

⓮ They tried eating *kimchi*.
그들은 김치를 먹는 것을 시도했어.

⓯ I enjoyed working alone.
나는 혼자서 일하는 것을 즐겼어.

스피드 손 영작

최대한 빠른 속도로 한 번에 영작해 보세요.

1. 누군가를 사랑하는 것은 아름다워.

→ ______________________________.

2. 공부하는 것은 재미있어.

→ ______________________________.

3. 이 컴퓨터를 사용하는 것은 어렵지 않아.

→ ______________________________.

4. 이 영화를 보는 것은 지루하지 않아.

→ ______________________________.

5. 이 책을 읽는 것은 흥미로워.

→ ______________________________.

6. 여기에서 수영하는 것은 위험해.

→ ______________________________.

7. 자동차를 운전하는 것은 재미있어.

→ ______________________________.

p.86에서 정답을 확인하세요.

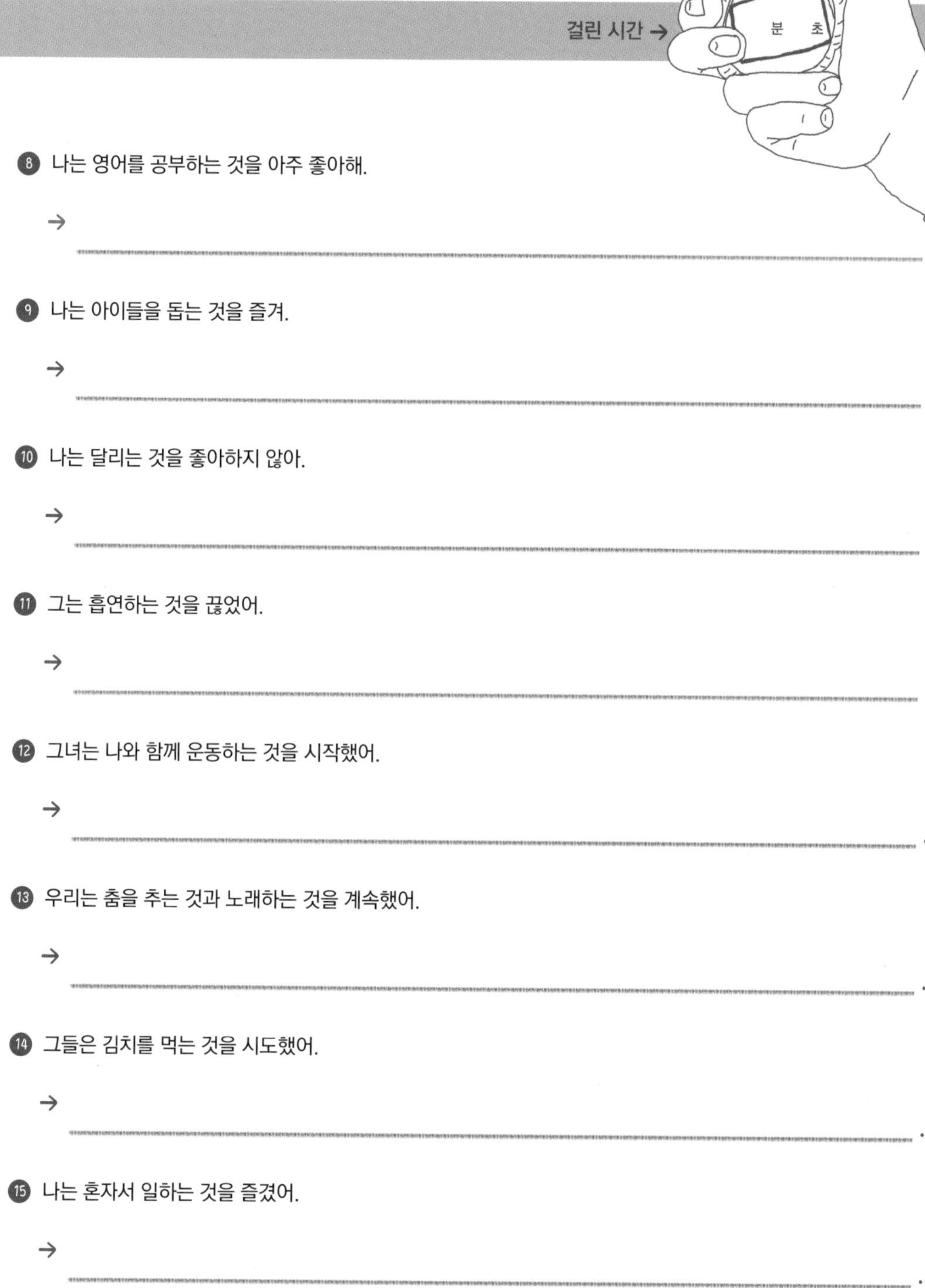

❽ 나는 영어를 공부하는 것을 아주 좋아해.

→ .

❾ 나는 아이들을 돕는 것을 즐겨.

→ .

❿ 나는 달리는 것을 좋아하지 않아.

→ .

⓫ 그는 흡연하는 것을 끊었어.

→ .

⓬ 그녀는 나와 함께 운동하는 것을 시작했어.

→ .

⓭ 우리는 춤을 추는 것과 노래하는 것을 계속했어.

→ .

⓮ 그들은 김치를 먹는 것을 시도했어.

→ .

⓯ 나는 혼자서 일하는 것을 즐겼어.

→ .

패턴 8

~하기 위해/~하도록

↓

to+동사원형

to 뒤에 동사원형이 오는 것을 흔히 'to부정사'라고 부르며,

'~하기 위해 / ~하도록'으로 가장 많이 해석됩니다.

예를 들어,

"나는 그를 돕기 위해 일찍 일어났어."라고 하려면

"I woke up early to help him."이라고 표현합니다.

또한 의문문 형태로

"너는 그녀를 보려고 여기 왔니?"라고 하려면

"Are you here to see her?"라고 표현합니다.

I was being careful not to wake him up.
Z Z

반대로, **'~하지 않기 위해 / ~하지 않도록'이라고 하려면**

to 앞에 not을 넣습니다.

예를 들어,

"나는 그를 깨우지 않기 위해 조심했어."라고 하려면

"I was being careful not to wake him up."이라고 표현합니다.

↳ I came / **to help** / you.

나는 왔어 / 돕기 위해 / 너를. → 나는 너를 돕기 위해 왔어.

↳ They called / me / **to say** hi.

그들은 전화했어 / 나에게 / 인사하기 위해. → 그들은 인사하기 위해 나에게 전화했어.

↳ She left / not **to wake** me up.

그녀는 떠났어 / 나를 깨우지 않기 위해. → 그녀는 나를 깨우지 않기 위해 떠났어.

↳ Did she go / to school / **to study**?

그녀는 갔나요 / 학교에 / 공부하기 위해? → 그녀는 공부하기 위해 학교에 갔나요?

의미 단위 손 영작

의미 단위로 나뉘어져 있는 문장 마디를 보고 Hint 단어를 참고하여 빈칸을 채워 보세요.

p.96 완성 문장 확인에서 정답을 확인하세요.

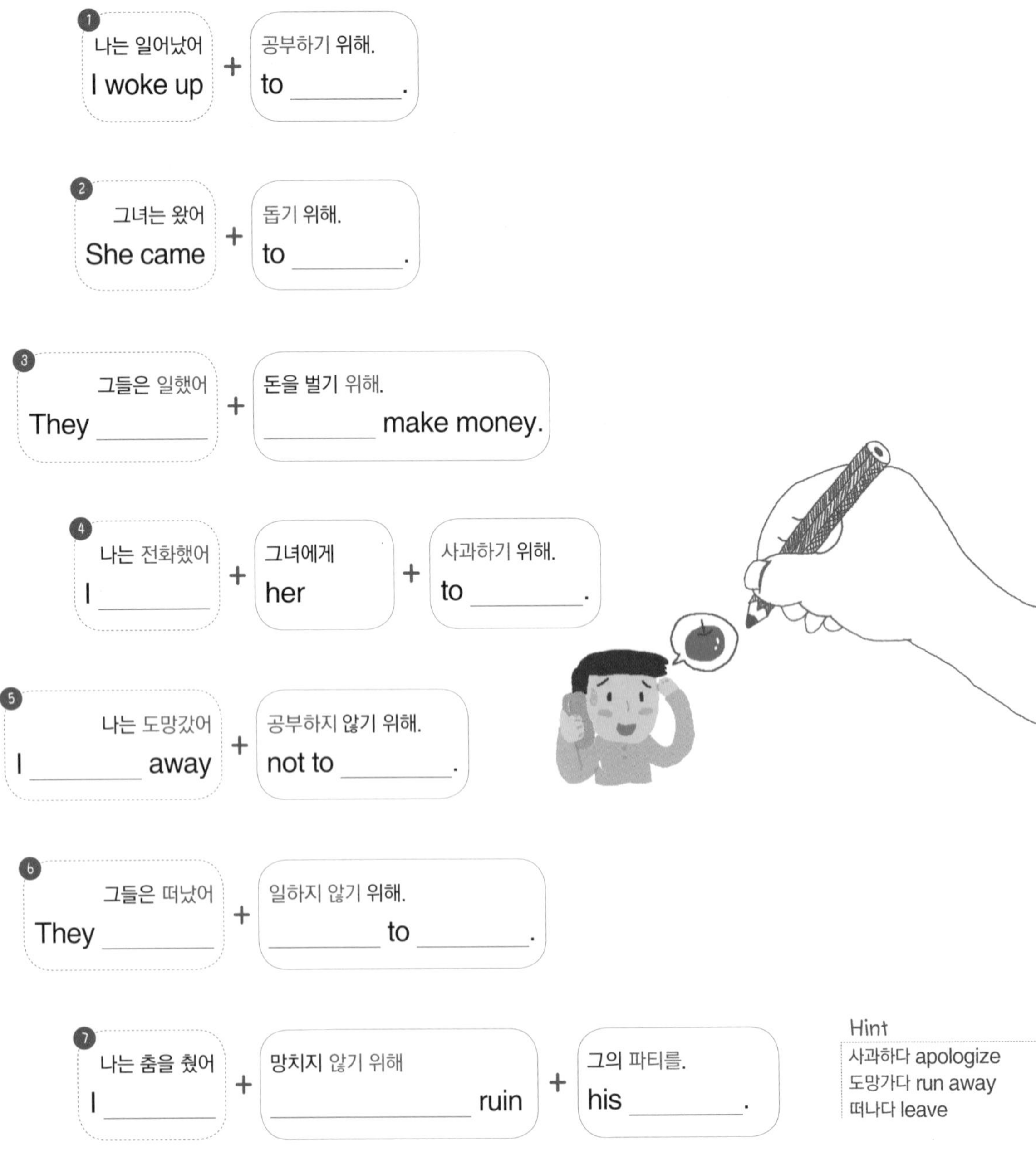

1. 나는 일어났어 I woke up + 공부하기 위해. to ________.

2. 그녀는 왔어 She came + 돕기 위해. to ________.

3. 그들은 일했어 They ________ + 돈을 벌기 위해. ________ make money.

4. 나는 전화했어 I ________ + 그녀에게 her + 사과하기 위해. to ________.

5. 나는 도망갔어 I ________ away + 공부하지 않기 위해. not to ________.

6. 그들은 떠났어 They ________ + 일하지 않기 위해. ________ to ________.

7. 나는 춤을 췄어 I ________ + 망치지 않기 위해 ________ ruin + 그의 파티를. his ________.

Hint
사과하다 apologize
도망가다 run away
떠나다 leave

8
너는 노래하고 있니 + 도와주기 위해 + 불쌍한 아이들을?
_______ you _______ + to _______ + poor _______?

9
그는 달리고 있니 + 가기 위해 + 그 공원에?
_______ he _______ + to _______ + to the _______?

10
그들은 옮기고 있니 + 이 상자를 + 도와주기 위해 + 너를?
_______ they _______ + this box + _______________ + you?

11
그녀는 자고 있니 + 일어나기 위해 + 일찍 + 내일?
_______ she _______ + _______________ up + early + _______?

12
너는 전화했니 + 나에게 + 사과하기 위해?
Did you _______ + me + to _______?

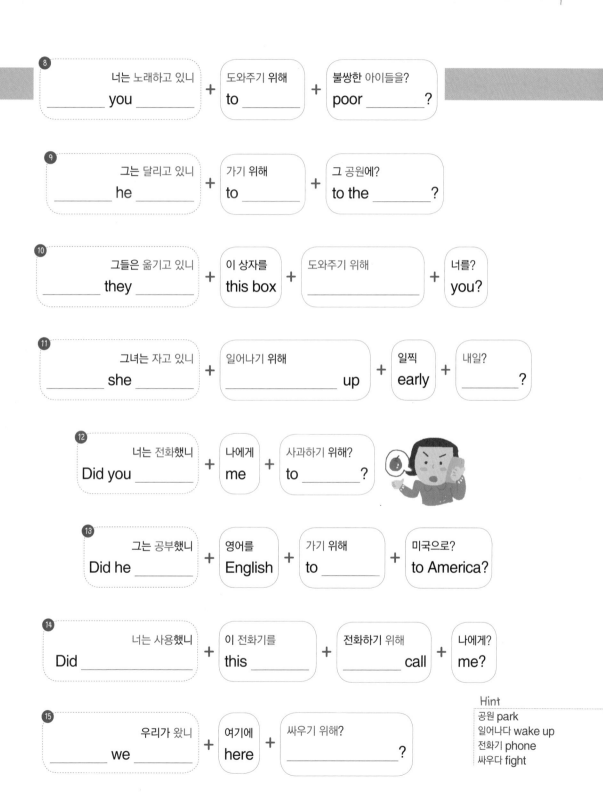

13
그는 공부했니 + 영어를 + 가기 위해 + 미국으로?
Did he _______ + English + to _______ + to America?

14
너는 사용했니 + 이 전화기를 + 전화하기 위해 + 나에게?
Did _______________ + this _______ + _______ call + me?

15
우리가 왔니 + 여기에 + 싸우기 위해?
_______ we _______ + here + _______________?

Hint
공원 park
일어나다 wake up
전화기 phone
싸우다 fight

어순 손 영작

어순대로 영작해 보세요.

과거 긍정문

1. 나는 일어났어 / 공부하기 위해. (wake up)

↳ ______ / ______.

2. 그녀는 왔어 / 돕기 위해. (help)

↳ ______ / ______.

3. 그들은 일했어 / 돈을 벌기 위해. (make money)

↳ ______ / ______.

4. 나는 전화했어 / 그녀에게 / 사과하기 위해. (apologize)

↳ ______ / ______ / ______.

부정사 부정문

5. 나는 도망갔어 / 공부하지 않기 위해. (run away)

↳ ______ / ______.

6. 그들은 떠났어 / 일하지 않기 위해. (leave)

↳ ______ / ______.

7. 나는 춤을 췄어 / 망치지 않기 위해 / 그의 파티를. (ruin)

↳ ______ / ______ / ______.

현재진행 의문문

⑧ 너는 노래하고 있니 / 도와주기 위해 / 불쌍한 아이들을? (poor)

↳ / / ?

⑨ 그는 달리고 있니 / 가기 위해 / 그 공원에? (park)

↳ / / ?

⑩ 그들은 옮기고 있니 / 이 상자를 / 도와주기 위해 / 너를? (move)

↳ / / / ?

⑪ 그녀는 자고 있니 / 일어나기 위해 / 일찍 / 내일? (sleep)

↳ / / / ?

과거 의문문

⑫ 너는 전화했니 / 나에게 / 사과하기 위해? (call)

↳ / / ?

⑬ 그는 공부했니 / 영어를 / 가기 위해 / 미국으로? (America)

↳ / / / ?

⑭ 너는 사용했니 / 이 전화기를 / 전화하기 위해 / 나에게? (phone)

↳ / / / ?

⑮ 우리가 왔니 / 여기에 / 싸우기 위해? (fight)

↳ / / ?

COMPLETE SENTENCES

완성 문장 확인

완성 문장을 확인해 보세요.

과거 긍정문

1. I woke up to study.
   나는 공부하기 위해 일어났어.
2. She came to help.
   그녀는 돕기 위해 왔어.
3. They worked to make money.
   그들은 돈을 벌기 위해 일했어.
4. I called her to apologize.
   나는 사과하기 위해 그녀에게 전화했어.

부정사 부정문

5. I ran away not to study.
   나는 공부하지 않기 위해 도망갔어.
6. They left not to work.
   그들은 일하지 않기 위해 떠났어.
7. I danced not to ruin his party.
   나는 그의 파티를 망치지 않기 위해 춤을 췄어.

현재진행 의문문

⑧ Are you singing to help poor children?
너는 불쌍한 아이들을 도와주기 위해 노래하고 있니?

⑨ Is he running to go to the park?
그는 그 공원에 가기 위해 달리고 있니?

⑩ Are they moving this box to help you?
그들은 너를 도와주기 위해 이 상자를 옮기고 있니?

⑪ Is she sleeping to wake up early tomorrow?
그녀는 내일 일찍 일어나기 위해 자고 있니?

과거 의문문

⑫ Did you call me to apologize?
너는 나에게 사과하기 위해 전화했니?

⑬ Did he study English to go to America?
그는 미국으로 가기 위해 영어를 공부했니?

⑭ Did you use this phone to call me?
너는 나에게 전화하기 위해 이 전화기를 사용했니?

⑮ Did we come here to fight?
우리가 여기에 싸우기 위해 왔니?

스피드 손 영작

최대한 빠른 속도로 한 번에 영작해 보세요.

1. 나는 공부하기 위해 일어났어.

→ ______________________________.

2. 그녀는 돕기 위해 왔어.

→ ______________________________.

3. 그들은 돈을 벌기 위해 일했어.

→ ______________________________.

4. 나는 사과하기 위해 그녀에게 전화했어.

→ ______________________________.

5. 나는 공부하지 않기 위해 도망갔어.

→ ______________________________.

6. 그들은 일하지 않기 위해 떠났어.

→ ______________________________.

7. 나는 그의 파티를 망치지 않기 위해 춤을 췄어.

→ ______________________________.

p.96에서 정답을 확인하세요.

⑧ 너는 불쌍한 아이들을 도와주기 위해 노래하고 있니?

→ ____?

⑨ 그는 그 공원에 가기 위해 달리고 있니?

→ ____?

⑩ 그들은 너를 도와주기 위해 이 상자를 옮기고 있니?

→ ____?

⑪ 그녀는 내일 일찍 일어나기 위해 자고 있니?

→ ____?

⑫ 너는 나에게 사과하기 위해 전화했니?

→ ____?

⑬ 그는 미국으로 가기 위해 영어를 공부했니?

→ ____?

⑭ 너는 나에게 전화하기 위해 이 전화기를 사용했니?

→ ____?

⑮ 우리가 여기에 싸우기 위해 왔니?

→ ____?

패턴 9

~해 보여

look + 형용사

동사 look 뒤에 형용사가 오면

'~해 보이다'로 해석하면 됩니다.

주의해야 할 점은 **'look like +형용사'와 같이 말하지는 않는다**는 것입니다.

예를 들어,

"너 요즘 행복해 보여."라고 하려면

"You look happy these days."라고 표현합니다.

"You look like happy these days."는 틀린 표현입니다.

'look like'가 쓰이는 경우는

뒤에 절 혹은 명사가 동반될 경우이므로 혼동해서는 안 됩니다.

흔히 저지르는 실수이므로 주의해야 합니다.

You look happy these days.

↳ You **look tired** / today.

너는 피곤해 보여 / 오늘. → 너는 오늘 피곤해 보여.

↳ Sue **looks depressed** / these days.

Sue는 우울해 보여 / 요즘. → Sue는 요즘 우울해 보여.

↳ He **looked** very **sad** / yesterday.

그는 매우 슬퍼 보였어 / 어제. → 그는 어제 매우 슬퍼 보였어.

↳ Do I **look different** / today?

내가 달라 보이니 / 오늘? → 내가 오늘 달라 보이니?

의미 단위 손 영작

의미 단위로 나뉘어져 있는 문장 마디를 보고 Hint 단어를 참고하여 빈칸을 채워 보세요.

p.106 완성 문장 확인에서 정답을 확인하세요.

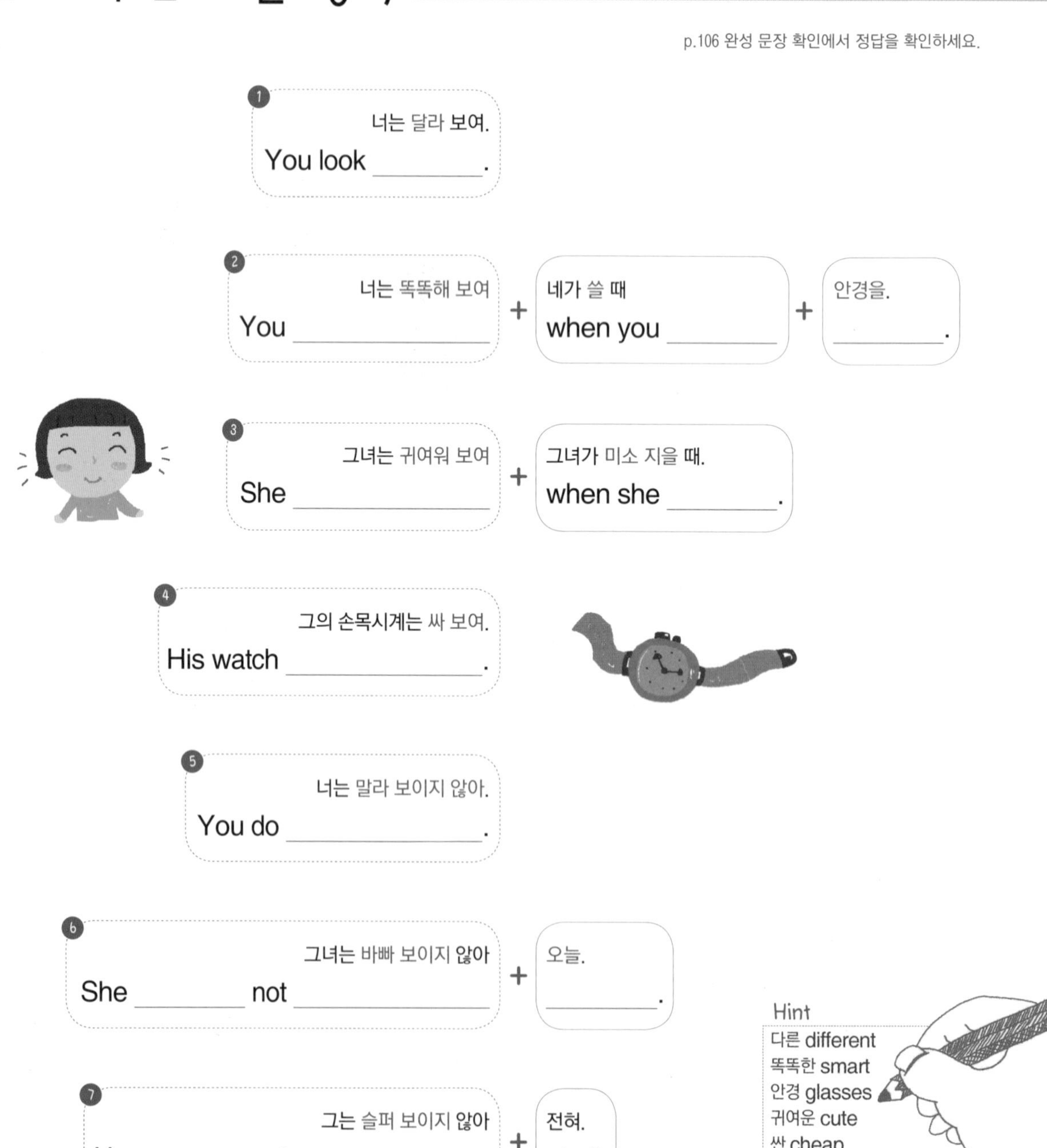

1. 너는 달라 보여.
   You look ________.

2. 너는 똑똑해 보여 + 네가 쓸 때 + 안경을.
   You ____________ + when you ________ + ________.

3. 그녀는 귀여워 보여 + 그녀가 미소 지을 때.
   She ____________ + when she ________.

4. 그의 손목시계는 싸 보여.
   His watch ____________.

5. 너는 말라 보이지 않아.
   You do ____________.

6. 그녀는 바빠 보이지 않아 + 오늘.
   She ________ not ____________ + ________.

7. 그는 슬퍼 보이지 않아 + 전혀.
   He ________ not ____________ + at all.

Hint
다른 different
똑똑한 smart
안경 glasses
귀여운 cute
싼 cheap
마른 skinny

8 그는 흥분되어 보였어 + 어제.
He looked ______________ + ________.

9 너는 행복해 보였어 + 네가 받았을 때 + 이 편지를.
You ______________ + when you ________ + this ________.

10 그녀는 아름다워 보였어 + 그 사진에서.
She ______________ + in the ________.

11 그녀는 조용해 보였어 + 처음에는.
She ______________ + at ________

12 내가 잘생겨 보이니?
Do I ______________?

13 그녀는 뚱뚱해 보이니 + 그녀가 입을 때 + 이 청바지를?
________ she ______________ + when she ________ + these ________?

14 내가 겁먹어 보였니 + 그가 왔을 때 + 여기에?
Did I look ________ + when he ________ + here?

15 그녀는 화나 보였니 + 내가 껴안았을 때 + 그녀를?
________ she ______________ + when I ________ + her?

Hint
흥분한 excited
받다 receive
사진 picture
조용한 quiet
잘생긴 handsome
뚱뚱한 fat
청바지 jeans
겁먹은 scared
화난 angry
포옹하다 hug

어순 손 영작

어순대로 영작해 보세요.

현재 긍정문

1. 너는 달라 보여. (different)
↳ ____________ .

2. 너는 똑똑해 보여 / 네가 쓸 때 / 안경을. (glasses)
↳ ____________ / ____________ / ____________ .

3. 그녀는 귀여워 보여 / 그녀가 미소 지을 때. (cute)
↳ ____________ / ____________ .

4. 그의 손목시계는 싸 보여. (cheap)
↳ ____________ .

현재 부정문

5. 너는 말라 보이지 않아. (skinny)
↳ ____________ .

6. 그녀는 바빠 보이지 않아 / 오늘. (busy)
↳ ____________ / ____________ .

7. 그는 슬퍼 보이지 않아 / 전혀. (not ~ at all)
↳ ____________ / ____________ .

과거 긍정문

❽ 그는 흥분되어 보였어 / 어제. (excited)

↳ / .

❾ 너는 행복해 보였어 / 네가 받았을 때 / 이 편지를. (receive)

↳ / / .

❿ 그녀는 아름다워 보였어 / 그 사진에서. (picture)

↳ / .

⓫ 그녀는 조용해 보였어 / 처음에는. (quiet)

↳ / .

현재 의문문

⓬ 내가 잘생겨 보이니? (handsome)

↳ ?

⓭ 그녀는 뚱뚱해 보이니 / 그녀가 입을 때 / 이 청바지를? (fat)

↳ / / ?

과거 의문문

⓮ 내가 겁먹어 보였니 / 그가 왔을 때 / 여기에? (scared)

↳ / / ?

⓯ 그녀는 화나 보였니 / 내가 껴안았을 때 / 그녀를? (hug)

↳ / / ?

COMPLETE SENTENCES 완성 문장 확인 완성 문장을 확인해 보세요.

현재 긍정문

1. You look different.
너는 달라 보여.
2. You look smart when you wear glasses.
네가 안경을 쓸 때 너는 똑똑해 보여.
3. She looks cute when she smiles.
그녀가 미소 지을 때 그녀는 귀여워 보여.
4. His watch looks cheap.
그의 손목시계는 싸 보여.

현재 부정문

5. You do not look skinny.
너는 말라 보이지 않아.
6. She does not look busy today.
그녀는 오늘 바빠 보이지 않아.
7. He does not look sad at all.
그는 전혀 슬퍼 보이지 않아.

09_01

과거 긍정문

❽ He looked excited yesterday.
그는 어제 흥분되어 보였어.

❾ You looked happy when you received this letter.
네가 이 편지를 받았을 때 너는 행복해 보였어.

❿ She looked beautiful in the picture.
그녀는 그 사진에서 아름다워 보였어.

⓫ She looked quiet at first.
그녀는 처음에는 조용해 보였어.

현재 의문문

⓬ Do I look handsome?
내가 잘생겨 보이니?

⓭ Does she look fat when she wears these jeans?
그녀가 이 청바지를 입을 때 그녀는 뚱뚱해 보이니?

과거 의문문

⓮ Did I look scared when he came here?
그가 여기에 왔을 때 내가 겁먹어 보였니?

⓯ Did she look angry when I hugged her?
내가 그녀를 껴안았을 때 그녀는 화나 보였니?

패턴 9 ~해 보여

스피드 손 영작

최대한 빠른 속도로 한 번에 영작해 보세요.

1. 너는 달라 보여.

→ ______________________________.

2. 네가 안경을 쓸 때 너는 똑똑해 보여.

→ ______________________________.

3. 그녀가 미소 지을 때 그녀는 귀여워 보여.

→ ______________________________.

4. 그의 손목시계는 싸 보여.

→ ______________________________.

5. 너는 말라 보이지 않아.

→ ______________________________.

6. 그녀는 오늘 바빠 보이지 않아.

→ ______________________________.

7. 그는 전혀 슬퍼 보이지 않아.

→ ______________________________.

p.106에서 정답을 확인하세요.

걸린 시간 →

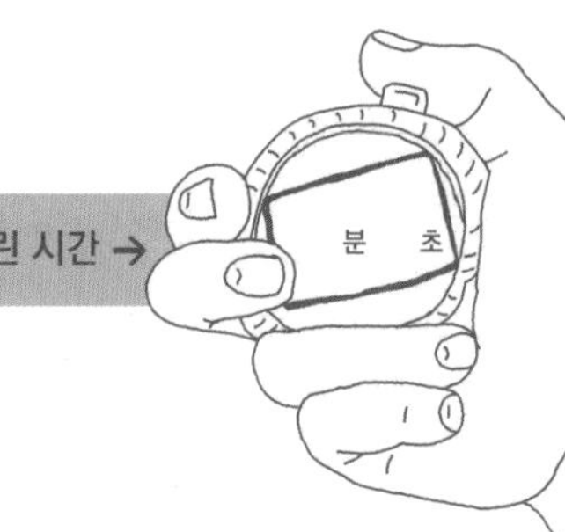

8 그는 어제 흥분되어 보였어.

→ ______________________________.

9 네가 이 편지를 받았을 때 너는 행복해 보였어.

→ ______________________________.

10 그녀는 그 사진에서 아름다워 보였어.

→ ______________________________.

11 그녀는 처음에는 조용해 보였어.

→ ______________________________.

12 내가 잘생겨 보이니?

→ ______________________________?

13 그녀가 이 청바지를 입을 때 그녀는 뚱뚱해 보이니?

→ ______________________________?

14 그가 여기에 왔을 때 내가 겁먹어 보였니?

→ ______________________________?

15 내가 그녀를 껴안았을 때 그녀는 화나 보였니?

→ ______________________________?

패턴 10

충분히 ~한

형용사 + enough

'형용사 + enough'는 '충분히 ~(형용사)한'으로 해석이 됩니다.

중요한 것은 한글 어순과는 반대로

enough가 형용사 뒤에 온다는 것입니다.

예를 들어,

"넌 충분히 예뻐."라고 하려면

"You are enough pretty."는 틀린 표현이며,

"You are pretty enough."라고 표현해야 합니다.

또한 문장 뒤에 '~할 정도로 / ~하기에'라는 표현을 추가하고 싶다면,

'형용사 + enough' 뒤에 'to + 동사원형'을 붙여서 표현합니다.

예를 들어,

"나는 일하기에 충분히 나이 들었어."라고 하려면

"I am old enough to work."라고 표현합니다.

↳ I am **angry** / **enough** / to hit him.

나는 화나 있어 / 충분히 / 그를 때릴 정도로. → 나는 그를 때릴 정도로 충분히 화나 있어.

↳ She is **kind** / **enough** / to help me.

그녀는 친절해 / 충분히 / 나를 도와줄 정도로. → 그녀는 나를 도와줄 정도로 충분히 친절해.

↳ This computer is not **fast** / **enough** / to use.

이 컴퓨터는 빠르지 않아 / 충분히 / 사용하기에. → 이 컴퓨터는 사용하기에 충분히 빠르지 않아.

↳ Is your score **good** / **enough** / to impress / him?

너의 점수는 좋니 / 충분히 / 감동시키기에 / 그를? → 너의 점수는 그를 감동시키기에 충분히 좋니?

의미 단위 손 영작

의미 단위로 나뉘어져 있는 문장 마디를 보고 Hint 단어를 참고하여 빈칸을 채워 보세요.

p.116 완성 문장 확인에서 정답을 확인하세요.

1. 그는 나이 들었어 He is old + 충분히. ________.

2. 나는 귀여워 I am ________ + 충분히. enough.

3. 이 자동차는 빨라 This ________ is ________ + 충분히. enough.

4. 그 가방은 가벼워 The ________ is ________ + 충분히. ________.

5. 나는 똑똑하지 않아 I am not ________ + 충분히. ________.

6. 이 방은 따뜻하지 않아 This ________ is ________ warm + 충분히. ________.

7. 그 산은 높지 않아 The ________ is ________ high + 충분히. ________.

Hint
귀여운 cute
가벼운 light
산 mountain

8 이 기차는 빠르지 않아 + 충분히.
This ________ is not ________ + enough.

9 그는 나이 들었어 + 충분히 + 운전하기에.
He is ________ + enough. + to ________.

10 그녀는 예뻐 + 충분히 + 내 여자 친구가 되기에.
She is ________ + ________ + to be my ________.

11 나는 똑똑하지 않아 + 충분히 + 공부하기에 + 한국어를.
I am not ________ + enough + to ________ + Korean.

12 너는 행복하니 + 충분히?
Are you ________ + enough?

13 그녀는 귀엽니 + 충분히?
________ she ________ + ________?

14 이 산은 높니 + 충분히 + 오르기에?
Is this ________ high + enough + ________________?

15 그는 강하니 + 충분히 + 도와주기에 + 우리를?
________ he ________ + enough + ________ help + us?

Hint
빠른 fast
나이 든 old
오르다 climb
강한 strong

어순 손 영작

어순대로 영작해 보세요.

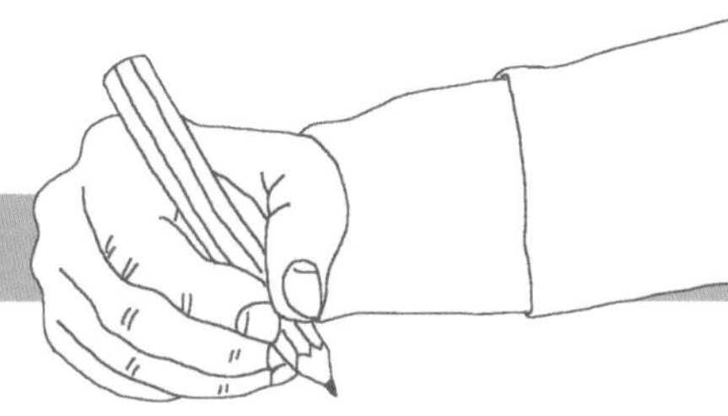

형용사 + enough 긍정문

1. 그는 나이 들었어 / 충분히. (old)

↳ / .

2. 나는 귀여워 / 충분히. (cute)

↳ / .

3. 이 자동차는 빨라 / 충분히. (fast)

↳ / .

4. 그 가방은 가벼워 / 충분히. (light)

↳ / .

형용사 + enough 부정문

5. 나는 똑똑하지 않아 / 충분히. (smart)

↳ / .

6. 이 방은 따뜻하지 않아 / 충분히. (warm)

↳ / .

7. 그 산은 높지 않아 / 충분히. (high)

↳ / .

❽ 이 기차는 빠르지 않아 / 충분히. (fast)

↳ / .

형용사 + enough + 부정사

❾ 그는 나이 들었어 / 충분히 / 운전하기에. (drive)

↳ / / .

❿ 그녀는 예뻐 / 충분히 / 내 여자 친구가 되기에. (pretty)

↳ / / .

⓫ 나는 똑똑하지 않아 / 충분히 / 공부하기에 / 한국어를. (smart)

↳ / / / .

형용사 + enough + 의문문

⓬ 너는 행복하니 / 충분히? (happy)

↳ / ?

⓭ 그녀는 귀엽니 / 충분히? (cute)

↳ / ?

⓮ 이 산은 높니 / 충분히 / 오르기에? (climb)

↳ / / ?

⓯ 그는 강하니 / 충분히 / 도와주기에 / 우리를? (strong)

↳ / / / ?

COMPLETE SENTENCES

완성 문장 확인

완성 문장을 확인해 보세요.

형용사 + enough 긍정문

❶ He is old enough.
그는 충분히 나이 들었어.

❷ I am cute enough.
나는 충분히 귀여워.

❸ This car is fast enough.
이 자동차는 충분히 빨라.

❹ The bag is light enough.
그 가방은 충분히 가벼워.

형용사 + enough 부정문

❺ I am not smart enough.
나는 충분히 똑똑하지 않아.

❻ This room is not warm enough.
이 방은 충분히 따뜻하지 않아.

❼ The mountain is not high enough.
그 산은 충분히 높지 않아.

❽ This train is not fast enough.
이 기차는 충분히 빠르지 않아.

형용사 + enough + 부정사

9 He is old enough to drive.
그는 운전하기에 충분히 나이 들었어.

10 She is pretty enough to be my girlfriend.
그녀는 내 여자 친구가 되기에 충분히 예뻐.

11 I am not smart enough to study Korean.
나는 한국어를 공부하기에 충분히 똑똑하지 않아.

형용사 + enough + 의문문

12 Are you happy enough?
너는 충분히 행복하니?

13 Is she cute enough?
그녀는 충분히 귀엽니?

14 Is this mountain high enough to climb?
이 산은 오르기에 충분히 높니?

15 Is he strong enough to help us?
그는 우리를 도와주기에 충분히 강하니?

스피드 손 영작

최대한 빠른 속도로 한 번에 영작해 보세요.

1. 그는 충분히 나이 들었어.

→ ______________________________.

2. 나는 충분히 귀여워.

→ ______________________________.

3. 이 자동차는 충분히 빨라.

→ ______________________________.

4. 그 가방은 충분히 가벼워.

→ ______________________________.

5. 나는 충분히 똑똑하지 않아.

→ ______________________________.

6. 이 방은 충분히 따뜻하지 않아.

→ ______________________________.

7. 그 산은 충분히 높지 않아.

→ ______________________________.

p.116에서 정답을 확인하세요.

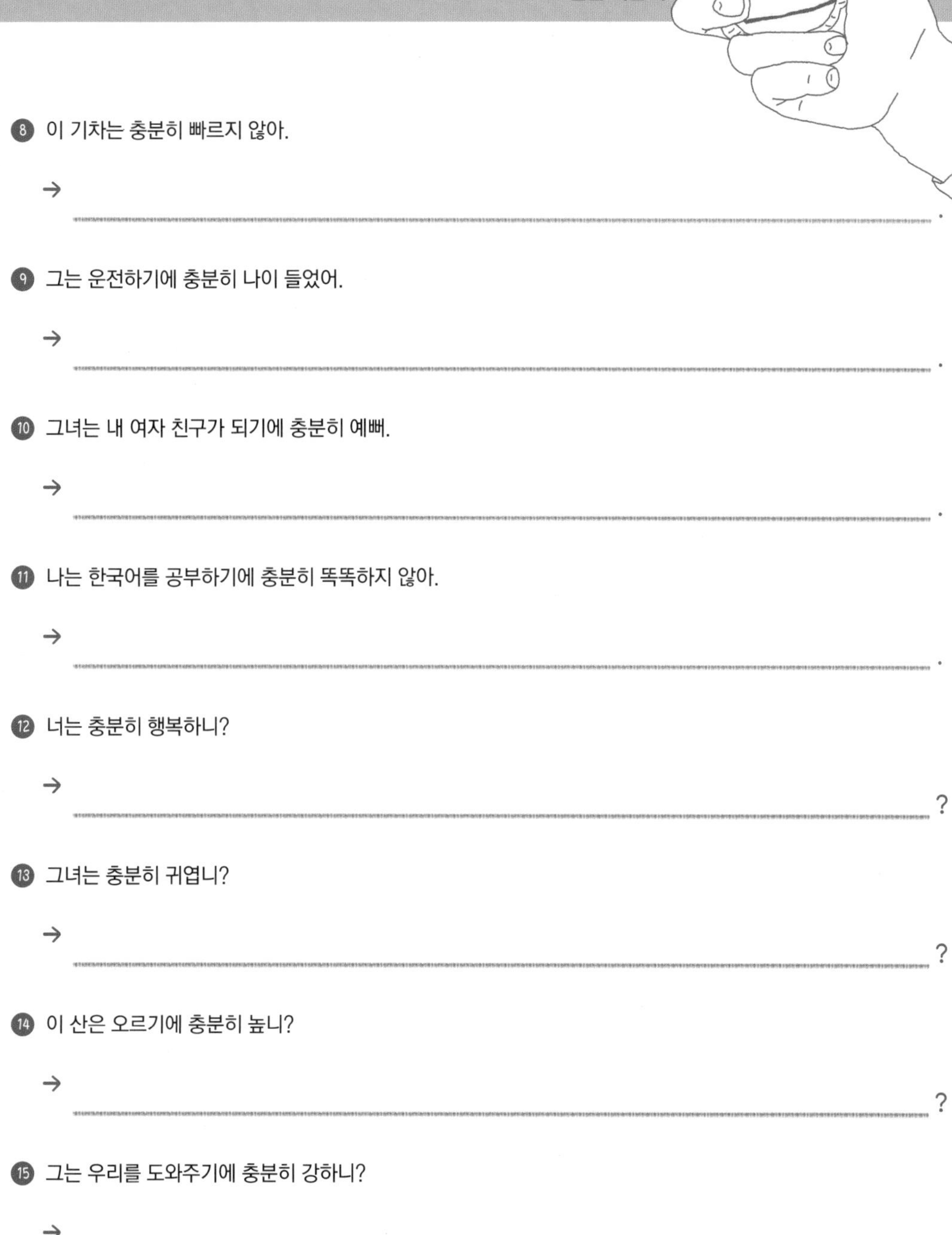

8 이 기차는 충분히 빠르지 않아.

→ ______________________________.

9 그는 운전하기에 충분히 나이 들었어.

→ ______________________________.

10 그녀는 내 여자 친구가 되기에 충분히 예뻐.

→ ______________________________.

11 나는 한국어를 공부하기에 충분히 똑똑하지 않아.

→ ______________________________.

12 너는 충분히 행복하니?

→ ______________________________?

13 그녀는 충분히 귀엽니?

→ ______________________________?

14 이 산은 오르기에 충분히 높니?

→ ______________________________?

15 그는 우리를 도와주기에 충분히 강하니?

→ ______________________________?

☆ 패턴 11 ⤵

어쩌면/혹시 → **possibly**

He might possibly have known that.

possibly는 평서문에 쓰이면 '어쩌면'으로, 의문문에 쓰이면 '혹시'로 해석이 됩니다.

위치는 일반적인 부사의 자리에 오게 됩니다.

또한 평서문에서 '어쩌면'이라는 뜻으로 possibly를 쓸 때,

'might = ~할지도 모른다(현재)' 혹은

'might have p.p. = ~했었는지도 모른다(과거)'가 함께 올 가능성이 굉장히 높으므로, 반드시 같이 알아두는 것이 좋습니다.

이런 경우에는 might 뒤에 possibly가 옵니다.

예를 들어, 평서문 현재로 "그가 어쩌면 그것을 알지도 몰라."라고 하려면

"He might possibly know that."이라고 표현합니다.

평서문 과거로 "그가 어쩌면 알았었는지도 몰라."라고 말하고 싶다면,

"He might possibly have known that."이라고 표현합니다.

의문문으로 "혹시 차가 있으세요?"라고 말하려면 "Do you possibly have a car?"라고 표현합니다.

↳ She might **possibly** know / the answer.

그녀는 어쩌면 알지도 몰라 / 답을. → 그녀는 어쩌면 답을 알지도 몰라.

↳ He might **possibly** have lied / to me.

그는 어쩌면 거짓말했었는지도 몰라 / 나에게. → 그는 어쩌면 나에게 거짓말했었는지도 몰라.

↳ Do you **possibly** know / her address?

너는 혹시 아니 / 그녀의 주소를? → 너는 혹시 그녀의 주소를 아니?

↳ Do they **possibly** understand / this formula?

그들은 혹시 이해하니 / 이 공식을? → 그들은 혹시 이 공식을 이해하니?

의미 단위 손 영작

의미 단위로 나뉘어져 있는 문장 마디를 보고 Hint 단어를 참고하여 빈칸을 채워 보세요.

p.126 완성 문장 확인에서 정답을 확인하세요.

1. 그는 어쩌면 알지도 몰라 + 나를.
He might possibly ________ + ________.

2. 그녀는 어쩌면 슬플지도 몰라.
She might possibly be ________.

3. 나는 어쩌면 그만둘지도 몰라 + 곧.
I might ________ quit + ________.

4. 너는 어쩌면 알지도 몰라 + 그 답을.
You ______________ know + the ________.

5. 그는 어쩌면 통과할지도 몰라 + 그 시험을.
He ________ possibly ________ + the ________.

6. 그는 어쩌면 좋아했었는지도 몰라 + 너를.
He might ________ have liked + you.

7. 그녀는 어쩌면 사랑했었는지도 몰라 + 그를.
She might ________ have ________ + him.

Hint
곧 soon
통과하다 pass

8 그녀는 어쩌면 거짓말했었는지도 몰라 + 너에게.
She might possibly ____________ + to ________.

9 너는 혹시 아니 + 그녀를?
Do you possibly ________ + ________?

10 너는 혹시 즐기니 + 음악을?
Do you ____________ + music?

11 그녀는 혹시 너의 여자 친구니?
Is she possibly ____________?

12 너는 혹시 먹니 + 김치를?
Do you ____________ + *kimchi*?

13 너는 혹시 학생이니?
Are you ________ a ________?

14 너는 혹시 훔쳤니 + 이 차를?
Did you ____________ + this car?

15 그가 혹시 전화했니 + 너에게?
Did he ____________ + ________?

Hint
거짓말하다 lie
즐기다 enjoy
훔치다 steal

어순 손 영작

어순대로 영작해 보세요.

possibly 긍정문

1 그는 어쩌면 알지도 몰라 / 나를. (know)

↳ / .

2 그녀는 어쩌면 슬플지도 몰라. (sad)

↳ .

3 나는 어쩌면 그만둘지도 몰라 / 곧. (quit)

↳ / .

4 너는 어쩌면 알지도 몰라 / 그 답을. (answer)

↳ / .

5 그는 어쩌면 통과할지도 몰라 / 그 시험을. (pass)

↳ / .

6 그는 어쩌면 좋아했었는지도 몰라 / 너를. (like)

↳ / .

7 그녀는 어쩌면 사랑했었는지도 몰라 / 그를. (love)

↳ / .

8 그녀는 어쩌면 거짓말했었는지도 몰라 / 너에게. (lie)

↳ / .

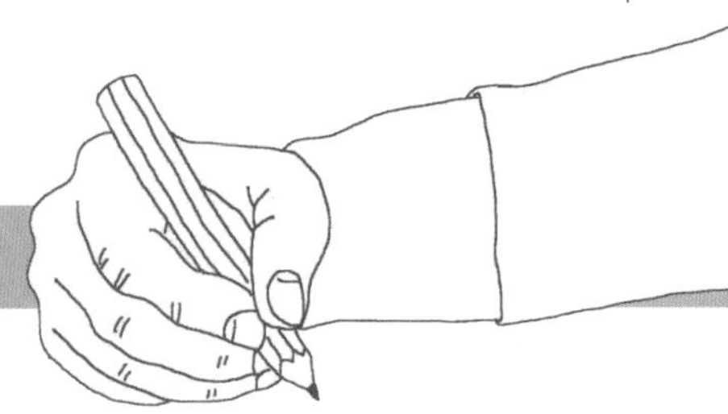

possibly 의문문

⑨ 너는 혹시 아니 / 그녀를? (know)

↳ / ?

⑩ 너는 혹시 즐기니 / 음악을? (music)

↳ / ?

⑪ 그녀는 혹시 너의 여자 친구니? (girlfriend)

↳ ?

⑫ 너는 혹시 먹니 / 김치를? (*kimchi*)

↳ / ?

⑬ 너는 혹시 학생이니? (student)

↳ ?

⑭ 너는 혹시 훔쳤니 / 이 차를? (steal)

↳ / ?

⑭ 그가 혹시 전화했니 / 너에게? (call)

↳ / ?

COMPLETE SENTENCES

완성 문장 확인

완성 문장을 확인해 보세요.

possibly 긍정문

1. He might possibly know me.
   그는 어쩌면 나를 알지도 몰라.
2. She might possibly be sad.
   그녀는 어쩌면 슬플지도 몰라.
3. I might possibly quit soon.
   나는 어쩌면 곧 그만둘지도 몰라.
4. You might possibly know the answer.
   너는 어쩌면 그 답을 알지도 몰라.
5. He might possibly pass the test.
   그는 어쩌면 그 시험을 통과할지도 몰라.
6. He might possibly have liked you.
   그는 어쩌면 너를 좋아했었는지도 몰라.
7. She might possibly have loved him.
   그녀는 어쩌면 그를 사랑했었는지도 몰라.
8. She might possibly have lied to you.
   그녀는 어쩌면 너에게 거짓말했었는지도 몰라.

possibly 의문문

⑨ Do you possibly know her?
너는 혹시 그녀를 아니?

⑩ Do you possibly enjoy music?
너는 혹시 음악을 즐기니?

⑪ Is she possibly your girlfriend?
그녀는 혹시 너의 여자 친구니?

⑫ Do you possibly eat *kimchi*?
너는 혹시 김치를 먹니?

⑬ Are you possibly a student?
너는 혹시 학생이니?

⑭ Did you possibly steal this car?
너는 혹시 이 차를 훔쳤니?

⑮ Did he possibly call you?
그가 혹시 너에게 전화했니?

스피드 손 영작

최대한 빠른 속도로 한 번에 영작해 보세요.

1. 그는 어쩌면 나를 알지도 몰라.

→ ______________________________.

2. 그녀는 어쩌면 슬플지도 몰라.

→ ______________________________.

3. 나는 어쩌면 곧 그만둘지도 몰라.

→ ______________________________.

4. 너는 어쩌면 그 답을 알지도 몰라.

→ ______________________________.

5. 그는 어쩌면 그 시험을 통과할지도 몰라.

→ ______________________________.

6. 그는 어쩌면 너를 좋아했었는지도 몰라.

→ ______________________________.

7. 그녀는 어쩌면 그를 사랑했었는지도 몰라.

→ ______________________________.

p.126에서 정답을 확인하세요.

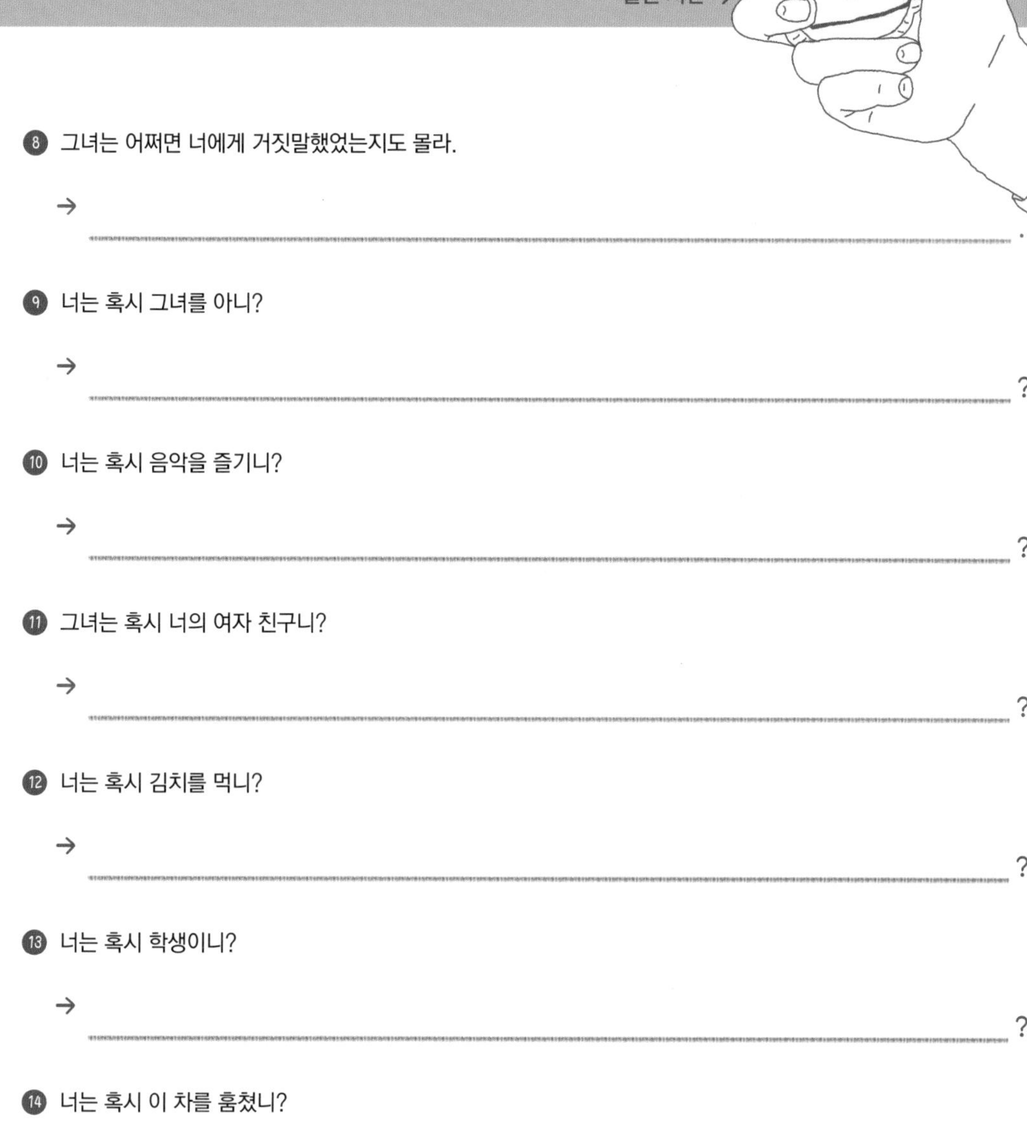

⑧ 그녀는 어쩌면 너에게 거짓말했었는지도 몰라.

→ ____ .

⑨ 너는 혹시 그녀를 아니?

→ ____ ?

⑩ 너는 혹시 음악을 즐기니?

→ ____ ?

⑪ 그녀는 혹시 너의 여자 친구니?

→ ____ ?

⑫ 너는 혹시 김치를 먹니?

→ ____ ?

⑬ 너는 혹시 학생이니?

→ ____ ?

⑭ 너는 혹시 이 차를 훔쳤니?

→ ____ ?

⑮ 그가 혹시 너에게 전화했니?

→ ____ ?

☆ 패턴 12

절대로 아닌

'not = 아닌'보다 더 강한 부정어가 바로 'never = 절대로 아닌 또는 전혀 아닌'입니다.

중요한 것은 never는 이미 부정의 의미를 갖고 있는 단어이기 때문에

다시 not을 넣으면 이중 부정이 되어 버린다는 것입니다.

예를 들어, "그는 그것을 절대로 싫어해."는, "He never likes it."이라고 표현합니다.

("He never does not like it."이라든지 "He never not likes it."은 틀림.)

또한 **never 뒤에 나오는 동사는 주어와 일치**시켜야 합니다.

"He never like it."이 아니라, "He never likes it."이 맞습니다.

일반동사가 아닌 be동사와 함께 쓸 때 never가 be동사 앞에 와도 좋고 뒤에 와도 좋으나,

be동사 뒤에 오는 것이 가장 일반적입니다.

예를 들어, "그는 절대로 행복하지 않아."라고 말하려면 "He is never happy."라고 표현합니다.

마지막으로, **경험에 해당하는 'have+p.p.'를 쓸 때는 never가 have와 p.p. 사이에** 오는 것이 가장 일반적입니다.

예를 들어,

"나는 누군가를 사랑해 본 적이 전혀 없어."라고 하려면 "I have never loved anyone."이라고 표현합니다.

↳ I **never** cry / like a girl.

나는 절대로 울지 않아 / 여자애처럼. → 나는 절대로 여자애처럼 울지 않아.

↳ I am **never** satisfied.

나는 절대로 만족하지 않아. → 나는 절대로 만족하지 않아.

↳ I have **never** seen / her / in person.

나는 전혀 본 적이 없어 / 그녀를 / 직접. → 나는 그녀를 직접 본 적이 전혀 없어.

↳ **Never** touch / my computer.

절대로 만지지 마 / 내 컴퓨터를. → 내 컴퓨터를 절대로 만지지 마.

의미 단위 손 영작

의미 단위로 나뉘어져 있는 문장 마디를 보고 Hint 단어를 참고하여 빈칸을 채워 보세요.

p.136 완성 문장 확인에서 정답을 확인하세요.

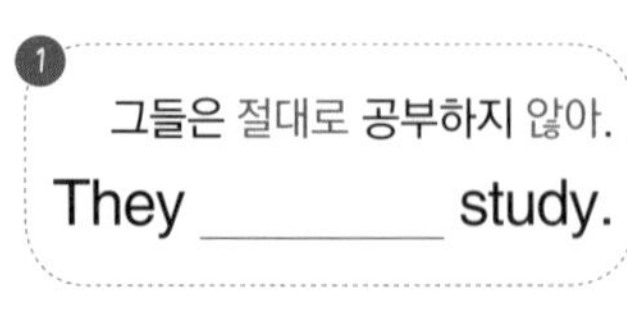

1 그들은 절대로 공부하지 않아.
They ________ study.

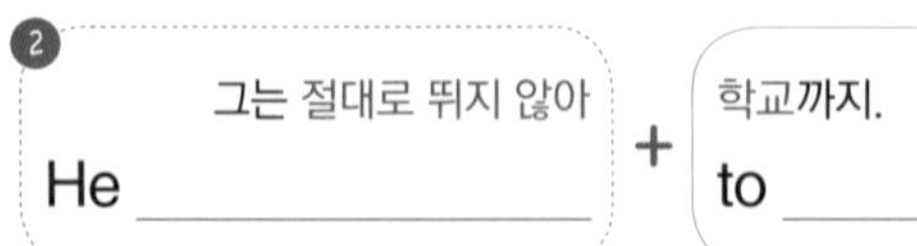

2 그는 절대로 뛰지 않아 + 학교까지.
He ________________ + to ________.

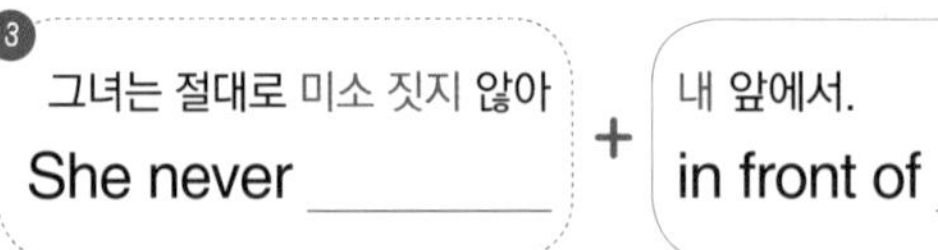

3 그녀는 절대로 미소 짓지 않아 + 내 앞에서.
She never ________ + in front of ________.

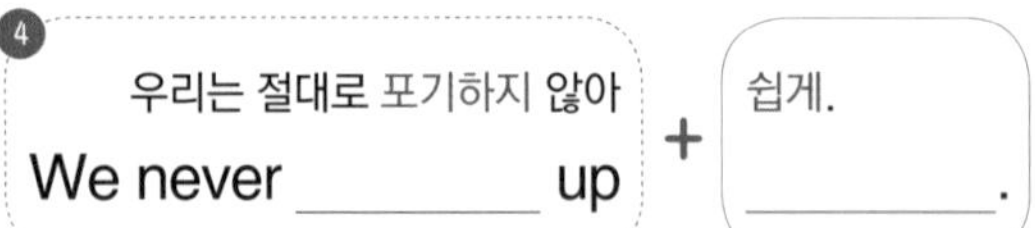

4 우리는 절대로 포기하지 않아 + 쉽게.
We never ________ up + ________.

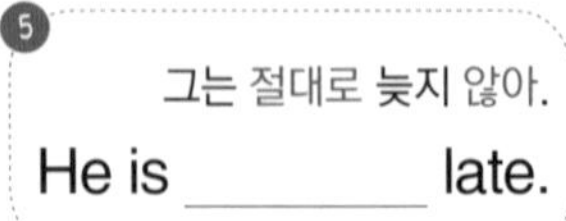

5 그는 절대로 늦지 않아.
He is ________ late.

6 나는 절대로 훔치지 않았어 + 그것을.
I never ________ + ________.

7 그녀는 절대로 도와주지 않았어 + 나를.
She ________________ + me.

Hint
포기하다 give up
훔치다 steal

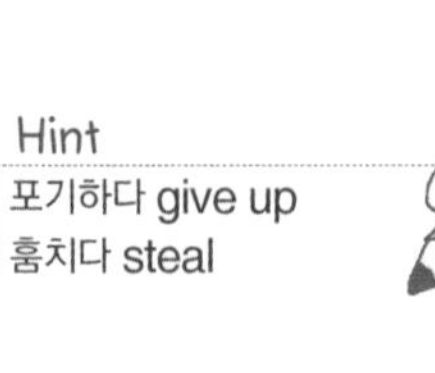

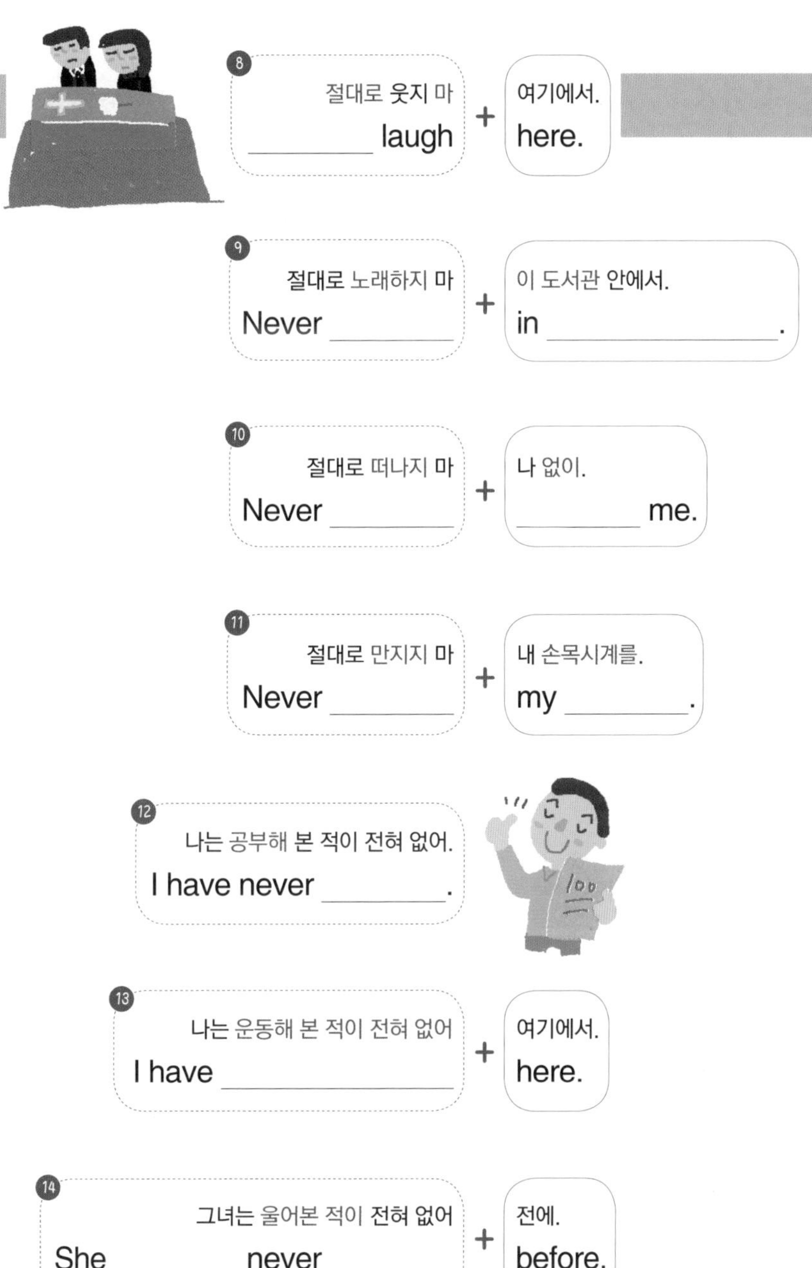

8 절대로 웃지 마 + 여기에서.
_________ laugh + here.

9 절대로 노래하지 마 + 이 도서관 안에서.
Never _________ + in _________________.

10 절대로 떠나지 마 + 나 없이.
Never _________ + _________ me.

11 절대로 만지지 마 + 내 손목시계를.
Never _________ + my _________.

12 나는 공부해 본 적이 전혀 없어.
I have never _________.

13 나는 운동해 본 적이 전혀 없어 + 여기에서.
I have _________________ + here.

14 그녀는 울어본 적이 전혀 없어 + 전에.
She _________ never _________ + before.

15 그들은 연습해 본 적이 전혀 없어 + 이 노래를.
They _________ never _________ + this _________.

Hint
떠나다 leave
만지다 touch
운동하다 exercise
연습하다 practice

어순 손 영작

어순대로 영작해 보세요.

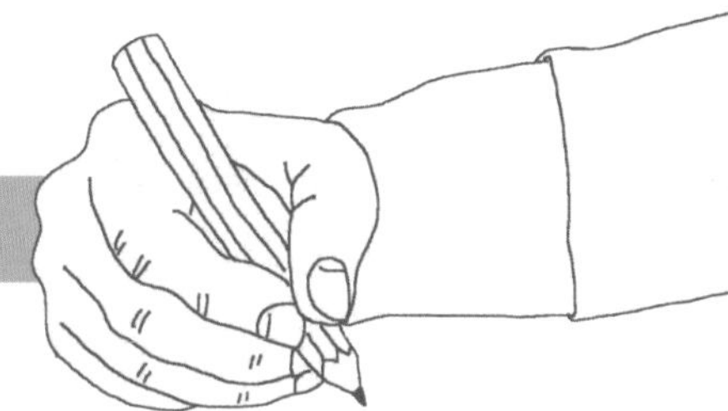

never 평서문

1 그들은 절대로 공부하지 않아. (study)

↳ .

2 그는 절대로 뛰지 않아 / 학교까지. (run)

↳ / .

3 그녀는 절대로 미소 짓지 않아 / 내 앞에서. (smile)

↳ / .

4 우리는 절대로 포기하지 않아 / 쉽게. (give up)

↳ / .

5 그는 절대로 늦지 않아. (late)

↳ .

6 나는 절대로 훔치지 않았어 / 그것을. (steal)

↳ / .

7 그녀는 절대로 도와주지 않았어 / 나를. (help)

↳ / .

never 명령문

8 절대로 웃지 마 / 여기에서. (laugh)

↳ / .

9 절대로 노래하지 마 / 이 도서관 안에서. (library)

↳ / .

10 절대로 떠나지 마 / 나 없이. (without)

↳ / .

11 절대로 만지지 마 / 내 손목시계를. (touch)

↳ / .

never 현재완료 평서문

12 나는 공부해 본 적이 전혀 없어. (study)

↳ .

13 나는 운동해 본 적이 전혀 없어 / 여기에서. (exercise)

↳ / .

14 그녀는 울어본 적이 전혀 없어 / 전에. (cry)

↳ / .

15 그들은 연습해 본 적이 전혀 없어 / 이 노래를. (practice)

↳ / .

Complete Sentences 완성 문장 확인

완성 문장을 확인해 보세요.

never 평서문

❶ They never study.
그들은 절대로 공부하지 않아.

❷ He never runs to school.
그는 절대로 학교까지 뛰지 않아.

❸ She never smiles in front of me.
그녀는 절대로 내 앞에서 미소 짓지 않아.

❹ We never give up easily.
우리는 절대로 쉽게 포기하지 않아.

❺ He is never late.
그는 절대로 늦지 않아.

❻ I never stole it.
나는 절대로 그것을 훔치지 않았어.

❼ She never helped me.
그녀는 절대로 나를 도와주지 않았어.

never 명령문

❽ Never laugh here.
절대로 여기에서 웃지 마.

❾ Never sing in this library.
절대로 이 도서관 안에서 노래하지 마.

❿ Never leave without me.
절대로 나 없이 떠나지 마.

⓫ Never touch my watch.
절대로 내 손목시계를 만지지 마.

never 현재완료 평서문

⓬ I have never studied.
나는 공부해 본 적이 전혀 없어.

⓭ I have never exercised here.
나는 여기에서 운동해 본 적이 전혀 없어.

⓮ She has never cried before.
그녀는 전에 울어본 적이 전혀 없어.

⓯ They have never practiced this song.
그들은 이 노래를 연습해 본 적이 전혀 없어.

스피드 손 영작

최대한 빠른 속도로 한 번에 영작해 보세요.

1. 그들은 절대로 공부하지 않아.

→ ______________________________.

2. 그는 절대로 학교까지 뛰지 않아.

→ ______________________________.

3. 그녀는 절대로 내 앞에서 미소 짓지 않아.

→ ______________________________.

4. 우리는 절대로 쉽게 포기하지 않아.

→ ______________________________.

5. 그는 절대로 늦지 않아.

→ ______________________________.

6. 나는 절대로 그것을 훔치지 않았어.

→ ______________________________.

7. 그녀는 절대로 나를 도와주지 않았어.

→ ______________________________.

p.136에서 정답을 확인하세요.

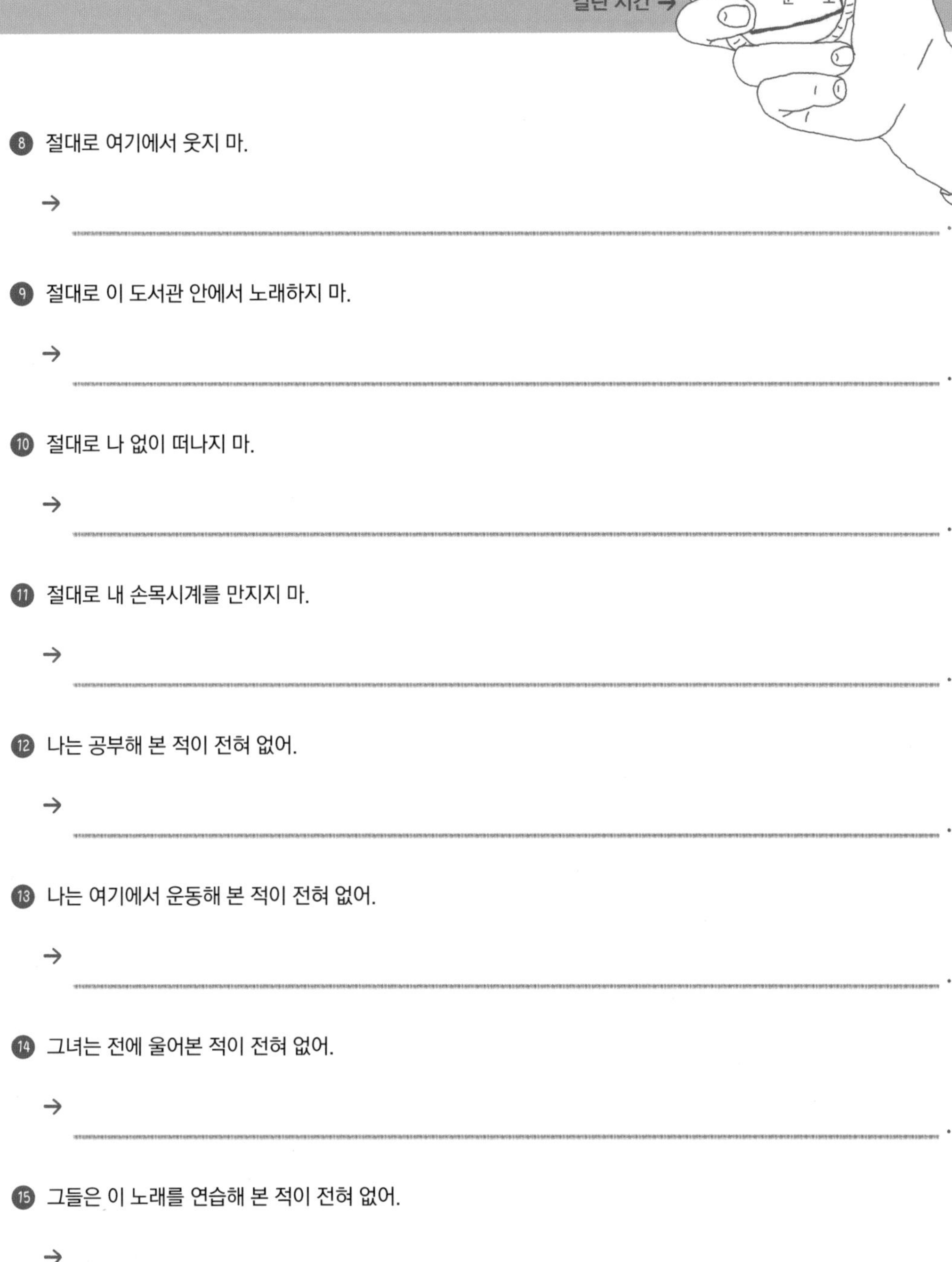

⑧ 절대로 여기에서 웃지 마.

→ .

⑨ 절대로 이 도서관 안에서 노래하지 마.

→ .

⑩ 절대로 나 없이 떠나지 마.

→ .

⑪ 절대로 내 손목시계를 만지지 마.

→ .

⑫ 나는 공부해 본 적이 전혀 없어.

→ .

⑬ 나는 여기에서 운동해 본 적이 전혀 없어.

→ .

⑭ 그녀는 전에 울어본 적이 전혀 없어.

→ .

⑮ 그들은 이 노래를 연습해 본 적이 전혀 없어.

→ .

☆ 패턴 13

~이기 때문에 vs. ~ 때문에

because *vs.* because of

because 뒤에는 '주어 + 동사' 형태를 갖춘 절이 오며 '~이기 때문에'로,

because of 뒤에는 '명사/명사구/-ing'가 오며 '~ 때문에'로 해석이 됩니다.

예를 들어,
'나는 그녀가 귀엽기 때문에 그녀를 좋아해."라고 하려면
'그녀가 귀엽다'라는 것이 절이므로 because를 써서
"I like her because she is cute."라고 표현합니다.

I like her
because she
is cute.

만약 "나는 그녀의 귀여운 눈 때문에 그녀를 좋아해."라고 말하려면
'그녀의 귀여운 눈'이라는 것이 명사구이므로 because of를 써서
"I like her because of her cute eyes."라고 표현합니다.

참고로, because of와 비슷한 표현으로는
due to, owing to, on account of가 있습니다.

↳ I like her / **because** she is nice / to me.

나는 그녀를 좋아해 / 그녀가 잘해 주기 때문에 / 나에게. → 나는 그녀가 나에게 잘해 주기 때문에 그녀를 좋아해.

↳ I was late / **because** the bus came / late.

나는 늦었어 / 버스가 왔기 때문에 / 늦게. → 나는 버스가 늦게 왔기 때문에 늦었어.

↳ We will be late / **because** it is raining.

우리는 늦을 거야 / 비가 오고 있기 때문에. → 우리는 비가 오고 있기 때문에 늦을 거야.

↳ I stayed home / **because of** the rain.

나는 집에 머물렀어 / 비 때문에 → 나는 비 때문에 집에 머물렀어.

의미 단위 손 영작

의미 단위로 나뉘어져 있는 문장 마디를 보고 Hint 단어를 참고하여 빈칸을 채워 보세요.

p.146 완성 문장 확인에서 정답을 확인하세요.

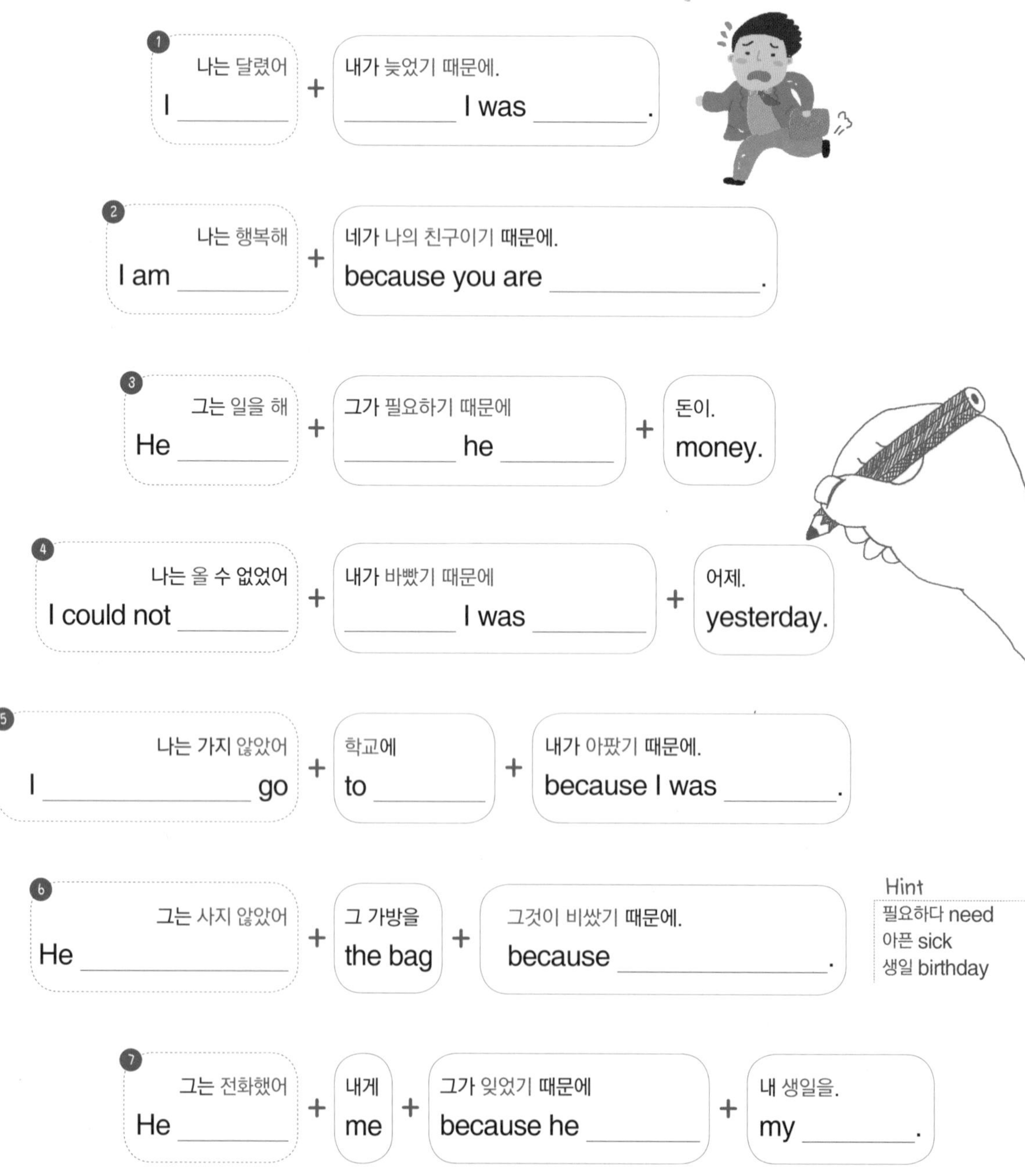

1. 나는 달렸어 I ________ + 내가 늦었기 때문에. ________ I was ________.

2. 나는 행복해 I am ________ + 네가 나의 친구이기 때문에. because you are ________.

3. 그는 일을 해 He ________ + 그가 필요하기 때문에 ________ he ________ + 돈이. money.

4. 나는 올 수 없었어 I could not ________ + 내가 바빴기 때문에 ________ I was ________ + 어제. yesterday.

5. 나는 가지 않았어 I ________ go + 학교에 to ________ + 내가 아팠기 때문에. because I was ________.

6. 그는 사지 않았어 He ________ + 그 가방을 the bag + 그것이 비쌌기 때문에. because ________.

7. 그는 전화했어 He ________ + 내게 me + 그가 잊었기 때문에 because he ________ + 내 생일을. my ________.

Hint
필요하다 need
아픈 sick
생일 birthday

8 나는 화가 나 있어
I am ________
+
너의 실수 때문에.
________ your mistake.

9 그녀는 떠나야 해
She has to ________
+
나 때문에.
________ of ________

10 나는 이사할 수 없어
I ________ move
+
비 때문에.
________ the ________.

11 그녀는 울었니
Did she ________
+
그 영화가 무서웠기 때문에?
because the movie ________?

12 너는 마셨니
________ you ________
+
물을
water
+
네가 목이 말랐기 때문에?
________ you were ________?

13 너는 키스했니
________ you ________
+
그녀에게
her
+
네가 사랑했기 때문에
because ________
+
그녀를?
her?

14 그녀는 울었니
Did she ________
+
그의 죽음 때문에?
because ________ his ________?

15 그들은 죽었니
________ they ________
+
그 사고 때문에?
________ the ________?

Hint
무서운 scary
목이 마른 thirsty
키스하다 kiss
죽음 death
사고 accident

어순 손 영작

어순대로 영작해 보세요.

평서문 : because + 주어 + 동사 ~

1. 나는 달렸어 / 내가 늦었기 때문에. (late)

↳ / .

2. 나는 행복해 / 네가 나의 친구이기 때문에. (friend)

↳ / .

3. 그는 일을 해 / 그가 필요하기 때문에 / 돈이. (need)

↳ / / .

4. 나는 올 수 없었어 / 내가 바빴기 때문에 / 어제. (busy)

↳ / / .

5. 나는 가지 않았어 / 학교에 / 내가 아팠기 때문에. (sick)

↳ / / .

6. 그는 사지 않았어 / 그 가방을 / 그것이 비쌌기 때문에. (expensive)

↳ / / .

7. 그는 전화했어 / 내게 / 그가 잊었기 때문에 / 내 생일을. (forget)

↳ / / / .

평서문: because of + 명사

⑧ 나는 화가 나 있어 / 너의 실수 때문에. (mistake)

↳ / .

⑨ 그녀는 떠나야 해 / 나 때문에. (leave)

↳ / .

⑩ 나는 이사할 수 없어 / 비 때문에. (move)

↳ / .

의문문: because + 주어 + 동사 ~

⑪ 그녀는 울었니 / 그 영화가 무서웠기 때문에? (scary)

↳ / ?

⑫ 너는 마셨니 / 물을 / 네가 목이 말랐기 때문에? (thirsty)

↳ / / ?

⑬ 너는 키스했니 / 그녀에게 / 네가 사랑했기 때문에 / 그녀를? (kiss)

↳ / / / ?

의문문: because of + 명사

⑭ 그녀는 울었니 / 그의 죽음 때문에? (death)

↳ / ?

⑮ 그들은 죽었니 / 그 사고 때문에? (accident)

↳ / ?

COMPLETE SENTENCES

완성 문장 확인

완성 문장을 확인해 보세요.

평서문: because + 주어 + 동사~

❶ I ran because I was late.
나는 늦었기 때문에 달렸어.

❷ I am happy because you are my friend.
나는 네가 나의 친구이기 때문에 행복해.

❸ He works because he needs money.
그는 돈이 필요하기 때문에 일을 해.

❹ I could not come because I was busy yesterday.
나는 어제 바빴기 때문에 올 수 없었어.

❺ I did not go to school because I was sick.
나는 아팠기 때문에 학교에 가지 않았어.

❻ He did not buy the bag because it was expensive.
그는 그것이 비쌌기 때문에 그 가방을 사지 않았어.

❼ He called me because he forgot my birthday.
그는 내 생일을 잊었기 때문에 내게 전화했어.

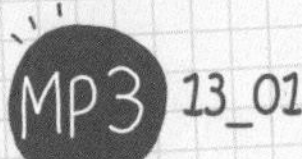

평서문 : because of + 명사

❽ I am angry because of your mistake.
나는 너의 실수 때문에 화가 나 있어.

❾ She has to leave because of me.
그녀는 나 때문에 떠나야 해.

❿ I cannot move because of the rain.
나는 비 때문에 이사할 수 없어.

의문문 : because + 주어 + 동사 ~

⓫ Did she cry because the movie was scary?
그녀는 그 영화가 무서웠기 때문에 울었니?

⓬ Did you drink water because you were thirsty?
너는 네가 목이 말랐기 때문에 물을 마셨니?

⓭ Did you kiss her because you loved her?
너는 그녀를 사랑했기 때문에 그녀에게 키스했니?

의문문 : because of + 명사

⓮ Did she cry because of his death?
그녀는 그의 죽음 때문에 울었니?

⓯ Did they die because of the accident?
그들은 그 사고 때문에 죽었니?

스피드 손 영작

최대한 빠른 속도로 한 번에 영작해 보세요.

1. 나는 늦었기 때문에 달렸어.

→ ______________________________.

2. 나는 네가 나의 친구이기 때문에 행복해.

→ ______________________________.

3. 그는 돈이 필요하기 때문에 일을 해.

→ ______________________________.

4. 나는 어제 내가 바빴기 때문에 올 수 없었어.

→ ______________________________.

5. 나는 내가 아팠기 때문에 학교에 가지 않았어.

→ ______________________________.

6. 그는 그것이 비쌌기 때문에 그 가방을 사지 않았어.

→ ______________________________.

7. 그는 내 생일을 잊었기 때문에 내게 전화했어.

→ ______________________________.

p.146에서 정답을 확인하세요.

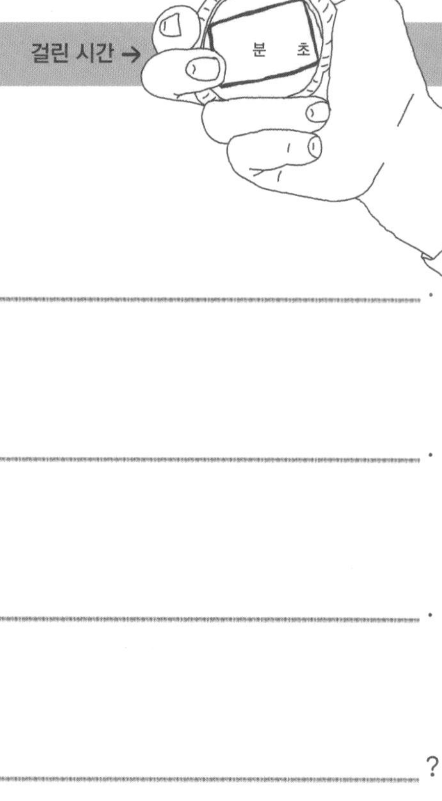

8 나는 너의 실수 때문에 화가 나 있어.

→ ____.

9 그녀는 나 때문에 떠나야 해.

→ ____.

10 나는 비 때문에 이사할 수 없어.

→ ____.

11 그녀는 그 영화가 무서웠기 때문에 울었니?

→ ____?

12 너는 네가 목이 말랐기 때문에 물을 마셨니?

→ ____?

13 너는 그녀를 사랑했기 때문에 그녀에게 키스했니?

→ ____?

14 그녀는 그의 죽음 때문에 울었니?

→ ____?

15 그들은 그 사고 때문에 죽었니?

→ ____?

☆ 패턴 14

~하려 하고 있어

be trying to

try to는 '~하려고 하다'로 해석되며 '노력한다'는 느낌을 가집니다.

이 Unit에서는 단순 현재와 단순 과거보다 빈도가 높은
현재진행과 과거진행 형태에만 집중하도록 하겠습니다.

현재진행형으로 am/are/is trying to를 쓰면 '~하려 하고 있다'라고 해석됩니다.

예를 들어,
"나는 너를 도와주려 하고 있어."라고 하려면
"I am trying to help you."라고 표현합니다.

과거진행형으로 was/were trying to를 쓰면 '~하려 하고 있었다'로 해석됩니다.

예를 들어,
"나는 너를 도와주려 하고 있었어."라고 말할 때는
"I was trying to help you."라고 표현합니다.

↳ I **am trying to** find / my car.

나는 찾으려 하고 있어 / 나의 차를. → 나는 나의 차를 찾으려 하고 있어.

↳ She **is trying to** put on / her skirt.

그녀는 입으려 하고 있어 / 그녀의 스커트를. → 그녀는 그녀의 스커트를 입으려 하고 있어.

↳ I **was trying to** close / the window.

나는 닫으려 하고 있었어 / 창문을. → 나는 창문을 닫으려 하고 있었어.

↳ We **were trying to** stop / him / from coming / here.

우리는 막으려 하고 있었어 / 그가 / 오는 것을 / 여기에. → 우리는 그가 여기에 오는 것을 막으려 하고 있었어.

의미 단위 손 영작

의미 단위로 나뉘어져 있는 문장 마디를 보고 Hint 단어를 참고하여 빈칸을 채워 보세요.

p.156 완성 문장 확인에서 정답을 확인하세요.

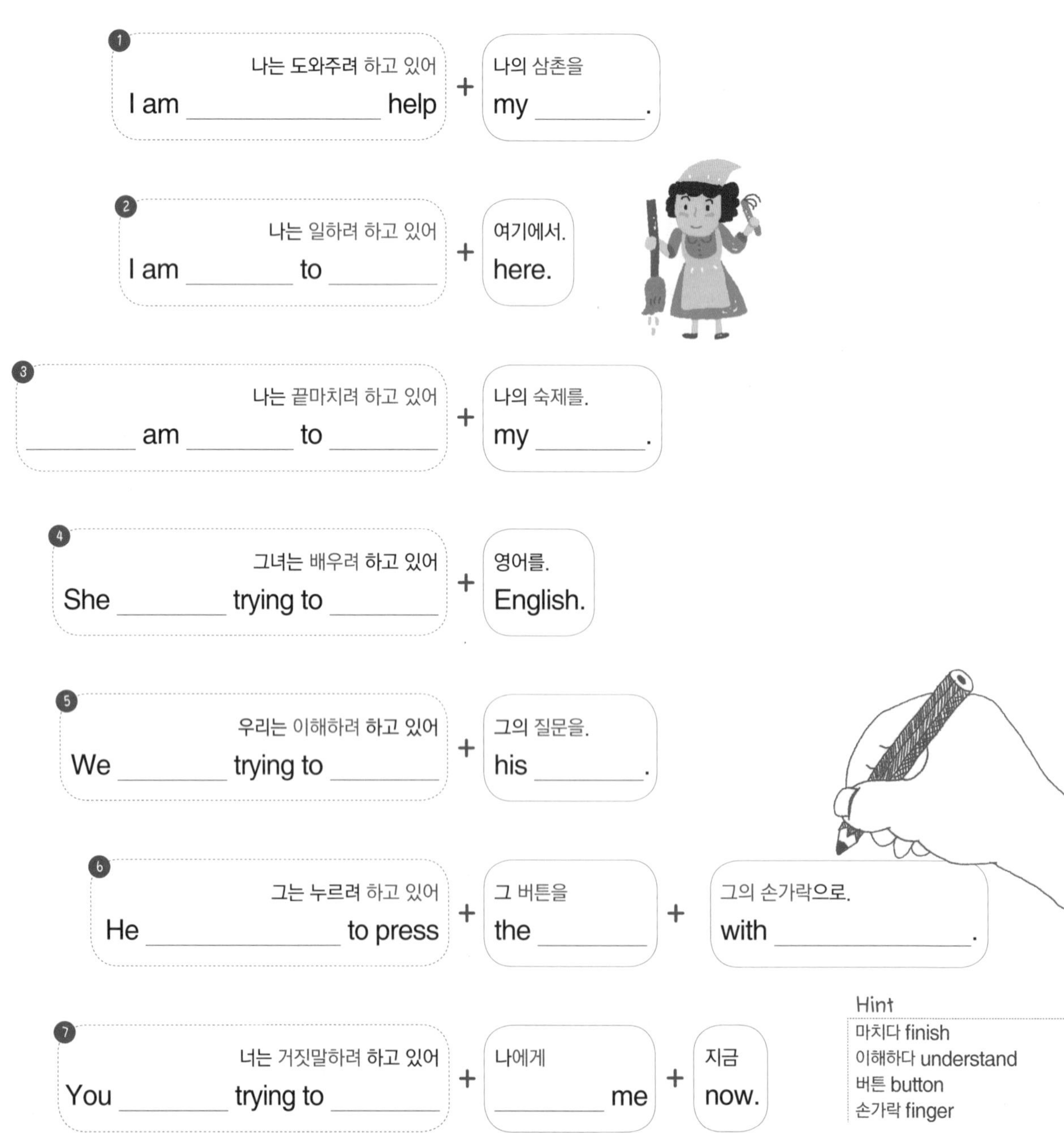

1. 나는 도와주려 하고 있어 + 나의 삼촌을
   I am ________ help + my ________.

2. 나는 일하려 하고 있어 + 여기에서.
   I am ________ to ________ + here.

3. 나는 끝마치려 하고 있어 + 나의 숙제를.
   ________ am ________ to ________ + my ________.

4. 그녀는 배우려 하고 있어 + 영어를.
   She ________ trying to ________ + English.

5. 우리는 이해하려 하고 있어 + 그의 질문을.
   We ________ trying to ________ + his ________.

6. 그는 누르려 하고 있어 + 그 버튼을 + 그의 손가락으로.
   He ________ to press + the ________ + with ________.

7. 너는 거짓말하려 하고 있어 + 나에게 + 지금
   You ________ trying to ________ + ________ me + now.

Hint
- 마치다 finish
- 이해하다 understand
- 버튼 button
- 손가락 finger

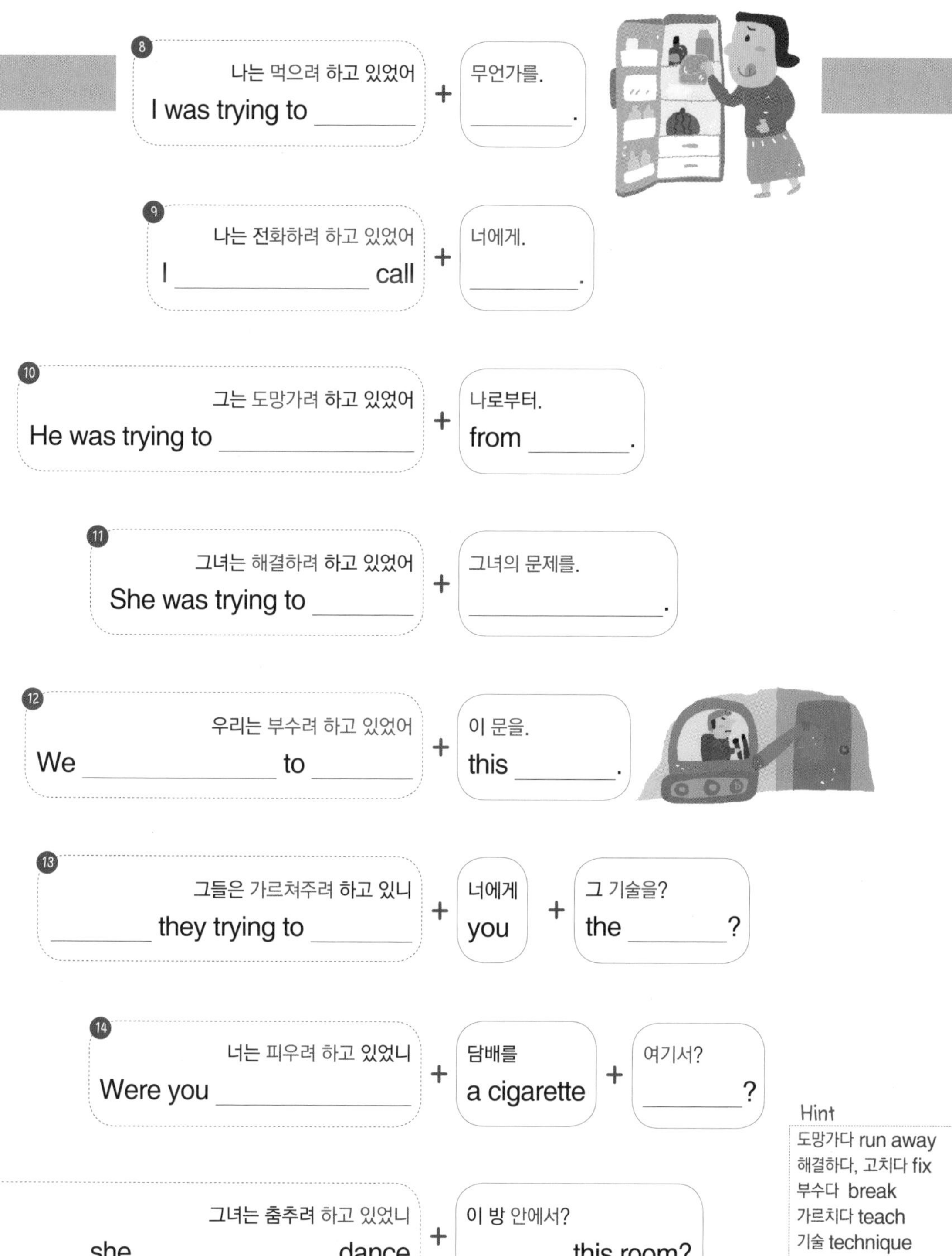

8 나는 먹으려 하고 있었어 / I was trying to ______ + 무언가를. / ______.

9 나는 전화하려 하고 있었어 / I ______ call + 너에게. / ______.

10 그는 도망가려 하고 있었어 / He was trying to ______ + 나로부터. / from ______.

11 그녀는 해결하려 하고 있었어 / She was trying to ______ + 그녀의 문제를. / ______.

12 우리는 부수려 하고 있었어 / We ______ to ______ + 이 문을. / this ______.

13 그들은 가르쳐주려 하고 있니 / ______ they trying to ______ + 너에게 / you + 그 기술을? / the ______?

14 너는 피우려 하고 있었니 / Were you ______ + 담배를 / a cigarette + 여기서? / ______?

15 그녀는 춤추려 하고 있었니 / ______ she ______ dance + 이 방 안에서? / ______ this room?

Hint
도망가다 run away
해결하다, 고치다 fix
부수다 break
가르치다 teach
기술 technique
담배를 피다 smoke

어순 손 영작

어순대로 영작해 보세요.

현재진행 긍정문

1. 나는 도와주려 하고 있어 / 나의 삼촌을. (uncle)
↳ ( ) / ( ).

2. 나는 일하려 하고 있어 / 여기에서. (work)
↳ ( ) / ( ).

3. 나는 끝마치려 하고 있어 / 나의 숙제를. (finish)
↳ ( ) / ( ).

4. 그녀는 배우려 하고 있어 / 영어를. (learn)
↳ ( ) / ( ).

5. 우리는 이해하려 하고 있어 / 그의 질문을. (understand)
↳ ( ) / ( ).

6. 그는 누르려 하고 있어 / 그 버튼을 / 그의 손가락으로. (press)
↳ ( ) / ( ) / ( ).

7. 너는 거짓말하려 하고 있어 / 나에게 / 지금. (lie)
↳ ( ) / ( ) / ( ).

과거진행 긍정문

❽ 나는 먹으려 하고 있었어 / 무언가를. (something)

↳ / .

❾ 나는 전화하려 하고 있었어 / 너에게. (call)

↳ / .

❿ 그는 도망가려 하고 있었어 / 나로부터. (run away)

↳ / .

⓫ 그녀는 해결하려 하고 있었어 / 그녀의 문제를. (fix)

↳ / .

⓬ 우리는 부수려 하고 있었어 / 이 문을. (break)

↳ / .

현재진행 의문문

⓭ 그들은 가르쳐주려 하고 있니 / 너에게 / 그 기술을? (teach)

↳ / / ?

과거진행 의문문

⓮ 너는 피우려 하고 있었니 / 담배를 / 여기서? (cigarette)

↳ / / ?

⓯ 그녀는 춤추려 하고 있었니 / 이 방 안에서? (dance)

↳ / ?

COMPLETE SENTENCES 완성 문장 확인

완성 문장을 확인해 보세요.

현재진행 긍정문

1. I am trying to help my uncle.
   나는 나의 삼촌을 도와주려 하고 있어.
2. I am trying to work here.
   나는 여기에서 일하려 하고 있어.
3. I am trying to finish my homework.
   나는 나의 숙제를 끝마치려 하고 있어.
4. She is trying to learn English.
   그녀는 영어를 배우려 하고 있어.
5. We are trying to understand his question.
   우리는 그의 질문을 이해하려 하고 있어.
6. He is trying to press the button with his finger.
   그는 그 버튼을 그의 손가락으로 누르려 하고 있어.
7. You are trying to lie to me now.
   너는 나에게 지금 거짓말하려 하고 있어.

과거진행 긍정문

❽ I was trying to eat something.
나는 무언가를 먹으려 하고 있었어.

❾ I was trying to call you.
나는 너에게 전화하려 하고 있었어.

❿ He was trying to run away from me.
그는 나로부터 도망가려 하고 있었어.

⓫ She was trying to fix her problem.
그녀는 그녀의 문제를 해결하려 하고 있었어.

⓬ We were trying to break this door.
우리는 이 문을 부수려 하고 있었어.

현재진행 의문문

⓭ Are they trying to teach you the technique?
그들은 너에게 그 기술을 가르쳐주려 하고 있니?

⓮ Were you trying to smoke a cigarette here?
너는 여기서 담배를 피우려 하고 있었니?

⓯ Was she trying to dance in this room?
그녀는 이 방 안에서 춤추려 하고 있었니?

스피드 손 영작

최대한 빠른 속도로 한 번에 영작해 보세요.

1. 나는 나의 삼촌을 도와주려 하고 있어.

→ ______________________________.

2. 나는 여기에서 일하려 하고 있어.

→ ______________________________.

3. 나는 나의 숙제를 끝마치려 하고 있어.

→ ______________________________.

4. 그녀는 영어를 배우려 하고 있어.

→ ______________________________.

5. 우리는 그의 질문을 이해하려 하고 있어.

→ ______________________________.

6. 그는 그 버튼을 그의 손가락으로 누르려 하고 있어.

→ ______________________________.

7. 너는 나에게 지금 거짓말하려 하고 있어.

→ ______________________________.

p.156에서 정답을 확인하세요.

❽ 나는 무언가를 먹으려 하고 있었어.

→ ____.

❾ 나는 너에게 전화하려 하고 있었어.

→ ____.

❿ 그는 나로부터 도망가려 하고 있었어.

→ ____.

⓫ 그녀는 그녀의 문제를 해결하려 하고 있었어.

→ ____.

⓬ 우리는 이 문을 부수려 하고 있었어.

→ ____.

⓭ 그들은 너에게 그 기술을 가르쳐주려 하고 있니?

→ ____?

⓮ 너는 여기서 담배를 피우려 하고 있었니?

→ ____?

⓯ 그녀는 이 방 안에서 춤추려 하고 있었니?

→ ____?

패턴 15 → …가 ~하는 것을 도와주다

help + 목적어 + 동사원형

'help + 목적어 + 동사원형'은 '(목적어)가 (동사)하는 것을 (하게끔) 도와주다'로 해석이 됩니다.

이때 목적어는 명사의 형태를 띠고 있어야 하며,

동사는 동사원형의 형태를 띠고 있어야 합니다.

동사를 강조하기 위해 동사원형 대신 'to부정사'를 쓸 수도 있으나,

사용 빈도가 현저히 떨어지기 때문에 쓰지 않는 것이 좋습니다.

예를 들어,

"나는 그녀가 공부하는 것을 도와줬어."라고 하려면

"I helped her study."라고 표현합니다.

"Rae는 내가 스웨터를 고르는 것을 도와줬어."라고 말하고 싶다면

"Rae helped me choose a sweater."라고 표현합니다.

또한 의문문 형태로

"너는 그녀가 살을 빼게끔 도와줬니?"라고 하려면

"Did you help her lose weight?"라고 표현합니다.

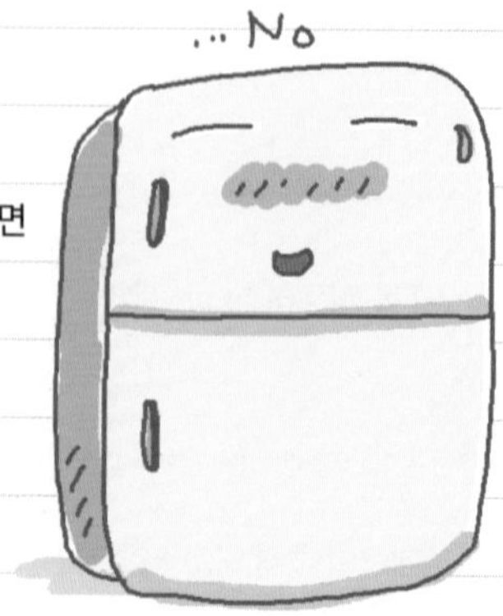
...No

Did you help her lose weight?

↳ She **helps** / **me** / **study** English.

그녀는 도와줘 / 내가 / 영어를 공부하는 것을. → 그녀는 내가 영어를 공부하는 것을 도와줘.

↳ I **help** / **my grandma** / **eat** food.

나는 도와드려 / 나의 할머니가 / 식사하시는 것을. → 나는 나의 할머니가 식사하시는 것을 도와드려.

↳ My boyfriend **helped** / **me** / **move**.

내 남자 친구가 도와줬어 / 내가 / 이사하는 것을. → 내 남자 친구가 내가 이사하는 것을 도와줬어.

↳ Did you **help** / **them** / **steal** this car?

당신이 도와줬나요 / 그들이 / 이 차를 훔치는 것을? → 당신이 그들이 이 차를 훔치는 것을 도와줬나요?

의미 단위 손 영작

의미 단위로 나뉘어져 있는 문장 마디를 보고 Hint 단어를 참고하여 빈칸을 채워 보세요.

p.166 완성 문장 확인에서 정답을 확인하세요.

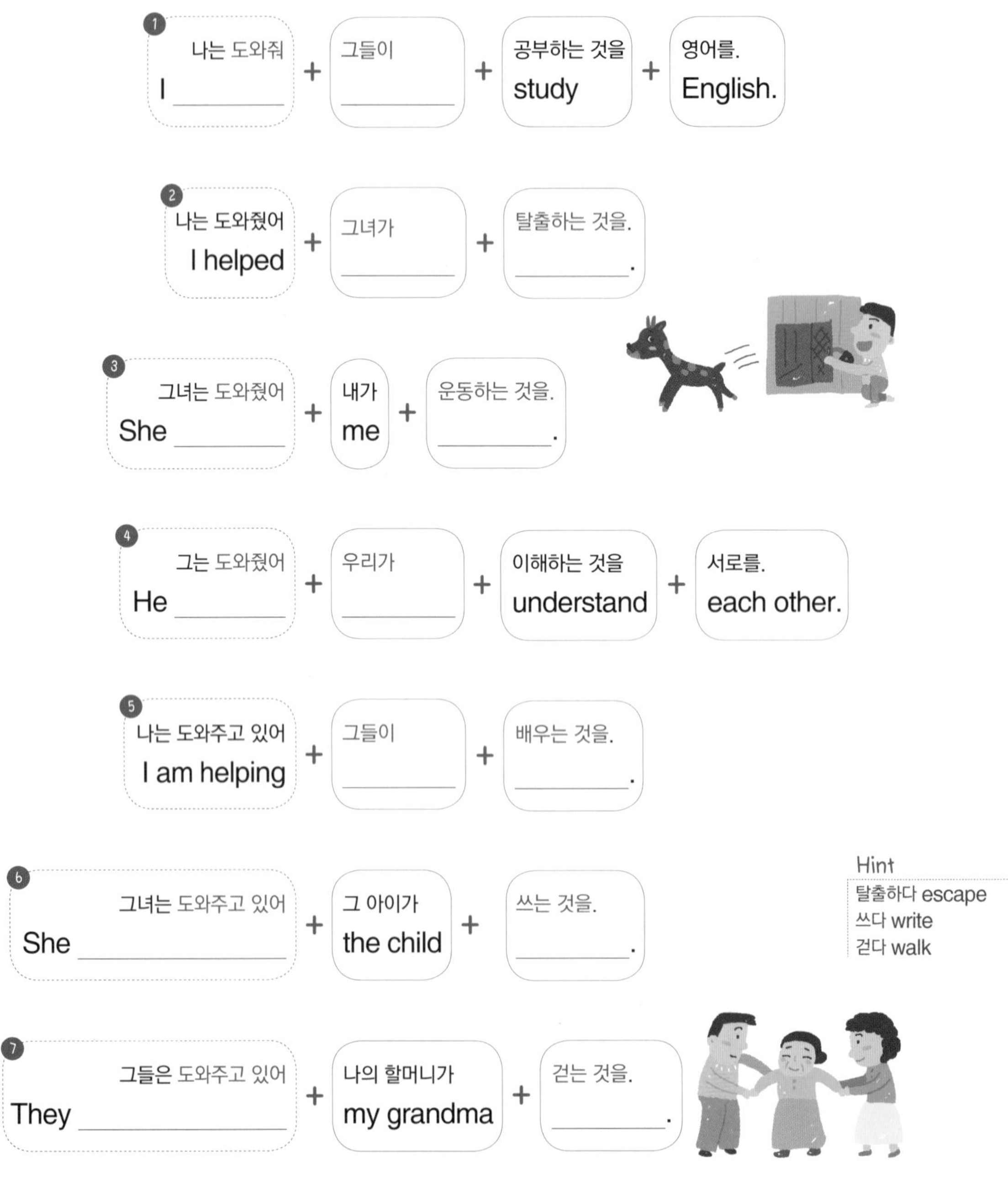

1. 나는 도와줘 I ______ + 그들이 ______ + 공부하는 것을 study + 영어를. English.
2. 나는 도와줬어 I helped + 그녀가 ______ + 탈출하는 것을. ______.
3. 그녀는 도와줬어 She ______ + 내가 me + 운동하는 것을. ______.
4. 그는 도와줬어 He ______ + 우리가 ______ + 이해하는 것을 understand + 서로를. each other.
5. 나는 도와주고 있어 I am helping + 그들이 ______ + 배우는 것을. ______.
6. 그녀는 도와주고 있어 She ______ + 그 아이가 the child + 쓰는 것을. ______.
7. 그들은 도와주고 있어 They ______ + 나의 할머니가 my grandma + 걷는 것을. ______.

Hint
탈출하다 escape
쓰다 write
걷다 walk

8 James는 도와주고 있었어 James was ________ + 내가 me + 고치는 것을 ________ + 이 자동차를. this ________.

9 Olivia는 도와주고 있었어 Olivia ________________ + 그 환자가 the patient + 움직이는 것을. ________.

10 너는 도와줄 수 있니 ________ you ________ + 그가 him + 하는 것을 do + 그의 숙제를? his ________?

11 그는 도와줄 수 있니 Can ________________ + 그녀가 her + 읽는 것을 ________ + 이 책을? this ________?

12 그들은 도와줄 수 있니 Can ________________ + 내가 ________ + 찾는 것을 ________ + 이 빌딩을? this building ?

13 당신은 도와줬나요 ________________ help + 그가 ________ + 찾는 것을 ________ + 그의 지갑을? his wallet?

14 Michael은 도와줬니 ________ Michael help + 네가 ________ + 노래하는 것을 ________ + 잘? well?

15 Ken은 도와줬니 Did Ken ________ + 우리가 ________ + 옮기는 것을 move + 이 상자를? this ________?

Hint
고치다 fix
찾다 find

어순 손 영작

어순대로 영작해 보세요.

현재와 과거 긍정문

1. 나는 도와줘 / 그들이 / 공부하는 것을 / 영어를. (study)

↳ / / / .

2. 나는 도와줬어 / 그녀가 / 탈출하는 것을. (escape)

↳ / / .

3. 그녀는 도와줬어 / 내가 / 운동하는 것을. (exercise)

↳ / / .

4. 그는 도와줬어 / 우리가 / 이해하는 것을 / 서로를. (each other)

↳ / / / .

현재진행 긍정문

5. 나는 도와주고 있어 / 그들이 / 배우는 것을. (learn)

↳ / / .

6. 그녀는 도와주고 있어 / 그 아이가 / 쓰는 것을. (write)

↳ / / .

7. 그들은 도와주고 있어 / 나의 할머니가 / 걷는 것을. (walk)

↳ / / .

과거진행 긍정문

8 James는 도와주고 있었어 / 내가 / 고치는 것을 / 이 자동차를. (fix)

↳ / / / .

9 Olivia는 도와주고 있었어 / 그 환자가 / 움직이는 것을. (patient)

↳ / / .

Can 의문문

10 너는 도와줄 수 있니 / 그가 / 하는 것을 / 그의 숙제를? (homework)

↳ / / / ?

11 그는 도와줄 수 있니 / 그녀가 / 읽는 것을 / 이 책을? (read)

↳ / / / ?

12 그들은 도와줄 수 있니 / 내가 / 찾는 것을 / 이 빌딩을? (building)

↳ / / / ?

Do 의문문

13 당신은 도와줬나요 / 그가 / 찾는 것을 / 그의 지갑을? (wallet)

↳ / / / ?

14 Michael은 도와줬니 / 네가 / 노래하는 것을 / 잘? (well)

↳ / / / ?

13 Ken은 도와줬니 / 우리가 / 옮기는 것을 / 이 상자를? (move)

↳ / / / ?

COMPLETE SENTENCES 완성 문장 확인

완성 문장을 확인해 보세요.

현재와 과거 긍정문

❶ I help them study English.
나는 그들이 영어를 공부하는 것을 도와줘.

❷ I helped her escape.
나는 그녀가 탈출하는 것을 도와줬어.

❸ She helped me exercise.
그녀는 내가 운동하는 것을 도와줬어.

❹ He helped us understand each other.
그는 우리가 서로를 이해하는 것을 도와줬어.

현재진행 긍정문

❺ I am helping them learn.
나는 그들이 배우는 것을 도와주고 있어.

❻ She is helping the child write.
그녀는 그 아이가 쓰는 것을 도와주고 있어.

❼ They are helping my grandmother walk.
그들은 나의 할머니가 걷는 것을 도와주고 있어.

과거진행 긍정문

❽ James was helping me fix this car.
James는 내가 이 자동차를 고치는 것을 도와주고 있었어.

❾ Olivia was helping the patient move.
Olivia는 그 환자가 움직이는 것을 도와주고 있었어.

Can 의문문

❿ Can you help him do his homework?
너는 그가 그의 숙제를 하는 것을 도와줄 수 있니?

⓫ Can he help her read this book?
그는 그녀가 이 책을 읽는 것을 도와줄 수 있니?

⓬ Can they help me find this building?
그들은 내가 이 빌딩을 찾는 것을 도와줄 수 있니?

Do 의문문

⓭ Did you help him find his wallet?
당신은 그가 그의 지갑을 찾는 것을 도와줬나요?

⓮ Did Michael help you sing well?
Michael은 네가 잘 노래하는 것을 도와줬니?

⓯ Did Ken help us move this box?
Ken은 우리가 이 상자를 옮기는 것을 도와줬니?

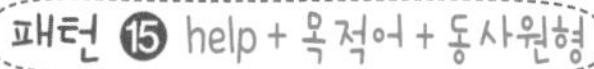

스피드 손 영작

최대한 빠른 속도로 한 번에 영작해 보세요.

1. 나는 그들이 영어를 공부하는 것을 도와줘.

→ ______________________________.

2. 나는 그녀가 탈출하는 것을 도와줬어.

→ ______________________________.

3. 그녀는 내가 운동하는 것을 도와줬어.

→ ______________________________.

4. 그는 우리가 서로를 이해하는 것을 도와줬어.

→ ______________________________.

5. 나는 그들이 배우는 것을 도와주고 있어.

→ ______________________________.

6. 그녀는 그 아이가 쓰는 것을 도와주고 있어.

→ ______________________________.

7. 그들은 나의 할머니가 걷는 것을 도와주고 있어.

→ ______________________________.

p.166에서 정답을 확인하세요.

❽ James는 내가 이 자동차를 고치는 것을 도와주고 있었어.

→ ____.

❾ Olivia는 그 환자가 움직이는 것을 도와주고 있었어.

→ ____.

❿ 너는 그가 그의 숙제를 하는 것을 도와줄 수 있니?

→ ____?

⓫ 그는 그녀가 이 책을 읽는 것을 도와줄 수 있니?

→ ____?

⓬ 그들은 내가 이 빌딩을 찾는 것을 도와줄 수 있니?

→ ____?

⓭ 당신은 그가 그의 지갑을 찾는 것을 도와줬나요?

→ ____?

⓮ Michael은 네가 잘 노래하는 것을 도와줬니?

→ ____?

⓯ Ken은 우리가 이 상자를 옮기는 것을 도와줬니?

→ ____?

패턴 16

A를 B와 관련해 도와주다

help A with B

'help A with B'는 'A를 B와 관련해 도와주다'라고 해석합니다.
해석이 애매하게 느껴질 수도 있기에 부가 설명을 하겠습니다.

이 표현은 **B와 관련해 어떻게 도와준 것인지를 언급하지 않음으로써 문장에 융통성을 주는 표현**입니다.

예를 들어, "I helped him with the movie."라고 하면,
나는 그가 그 영화를 제작하는 것과 관련해 도와주었을 수도 있고,
그 영화를 편집하는 것과 관련해 도와주었을 수도 있으며,
그 영화에 대해 공부하는 것과 관련해 도와주었을 수도 있다는 말이 됩니다.

또한, "She helped me with this pizza."라고 하면
그녀는 내가 이 피자를 먹는 것을 도와주었을 수도 있고,
이 피자를 요리하는 것과 관련해 도와주었을 수도 있으며,
이 피자를 옮기는 것과 관련해 도와주었을 수도 있다는 말이 됩니다.

결국, 'help A with B'는말하는 이와 듣는 이가
대화의 흐름을 어느 정도 파악하고 있을 때 쓰는 표현이라고 볼 수 있습니다.

↳ I **help** / girls / **with** their self-esteem.

나는 도와줘 / 소녀들을 / 그들의 자존감과 관련해.→ 나는 소녀들을 그들의 자존감과 관련해 도와줘.

↳ I **helped** / my boss / **with** his business plan.

나는 도와줬어 / 나의 상사를 / 그의 사업 계획과 관련해.→ 나는 나의 상사를 그의 사업 계획과 관련해 도와줬어.

↳ She is **helping** / me / **with** my essay.

그녀는 도와주고 있어 / 나를 / 나의 에세이와 관련해.→ 그녀는 나를 나의 에세이와 관련해 도와주고 있어.

↳ Can you **help** / Jenna / **with** her report?

너는 도와줄 수 있니 / Jenna를 / 그녀의 보고서와 관련해?→ 너는 Jenna를 그녀의 보고서와 관련해 도와줄 수 있니?

의미 단위 손 영작

의미 단위로 나눠어져 있는 문장 마디를 보고 Hint 단어를 참고하여 빈칸을 채워 보세요.

p.176 완성 문장 확인에서 정답을 확인하세요.

1. 나는 도와줘 I ________ + 그녀를 ________ + 그녀의 숙제와 관련해. with her homework.

2. 나는 도와줘 I ________ + 그를 him + 그의 영어와 관련해. ________ his English.

3. 그녀는 도와줘 She ________ + 그를 ________ + 그의 프로젝트와 관련해. with his ________.

4. 나는 도와줬어 I helped + 그녀를 ________ + 그녀의 문제와 관련해. ________ her problem.

5. 우리는 도와줬어 We ________ + 그를 him + 그의 계획과 관련해. ________ his ________.

6. 그는 도와줬어 He ________ + 나를 ________ + 이 영화와 관련해. with this ________.

7. 그들은 도와줬어 ________ helped + 그녀를 ________ + 그녀의 이력서와 관련해. with her ________.

Hint
프로젝트 project
계획 plan
영화 movie
이력서 resume

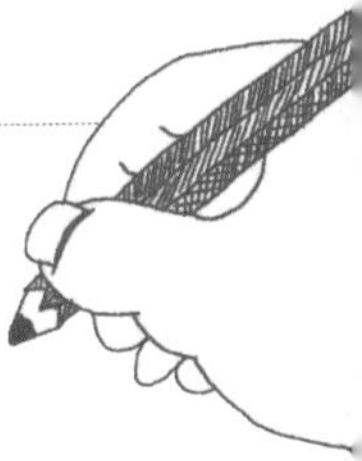

8
나는 도와줬어 I ________ + 내 여자 친구를 my ________ + 그녀의 컴퓨터와 관련해. ________ her computer.

9
나는 도와주고 있어 I am helping + 그녀를 ________ + 그녀의 숙제와 관련해. ________________.

10
나는 도와주고 있어 I ________________ + 내 친구를 my friend + 그의 인터뷰와 관련해. ________ his interview.

11
그녀는 도와주고 있어 She ________________ + 그녀의 딸을 her daughter + 그 조리법과 관련해. ________ the ________.

12
Kelly는 도와주고 있어 Kelly ________ helping + 나를 ________ + 그 시험과 관련해. with the ________.

13
너는 도와줬니 Did ________ help + 그를 ________ + 그 시험과 관련해? with the ________?

Hint
숙제 homework
조리법 recipe
사업 business

14
그는 도와줬니 ________ he ________ + 그녀를 her + 그 책과 관련해? ________ the ________?

15
그들은 도와줬니 ________ they ________ + 너를 you + 너의 사업과 관련해 ________ your ________ + 작년에? last ________?

어순 손영작

어순대로 영작해 보세요.

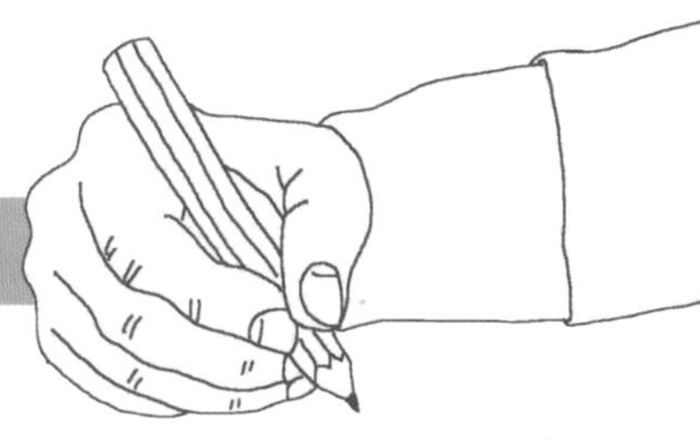

현재 긍정문

❶ 나는 도와줘 / 그녀를 / 그녀의 숙제와 관련해. (homework)

↳ / / .

❷ 나는 도와줘 / 그를 / 그의 영어와 관련해. (English)

↳ / / .

❸ 그녀는 도와줘 / 그를 / 그의 프로젝트와 관련해. (project)

↳ / / .

과거 긍정문

❹ 나는 도와줬어 / 그녀를 / 그녀의 문제와 관련해. (problem)

↳ / / .

❺ 우리는 도와줬어 / 그를 / 그의 계획과 관련해. (plan)

↳ / / .

❻ 그는 도와줬어 / 나를 / 이 영화와 관련해. (movie)

↳ / / .

❼ 그들은 도와줬어 / 그녀를 / 그녀의 이력서와 관련해. (resume)

↳ / / .

8 나는 도와줬어 / 내 여자 친구를 / 그녀의 컴퓨터와 관련해. (computer)

↳ / / .

현재진행 긍정문

9 나는 도와주고 있어 / 그녀를 / 그녀의 숙제와 관련해. (homework)

↳ / / .

10 나는 도와주고 있어 / 내 친구를 / 그의 인터뷰와 관련해. (interview)

↳ / / .

11 그녀는 도와주고 있어 / 그녀의 딸을 / 그 조리법과 관련해. (recipe)

↳ / / .

12 Kelly는 도와주고 있어 / 나를 / 그 시험과 관련해. (test)

↳ / / .

과거 의문문

13 너는 도와줬니 / 그를 / 그 시험과 관련해? (help)

↳ / / ?

14 그는 도와줬니 / 그녀를 / 그 책과 관련해? (book)

↳ / / ?

15 그들은 도와줬니 / 너를 / 너의 사업과 관련해 / 작년에? (last year)

↳ / / / ?

COMPLETE SENTENCES 완성 문장 확인

완성 문장을 확인해 보세요.

현재 긍정문

❶ I help her with her homework.
나는 그녀를 그녀의 숙제와 관련해 도와줘.

❷ I help him with his English.
나는 그를 그의 영어와 관련해 도와줘.

❸ She helps him with his project.
그녀는 그를 그의 프로젝트와 관련해 도와줘.

과거 긍정문

❹ I helped her with her problem.
나는 그녀를 그녀의 문제와 관련해 도와줬어.

❺ We helped him with his plan.
우리는 그를 그의 계획과 관련해 도와줬어.

❻ He helped me with this movie.
그는 나를 이 영화와 관련해 도와줬어.

❼ They helped her with her resume.
그들은 그녀를 그녀의 이력서와 관련해 도와줬어.

❽ I helped my girlfriend with her computer.
나는 내 여자 친구를 그녀의 컴퓨터와 관련해 도와줬어.

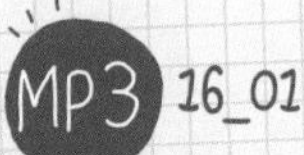

현재진행 긍정문

❾ I am helping her with her homework.
나는 그녀를 그녀의 숙제와 관련해 도와주고 있어.

❿ I am helping my friend with his interview.
나는 내 친구를 그의 인터뷰와 관련해 도와주고 있어.

⓫ She is helping her daughter with the recipe.
그녀는 그녀의 딸을 그 조리법과 관련해 도와주고 있어.

⓬ Kelly is helping me with the test.
Kelly는 나를 그 시험과 관련해 도와주고 있어.

과거 의문문

⓭ Did you help him with the test?
너는 그를 그 시험과 관련해 도와줬니?

⓮ Did he help her with the book?
그는 그녀를 그 책과 관련해 도와줬니?

⓯ Did they help you with your business last year?
그들은 작년에 너를 너의 사업과 관련해 도와줬니?

스피드 손 영작

최대한 빠른 속도로 한 번에 영작해 보세요.

1. 나는 그녀를 그녀의 숙제와 관련해 도와줘.

→ ______________________________.

2. 나는 그를 그의 영어와 관련해 도와줘.

→ ______________________________.

3. 그녀는 그를 그의 프로젝트와 관련해 도와줘.

→ ______________________________.

4. 나는 그녀를 그녀의 문제와 관련해 도와줬어.

→ ______________________________.

5. 우리는 그를 그의 계획과 관련해 도와줬어.

→ ______________________________.

6. 그는 나를 이 영화와 관련해 도와줬어.

→ ______________________________.

7. 그들은 그녀를 그녀의 이력서와 관련해 도와줬어.

→ ______________________________.

p.176에서 정답을 확인하세요.

❽ 나는 내 여자 친구를 그녀의 컴퓨터와 관련해 도와줬어.

→ ____.

❾ 나는 그녀를 그녀의 숙제와 관련해 도와주고 있어.

→ ____.

❿ 나는 내 친구를 그의 인터뷰와 관련해 도와주고 있어.

→ ____.

⓫ 그녀는 그녀의 딸을 그 조리법과 관련해 도와주고 있어.

→ ____.

⓬ Kelly는 나를 그 시험과 관련해 도와주고 있어.

→ ____.

⓭ 너는 그를 그 시험과 관련해 도와줬니?

→ ____?

⓮ 그는 그녀를 그 책과 관련해 도와줬니?

→ ____?

⓯ 그들은 작년에 너를 너의 사업과 관련해 도와줬니?

→ ____?

패턴 17 → …보다 더 ~한

비교급 형용사 + than

than이라는 단어 자체는 '~보다'라는 뜻을 가지고 있습니다.

그러므로 **'비교급 형용사' 뒤에 than이 붙으면, '~보다 더 (형용사)한'으로 해석**할 수 있습니다.

비교의 대상은 than 뒤에 목적어의 형태로 오게 됩니다.

예를 들어,

"나는 너보다 더 빨라."라고 하려면 "I am faster than you."라고 표현합니다.

'훨씬'이라는 말을 넣어 강조하고 싶다면 '비교급 형용사' 앞에 much를 넣어주면 됩니다.

예를 들어,

"나는 너보다 훨씬 더 빨라."라고 하려면 "I am much faster than you."라고 표현합니다.

또한 일반 형용사를 비교급 형용사로 만들 때 **형용사의 음절이 2개 이상이면**

형용사 뒤에 -er을 붙이는 대신 앞에 more를 붙여주어야 합니다.

예를 들어,

"나는 너보다 더 아름다워."라고 하려면 "I am more beautiful than you."라고 표현합니다.

fast란 형용사는 음절이 1개이므로 faster로, beautiful이란 형용사는 음절이 3개이므로 more beautiful로 쓰는 것입니다.

↳ Today is **colder** / **than** yesterday.

오늘은 더 추워 / 어제보다. → 오늘은 어제보다 더 추워.

↳ Chicken is **more delicious** / **than** pizza.

치킨은 더 맛있어 / 피자보다. → 치킨은 피자보다 더 맛있어.

↳ Is he **richer** / **than** her?

그는 더 부유하니 / 그녀보다? → 그는 그녀보다 더 부유하니?

↳ Is this concert **more expensive** / **than** the musical?

이 콘서트는 더 비싸니 / 그 뮤지컬보다? → 이 콘서트는 그 뮤지컬보다 더 비싸니?

의미 단위 손 영작

의미 단위로 나뉘어져 있는 문장 마디를 보고 Hint 단어를 참고하여 빈칸을 채워 보세요.

p.186 완성 문장 확인에서 정답을 확인하세요.

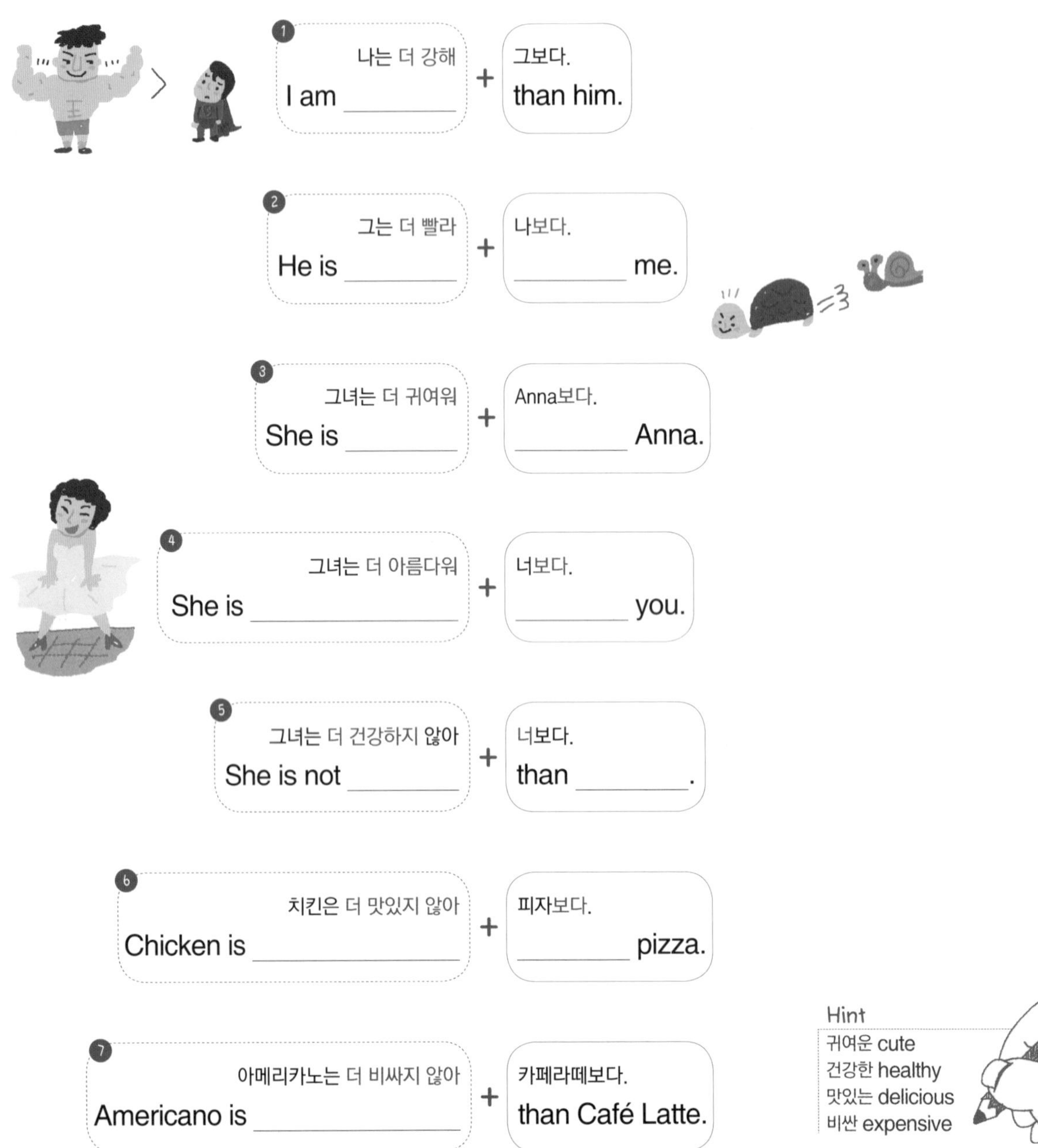

1. 나는 더 강해 I am ________ + 그보다. than him.
2. 그는 더 빨라 He is ________ + 나보다. ________ me.
3. 그녀는 더 귀여워 She is ________ + Anna보다. ________ Anna.
4. 그녀는 더 아름다워 She is ________________ + 너보다. ________ you.
5. 그녀는 더 건강하지 않아 She is not ________ + 너보다. than ________.
6. 치킨은 더 맛있지 않아 Chicken is ________________ + 피자보다. ________ pizza.
7. 아메리카노는 더 비싸지 않아 Americano is ________________ + 카페라떼보다. than Café Latte.

Hint
귀여운 cute
건강한 healthy
맛있는 delicious
비싼 expensive

8 내 차는 훨씬 더 빨라 + 네 차보다.
My car is much ________ + ________ your car.

9 나는 훨씬 더 무거워 + 너보다.
I am ________________ + ________ you.

10 나의 직업은 훨씬 더 어려워 + 너의 것보다.
My job is ________________ difficult + ________ yours.

11 그녀의 집은 훨씬 더 커 + 너의 것보다.
Her house is ________________ + than ________.

12 너는 키가 더 크니 + 그보다?
Are you ________ + than ________?

13 너는 더 똑똑하니 + 그들보다?
Are you ________ + ________ them?

14 이 차가 더 무겁니 + 네 차보다?
Is this car ________ + ________ your car?

15 이 비행기가 훨씬 더 빠르니 + 저 기차보다?
Is this plane ________________ + than ________________?

Hint
무거운 heavy
똑똑한 smart

어순 손 영작

어순대로 영작해 보세요.

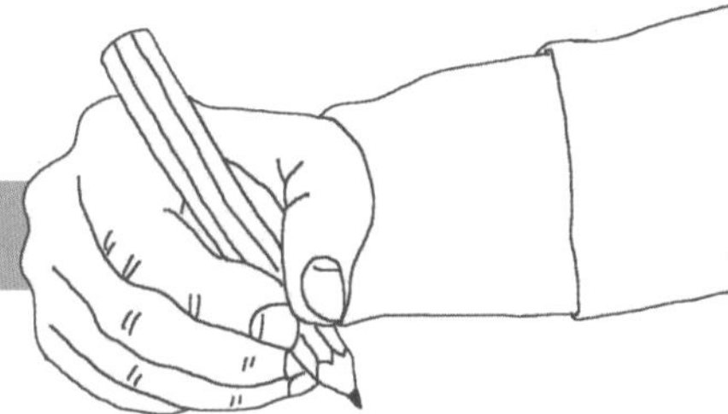

비교 긍정문

1. 나는 더 강해 / 그보다. (strong)

↳ ______ / ______.

2. 그는 더 빨라 / 나보다. (fast)

↳ ______ / ______.

3. 그녀는 더 귀여워 / Anna보다. (cute)

↳ ______ / ______.

4. 그녀는 더 아름다워 / 너보다. (beautiful)

↳ ______ / ______.

비교 부정문

5. 그녀는 더 건강하지 않아 / 너보다. (healthy)

↳ ______ / ______.

6. 치킨은 더 맛있지 않아 / 피자보다. (delicious)

↳ ______ / ______.

7. 아메리카노는 더 비싸지 않아 / 카페라떼보다. (expensive)

↳ ______ / ______.

비교 강조

8 내 차는 훨씬 더 빨라 / 네 차보다. (fast)

↳ / .

9 나는 훨씬 더 무거워 / 너보다. (heavy)

↳ / .

10 나의 직업은 훨씬 더 어려워 / 너의 것보다. (difficult)

↳ / .

11 그녀의 집은 훨씬 더 커 / 너의 것보다. (big)

↳ / .

비교 의문문

12 너는 키가 더 크니 / 그보다? (tall)

↳ / ?

13 너는 더 똑똑하니 / 그들보다? (smart)

↳ / ?

14 이 차가 더 무겁니 / 네 차보다? (heavy)

↳ / ?

15 이 비행기가 훨씬 더 빠르니 / 저 기차보다? (train)

↳ / ?

COMPLETE SENTENCES 완성 문장 확인

완성 문장을 확인해 보세요.

비교 긍정문

❶ I am stronger than him.
나는 그보다 더 강해.

❷ He is faster than me.
그는 나보다 더 빨라.

❸ She is cuter than Anna.
그녀는 Anna보다 더 귀여워.

❹ She is more beautiful than you.
그녀는 너보다 더 아름다워.

비교 부정문

❺ She is not healthier than you.
그녀는 너보다 더 건강하지 않아.

❻ Chicken is not more delicious than pizza.
치킨은 피자보다 더 맛있지 않아.

❼ Americano is not more expensive than Café Latte.
아메리카노는 카페라떼보다 더 비싸지 않아.

비교 강조

8 My car is much faster than your car.
내 차는 네 차보다 훨씬 더 빨라.

9 I am much heavier than you.
나는 너보다 훨씬 더 무거워.

10 My job is much more difficult than yours.
나의 직업은 너의 것보다 훨씬 더 어려워.

11 Her house is much bigger than yours.
그녀의 집은 너의 것보다 훨씬 더 커.

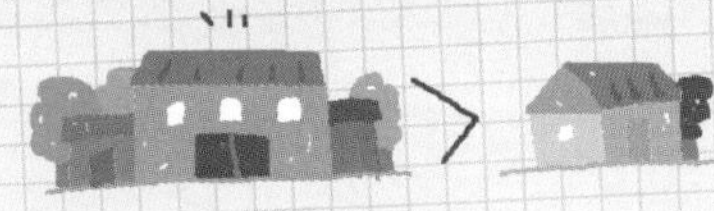

비교 의문문

12 Are you taller than him?
너는 그보다 키가 더 크니?

13 Are you smarter than them?
너는 그들보다 더 똑똑하니?

14 Is this car heavier than your car?
이 차가 네 차보다 더 무겁니?

15 Is this plane much faster than that train?
이 비행기가 저 기차보다 훨씬 더 빠르니?

스피드 손 영작

최대한 빠른 속도로 한 번에 영작해 보세요.

1. 나는 그보다 더 강해.

→ ______________________________.

2. 그는 나보다 더 빨라.

→ ______________________________.

3. 그녀는 Anna보다 더 귀여워.

→ ______________________________.

4. 그녀는 너보다 더 아름다워.

→ ______________________________.

5. 그녀는 너보다 더 건강하지 않아.

→ ______________________________.

6. 치킨은 피자보다 더 맛있지 않아.

→ ______________________________.

7. 아메리카노는 카페라떼보다 더 비싸지 않아.

→ ______________________________.

p.186에서 정답을 확인하세요.

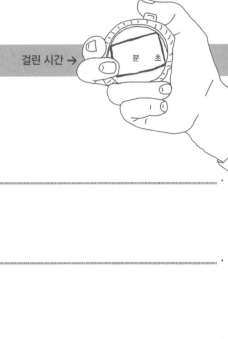

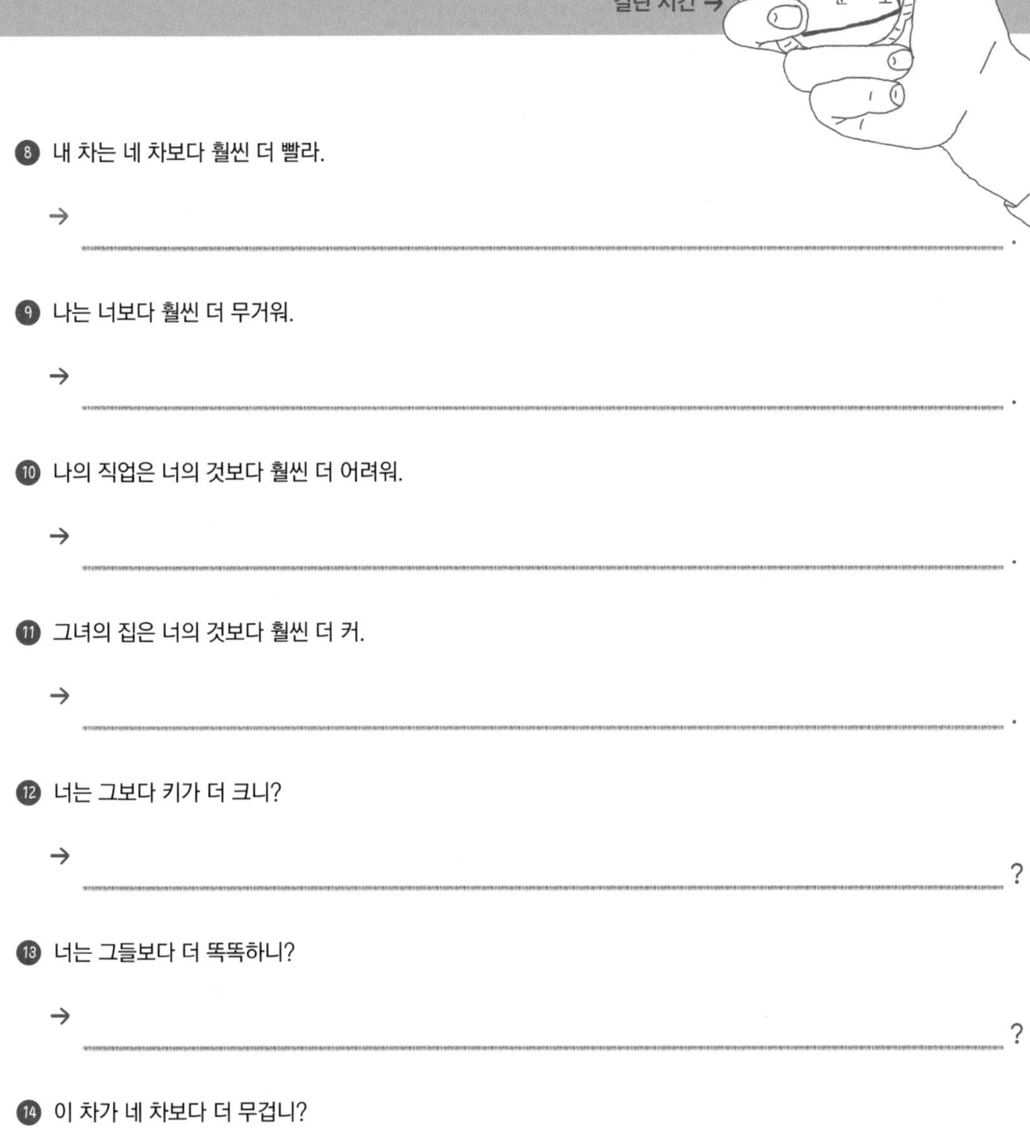

걸린 시간 →

8 내 차는 네 차보다 훨씬 더 빨라.

→ ______________________________.

9 나는 너보다 훨씬 더 무거워.

→ ______________________________.

10 나의 직업은 너의 것보다 훨씬 더 어려워.

→ ______________________________.

11 그녀의 집은 너의 것보다 훨씬 더 커.

→ ______________________________.

12 너는 그보다 키가 더 크니?

→ ______________________________?

13 너는 그들보다 더 똑똑하니?

→ ______________________________?

14 이 차가 네 차보다 더 무겁니?

→ ______________________________?

15 이 비행기가 저 기차보다 훨씬 더 빠르니?

→ ______________________________?

☆ 패턴 18

가장 ~한

↓

the + 최상급 형용사

'the + 최상급 형용사'는 '가장 (형용사)한'으로 해석이 됩니다.

예를 들어,

"나는 가장 빨라."라고 하려면

"I am the fastest."라고 표현합니다.

또한, **일반 형용사를 최상급 형용사로 만들 때 형용사의 음절이 2개 이상이면 형용사 뒤에 -est를 붙이는 대신 앞에 most를** 붙여주어야 합니다.

예를 들어,

"나는 가장 아름다워."라고 하려면

"I am the most beautiful."이라고 표현합니다.

최상급을 만들 때 형용사 fast는 음절이 1개이므로 fastest라 하고,

형용사 beautiful은 음절이 3개이므로 most beautiful이라고 해야 합니다.

↳ He is **the fattest** / of all.

그는 가장 뚱뚱해 / 모두들 중에. → 그는 모두들 중에 가장 뚱뚱해.

↳ This is **the fastest** sports car / in the world.

이것은 가장 빠른 스포츠카야 / 세상에서. → 이것은 세상에서 가장 빠른 스포츠카야.

↳ She is **the most diligent** person / I have seen.

그녀는 가장 부지런한 사람이야 / 내가 본 중에. → 그녀는 내가 본 중에 가장 부지런한 사람이야.

↳ Are you **the oldest** / here?

너는 가장 나이가 들었니 / 여기에서? → 너는 여기에서 가장 나이가 들었니?

의미 단위 손 영작

의미 단위로 나뉘어져 있는 문장 마디를 보고 Hint 단어를 참고하여 빈칸을 채워 보세요.

p.196 완성 문장 확인에서 정답을 확인하세요.

1. 나는 가장 강해.
   I am the ________.

2. 그는 가장 빨라.
   He is ____________.

3. 그는 가장 느려 + 우리들 중에.
   He is the ________ + ________ us.

4. 그녀는 가장 못생겼어 + 그들 중에.
   She is the ________ + ________ them.

5. 이 가방은 가장 비싸 + 세상에서.
   This bag is ____________ + in the world.

6. 이 자동차는 가장 싸 + 세상에서.
   This car is ____________ + ____________.

7. 그녀는 가장 인기 있어 + 우리 반에서.
   She is the ____________ + in our ________.

Hint
못 생긴 ugly
비싼 expensive
싼 cheap
인기 있는 popular

8
그녀는 가장 귀여운 소녀야.
She is ______________ girl.

9
이것은 가장 쉬운 시험이야.
This is the ______________.

10
이것은 가장 큰 집이 아니야
This is not ______________ house
+
세상에서.
______________.

11
이것은 가장 큰 트럭이 아니야
This is ________ the ________ truck
+
내가 본 중에.
I have seen.

12
이것이 가장 무겁니?
Is this ______________?

13
이것이 가장 싸니
Is this ______________
+
여기에서?
here?

14
이 마우스가 가장 비싸니
________ this ________ the most expensive
+
여기에서?
________?

15
이 커피가 가장 달콤하니?
Is this coffee ______________?

Hint
시험 exam
마우스 mouse
달콤한 sweet

어순 손 영작

어순대로 영작해 보세요.

최상급 긍정문

1. 나는 가장 강해. (strong)
↳ ______.

2. 그는 가장 빨라. (fast)
↳ ______.

3. 그는 가장 느려 / 우리들 중에. (slow)
↳ ______ / ______.

4. 그녀는 가장 못생겼어 / 그들 중에. (ugly)
↳ ______ / ______.

5. 이 가방은 가장 비싸 / 세상에서. (expensive)
↳ ______ / ______.

6. 이 자동차는 가장 싸 / 세상에서. (cheap)
↳ ______ / ______.

7. 그녀는 가장 인기 있어 / 우리 반에서. (popular)
↳ ______ / ______.

8. 그녀는 가장 귀여운 소녀야. (cute)
↳ ______.

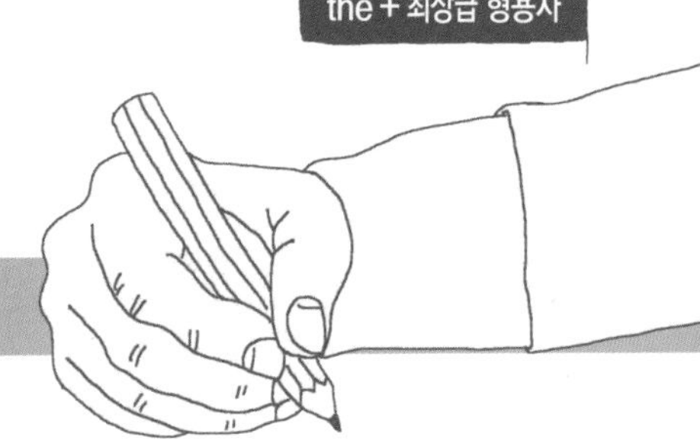

⑨ 이것은 가장 쉬운 시험이야. (easy)

↳ ______________________ .

최상급 부정문

⑩ 이것은 가장 큰 집이 아니야 / 세상에서. (big)

↳ ______________________ / __________ .

⑪ 이것은 가장 큰 트럭이 아니야 / 내가 본 중에. (truck)

↳ ______________________ / __________ .

최상급 의문문

⑫ 이것이 가장 무겁니? (heavy)

↳ ______________________ ?

⑬ 이것이 가장 싸니 / 여기에서? (here)

↳ ______________________ / __________ ?

⑭ 이 마우스가 가장 비싸니 / 여기에서? (mouse)

↳ ______________________ / __________ ?

⑮ 이 커피가 가장 달콤하니? (sweet)

↳ ______________________ ?

COMPLETE SENTENCES 완성 문장 확인

완성 문장을 확인해 보세요.

최상급 긍정문

❶ I am the strongest.
나는 가장 강해.

❷ He is the fastest.
그는 가장 빨라.

❸ He is the slowest of us.
그는 우리들 중에 가장 느려.

❹ She is the ugliest of them.
그녀는 그들 중에 가장 못생겼어.

❺ This bag is the most expensive in the world.
이 가방은 세상에서 가장 비싸.

❻ This car is the cheapest in the world.
이 자동차는 세상에서 가장 싸.

❼ She is the most popular in our class.
그녀는 우리 반에서 가장 인기 있어.

❽ She is the cutest girl.
그녀는 가장 귀여운 소녀야.

❾ This is the easiest exam.
이것은 가장 쉬운 시험이야.

최상급 부정문

⑩ This is not the biggest house in the world.
이것은 세상에서 가장 큰 집이 아니야.

⑪ This is not the biggest truck I have seen.
이것은 내가 본 중에 가장 큰 트럭이 아니야.

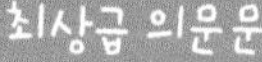

최상급 의문문

⑫ Is this the heaviest?
이것이 가장 무겁니?

⑬ Is this the cheapest here?
이것이 여기에서 가장 싸니?

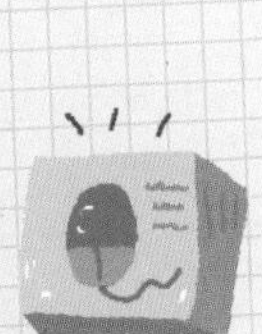

⑭ Is this mouse the most expensive here?
이 마우스가 여기에서 가장 비싸니?

⑮ Is this coffee the sweetest?
이 커피가 가장 달콤하니?

스피드 손 영작

최대한 빠른 속도로 한 번에 영작해 보세요.

1. 나는 가장 강해.

→ ______________________________.

2. 그는 가장 빨라.

→ ______________________________.

3. 그는 우리들 중에 가장 느려.

→ ______________________________.

4. 그녀는 그들 중에 가장 못생겼어.

→ ______________________________.

5. 이 가방은 세상에서 가장 비싸.

→ ______________________________.

6. 이 자동차는 세상에서 가장 싸.

→ ______________________________.

7. 그녀는 우리 반에서 가장 인기 있어.

→ ______________________________.

p.196에서 정답을 확인하세요.

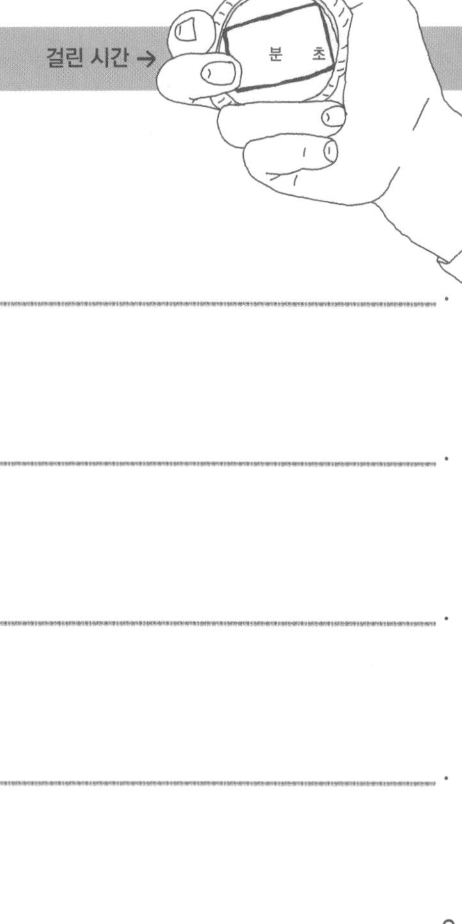

❽ 그녀는 가장 귀여운 소녀야.

→ ____________________.

❾ 이것은 가장 쉬운 시험이야.

→ ____________________.

❿ 이것은 세상에서 가장 큰 집이 아니야.

→ ____________________.

⓫ 이것은 내가 본 중에 가장 큰 트럭이 아니야.

→ ____________________.

⓬ 이것이 가장 무겁니?

→ ____________________?

⓭ 이것이 여기에서 가장 싸니?

→ ____________________?

⓮ 이 마우스가 여기에서 가장 비싸니?

→ ____________________?

⓯ 이 커피가 가장 달콤하니?

→ ____________________?

☆ 패턴 19

A는 B만큼이나 ~해

A is as 형용사 as B

'A is as 형용사 as B'는 'A는 B만큼이나 (형용사)하다'라고 해석하여 A와 B의 수준이 비슷하다는 것을 강조합니다.

예를 들어,
"그녀는 나만큼이나 행복해."라고 하려면
"She is as happy as me."라고 표현합니다.

반대로 not을 넣은 'A is not as 형용사 as B'는
'A는 B만큼이나 (형용사)하지는 않다'라고 해석됩니다.

예를 들어,
"그녀는 나만큼이나 행복하지는 않아."라고 하려면
"She is not as happy as me."라고 표현합니다.

↳ This class **is as** great / **as** the other class.

이 수업은 좋아 / 다른 수업만큼이나. → 이 수업은 다른 수업만큼이나 좋아.

↳ You are **as** cute / **as** my girlfriend.

너는 귀여워 / 내 여자 친구만큼이나. → 너는 내 여자 친구만큼이나 귀여워.

↳ They are not **as** fast / **as** us.

그들은 빠르지는 않아 / 우리들만큼이나. → 그들은 우리들만큼이나 빠르지는 않아.

↳ The movie was not **as** scary / **as** I had thought.

그 영화는 무섭지는 않았어 / 내가 생각했던 것만큼이나. → 그 영화는 내가 생각했던 것만큼이나 무섭지는 않았어.

의미 단위 손 영작

의미 단위로 나뉘어져 있는 문장 마디를 보고 Hint 단어를 참고하여 빈칸을 채워 보세요.

p.206 완성 문장 확인에서 정답을 확인하세요.

1. 이 책상은 가벼워 This desk is as light + 내 책상만큼이나. as ______________.

2. 그녀는 아름다워 She is ______________ + 내 어머니만큼이나. ________ my mother.

3. 이 스커트는 짧아 This ________ is ______________ + 이 드레스만큼이나. as this ________.

4. 이 커피는 써 This coffee is ______________ + 이 알약만큼이나. ________ this pill.

5. 오늘은 더워 Today is as ________ + 어제만큼이나. ______________.

6. 영어는 쉬워 English is ______________ + 일본어만큼이나. ________ Japanese.

7. 그녀는 무겁지는 않아 She is not ______________ + 나만큼이나. as me.

Hint
짧은 short
쓴 bitter
더운 hot
무거운 heavy

8 나는 쿨하지는 않아
I am ________ as ________ + 너만큼이나.
________ you.

9 내 컴퓨터는 빠르지는 않아
My computer is ____________ + 너의 것만큼이나.
________ yours.

10 내 피부는 가무잡잡하지는 않아
My skin is ____________ + 너의 것만큼이나.
as ____________.

11 내 코는 날카롭지는 않아
My nose is ____________ + 그녀의 것만큼이나
as ________.

12 네 남자 친구는 게으르니
Is your ____________ + 내 남자 친구만큼이나?
as my ________?

13 네 여자 친구는 느리니
Is your ________ as ________ + 내 여자 친구만큼이나?
________ my girlfriend?

14 네 언니는 친절하니
Is your ________ as ________ + 네 남동생만큼이나?
________ your ________?

15 너의 소파는 작니
Is your ________ as ________ + 이 상자만큼이나?
as ____________?

Hint
멋진 cool
가무잡잡한 dark
날카로운 sharp
게으른 lazy
느린 slow
친절한 kind

어순 손 영작

어순대로 영작해 보세요.

동등 비교 긍정문

1. 이 책상은 가벼워 / 내 책상만큼이나. (light)
↳ / .

2. 그녀는 아름다워 / 내 어머니만큼이나. (beautiful)
↳ / .

3. 이 스커트는 짧아 / 이 드레스만큼이나. (short)
↳ / .

4. 이 커피는 써 / 이 알약만큼이나. (bitter)
↳ / .

5. 오늘은 더워 / 어제만큼이나. (hot)
↳ / .

6. 영어는 쉬워 / 일본어만큼이나. (Japanese)
↳ / .

동등 비교 부정문

7. 그녀는 무겁지는 않아 / 나만큼이나. (heavy)
↳ / .

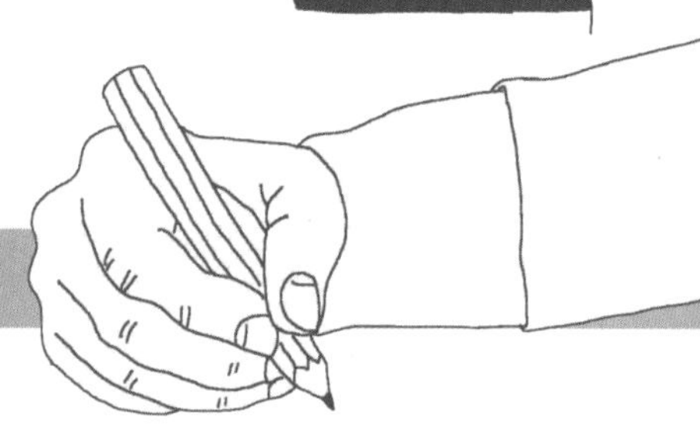

❽ 나는 쿨하지는 않아 / 너만큼이나. (cool)

↳ ______ / ______.

❾ 내 컴퓨터는 빠르지는 않아 / 너의 것만큼이나. (fast)

↳ ______ / ______.

❿ 내 피부는 가무잡잡하지는 않아 / 너의 것만큼이나. (dark)

↳ ______ / ______.

⓫ 내 코는 날카롭지는 않아 / 그녀의 것만큼이나. (sharp)

↳ ______ / ______.

동등 비교 의문문

⓬ 네 남자 친구는 게으르니 / 내 남자 친구만큼이나? (lazy)

↳ ______ / ______?

⓭ 네 여자 친구는 느리니 / 내 여자 친구만큼이나? (slow)

↳ ______ / ______?

⓮ 네 언니는 친절하니 / 네 남동생만큼이나? (kind)

↳ ______ / ______?

⓯ 너의 소파는 작니 / 이 상자만큼이나? (sofa)

↳ ______ / ______?

COMPLETE SENTENCES 완성 문장 확인

완성 문장을 확인해 보세요.

동등 비교 긍정문

1. This desk is as light as my desk.
   이 책상은 내 책상만큼이나 가벼워.
2. She is as beautiful as my mother.
   그녀는 내 어머니만큼이나 아름다워.
3. This skirt is as short as this dress.
   이 스커트는 이 드레스만큼이나 짧아.
4. This coffee is as bitter as this pill.
   이 커피는 이 알약만큼이나 써.
5. Today is as hot as yesterday.
   오늘은 어제만큼이나 더워.
6. English is as easy as Japanese.
   영어는 일본어만큼이나 쉬워.

동등 비교 부정문

7 She is not as heavy as me.
그녀는 나만큼이나 무겁지는 않아.

8 I am not as cool as you.
나는 너만큼이나 쿨하지는 않아.

9 My computer is not as fast as yours.
내 컴퓨터는 너의 것만큼이나 빠르지는 않아.

10 My skin is not as dark as yours.
내 피부는 너의 것만큼이나 가무잡잡하지는 않아.

11 My nose is not as sharp as hers.
내 코는 그녀의 것만큼이나 날카롭지는 않아.

동등 비교 의문문

12 Is your boyfriend as lazy as my boyfriend?
네 남자 친구는 내 남자 친구만큼이나 게으르니?

13 Is your girlfriend as slow as my girlfriend?
네 여자 친구는 내 여자 친구만큼이나 느리니?

14 Is your sister as kind as your brother?
네 언니는 네 남동생만큼이나 친절하니?

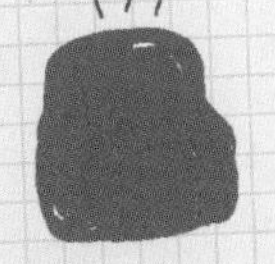

15 Is your sofa as small as this box?
너의 소파는 이 상자만큼이나 작니?

스피드 손 영작

최대한 빠른 속도로 한 번에 영작해 보세요.

1. 이 책상은 내 책상만큼이나 가벼워.

→ ______.

2. 그녀는 내 어머니만큼이나 아름다워.

→ ______.

3. 이 스커트는 이 드레스만큼이나 짧아.

→ ______.

4. 이 커피는 이 알약만큼이나 써.

→ ______.

5. 오늘은 어제만큼이나 더워.

→ ______.

6. 영어는 일본어만큼이나 쉬워.

→ ______.

7. 그녀는 나만큼이나 무겁지는 않아.

→ ______.

p.206에서 정답을 확인하세요.

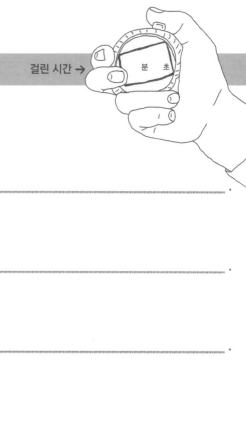

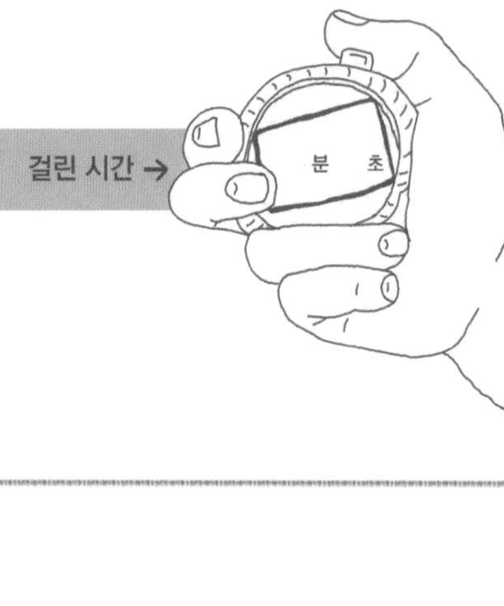

걸린 시간 →

8 나는 너만큼이나 쿨하지는 않아.

→ ______________________________.

9 내 컴퓨터는 너의 것만큼이나 빠르지는 않아.

→ ______________________________.

10 내 피부는 너의 것만큼이나 가무잡잡하지는 않아.

→ ______________________________.

11 내 코는 그녀의 것만큼이나 날카롭지는 않아.

→ ______________________________.

12 네 남자 친구는 내 남자 친구만큼이나 게으르니?

→ ______________________________?

13 네 여자 친구는 내 여자 친구만큼이나 느리니?

→ ______________________________?

14 네 언니는 네 남동생만큼이나 친절하니?

→ ______________________________?

15 너의 소파는 이 상자만큼이나 작니?

→ ______________________________?

☆ 패턴 20

계속 ~해

keep -ing

keep -ing는 '계속 ~하다'로 해석이 되며,

keep은 진행형으로 사용하지 않습니다.

예를 들어,

"그녀는 내게 계속 전화했어."라고 하려면

"She kept calling me."라고 표현합니다.

또한 의문형으로

"그들이 너를 계속 무시하니?"라고 하려면

"Do they keep ignoring you?"라고 표현합니다.

Do they keep ignoring you?

참고로 **keep과 -ing 사이에 on을 추가할 수도 있습니다.**

on은 keep을 강조해, 조금 더 '반복적/지속적'이라는 느낌을 주지만,

생략 가능하며 사용 빈도도 많이 떨어지는 편입니다.

이 Unit에서는 on을 전부 생략하겠습니다.

↳ She **keeps** calling / me.

그녀는 계속 전화해 / 내게. → 그녀는 내게 계속 전화해.

↳ He **kept** running / in the park.

그는 계속 달렸어 / 공원에서. → 그는 공원에서 계속 달렸어.

↳ We **kept** singing / until he arrived.

우리는 계속 노래했어 / 그가 도착할 때까지. → 우리는 그가 도착할 때까지 계속 노래했어.

↳ Did you **keep** looking / at her?

너는 계속 쳐다봤니 / 그녀를? → 너는 그녀를 계속 쳐다봤니?

의미 단위 손 영작

의미 단위로 나뉘어져 있는 문장 마디를 보고 Hint 단어를 참고하여 빈칸을 채워 보세요.

p.216 완성 문장 확인에서 정답을 확인하세요.

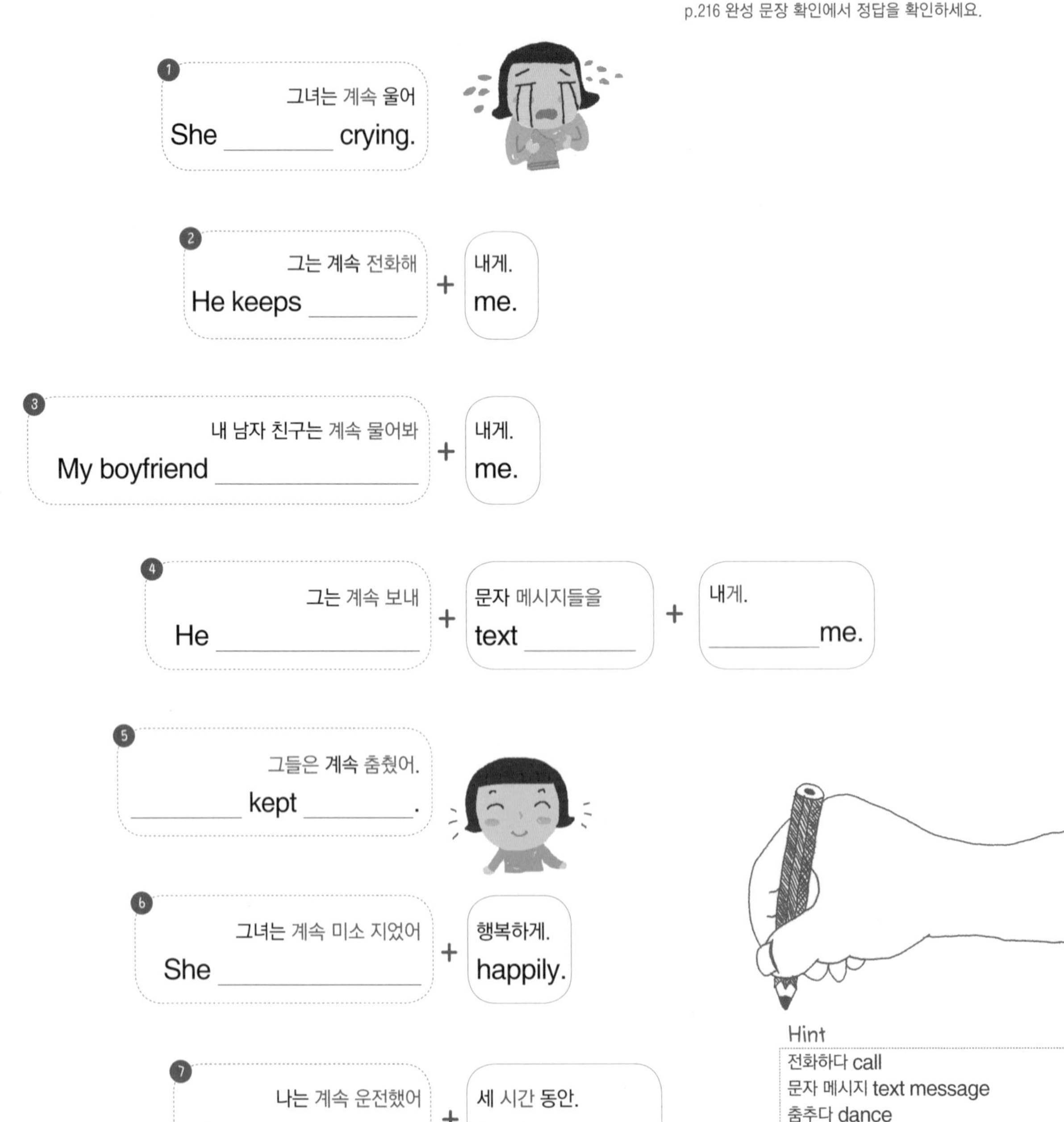

1. 그녀는 계속 울어
She ________ crying.

2. 그는 계속 전화해 + 내게.
He keeps ________ + me.

3. 내 남자 친구는 계속 물어봐 + 내게.
My boyfriend ______________ + me.

4. 그는 계속 보내 + 문자 메시지들을 + 내게.
He ______________ + text ________ + ________ me.

5. 그들은 계속 춤췄어.
________ kept ________.

6. 그녀는 계속 미소 지었어 + 행복하게.
She ______________ + happily.

7. 나는 계속 운전했어 + 세 시간 동안.
I ______________ + for 3 ________.

Hint
전화하다 call
문자 메시지 text message
춤추다 dance
운전하다 drive

8 나는 계속 마셨어 + 물을.
I ________ + water.

9 그는 계속 사용했어 + 내 컴퓨터를.
He ________ + my ________.

10 그는 계속 물어봤어 + 같은 질문들을.
He ________ + the same ________.

11 그녀는 계속 때렸어 + 그녀의 남자 친구를.
She ________ + her ________.

12 그가 계속 괴롭히니 + 너를?
________ he ________ bothering + ________?

13 그가 계속 부르니 + 같은 노래를?
Does he ________ + the ________?

Hint
때리다 hit
불평하다 complain
움직이다 move
만지다 touch

14 그들은 계속 불평했니 + 너에게?
Did they keep ________ + to ________?

15 그 장난감은 계속 움직였니 + 네가 만졌을 때 + 그것을?
________ the ________ keep ________ + when you ________ + it?

어순 손 영작

어순대로 영작해 보세요.

keep -ing 현재 긍정문

1 그녀는 계속 울어. (cry)

↳ .

2 그는 계속 전화해 / 내게. (call)

↳ / .

3 내 남자 친구는 계속 물어봐 / 내게. (ask)

↳ / .

4 그는 계속 보내 / 문자 메시지들을 / 내게. (text message)

↳ / / .

keep -ing 과거 긍정문

5 그들은 계속 춤췄어. (dance)

↳ .

6 그녀는 계속 미소 지었어 / 행복하게. (happily)

↳ / .

7 나는 계속 운전했어 / 세 시간 동안. (drive)

↳ / .

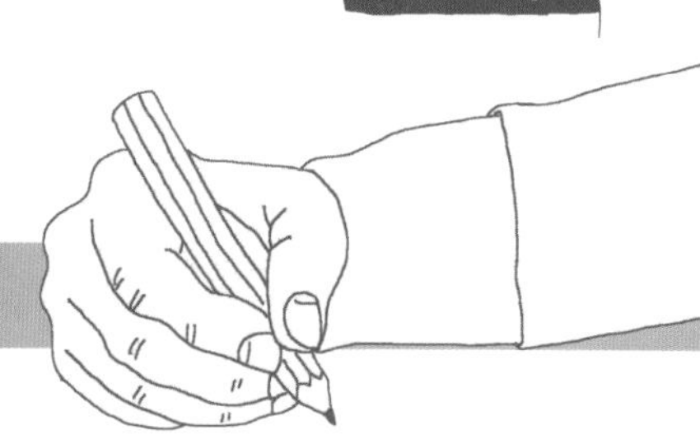

8 나는 계속 마셨어 / 물을. (drink)

↳ ______ / ______ .

9 그는 계속 사용했어 / 내 컴퓨터를. (use)

↳ ______ / ______ .

10 그는 계속 물어봤어 / 같은 질문들을.

↳ ______ / ______ .

11 그녀는 계속 때렸어 / 그녀의 남자 친구를. (hit)

↳ ______ / ______ .

keep -ing 의문문

12 그가 계속 괴롭히니 / 너를? (bother)

↳ ______ / ______ ?

13 그가 계속 부르니 / 같은 노래를? (sing)

↳ ______ / ______ ?

14 그들은 계속 불평했니 / 너에게? (complain)

↳ ______ / ______ ?

15 그 장난감은 계속 움직였니 / 네가 만졌을 때 / 그것을? (touch)

↳ ______ / ______ / ______ ?

COMPLETE SENTENCES 완성 문장 확인

완성 문장을 확인해 보세요.

keep -ing 현재 긍정문

1. She keeps crying.
   그녀는 계속 울어.
2. He keeps calling me.
   그는 내게 계속 전화해.
3. My boyfriend keeps asking me.
   내 남자 친구는 내게 계속 물어봐.
4. He keeps sending text messages to me.
   그는 문자 메시지들을 내게 계속 보내.

20_01

keep -ing 과거 긍정문

❺ They kept dancing.
그들은 계속 춤췄어.

❻ She kept smiling happily.
그녀는 계속 행복하게 미소 지었어.

❼ I kept driving for 3 hours.
나는 세 시간 동안 계속 운전했어.

❽ I kept drinking water.
나는 물을 계속 마셨어.

❾ He kept using my computer.
그는 내 컴퓨터를 계속 사용했어.

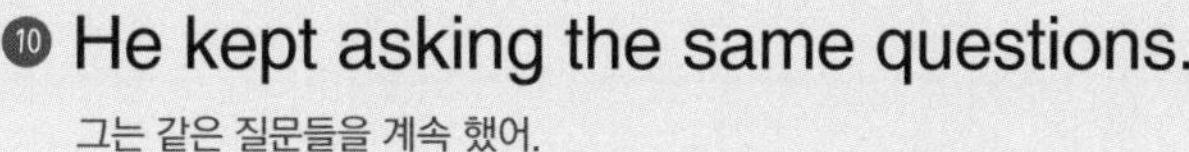

❿ He kept asking the same questions.
그는 같은 질문들을 계속 했어.

⓫ She kept hitting her boyfriend.
그녀는 그녀의 남자 친구를 계속 때렸어.

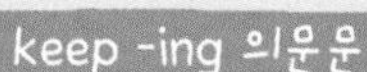

keep -ing 의문문

⓬ Does he keep bothering you?
그가 너를 계속 괴롭히니?

⓭ Does he keep singing the same song?
그가 같은 노래를 계속 부르니?

⓮ Did they keep complaining to you?
그들은 너에게 계속 불평했니?

⓯ Did the toy keep moving when you touched it?
그 장난감은 네가 그것을 만졌을 때 계속 움직였니?

스피드 손 영작

최대한 빠른 속도로 한 번에 영작해 보세요.

1. 그녀는 계속 울어.

→ ______________________________.

2. 그는 내게 계속 전화해.

→ ______________________________.

3. 내 남자 친구는 내게 계속 물어봐.

→ ______________________________.

4. 그는 문자 메시지들을 내게 계속 보내.

→ ______________________________.

5. 그들은 계속 춤췄어.

→ ______________________________.

6. 그녀는 계속 행복하게 미소 지었어.

→ ______________________________.

7. 나는 세 시간 동안 계속 운전했어.

→ ______________________________.

p.216에서 정답을 확인하세요.

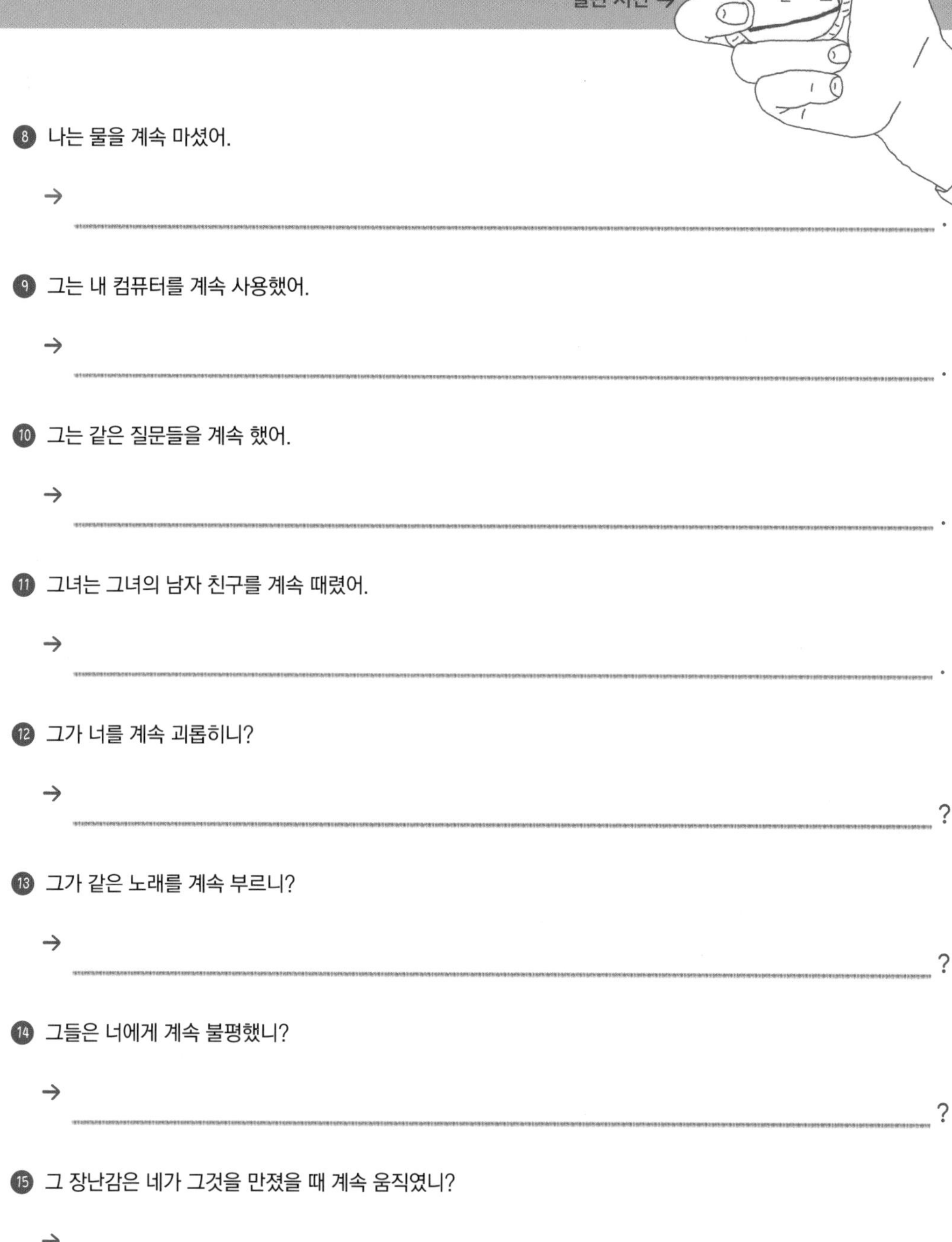

❽ 나는 물을 계속 마셨어.

→ ______________________________.

❾ 그는 내 컴퓨터를 계속 사용했어.

→ ______________________________.

❿ 그는 같은 질문들을 계속 했어.

→ ______________________________.

⓫ 그녀는 그녀의 남자 친구를 계속 때렸어.

→ ______________________________.

⓬ 그가 너를 계속 괴롭히니?

→ ______________________________?

⓭ 그가 같은 노래를 계속 부르니?

→ ______________________________?

⓮ 그들은 너에게 계속 불평했니?

→ ______________________________?

⓯ 그 장난감은 네가 그것을 만졌을 때 계속 움직였니?

→ ______________________________?

패턴 21

그만 ~하다/~하는 것을 멈추다

stop -ing

stop -ing는 '그만 ~하다/ ~하는 것을 멈추다'로 해석이 되며,

'이미 하고 있던 것을 멈추다'라는 느낌이 있는 점에서

'아예 하지 않다'라고 해석되는 'don't + 동사원형'과는 다릅니다.

예를 들어,

담배를 피우기도 전에 "담배 피우지 마."라고 하려면

"Don't smoke."라고 표현합니다.

그러나 이미 담배를 피우고 있는 상황에서 "담배 그만 피워."라고 하려면

"Stop smoking."이라고 표현하는 것이 정확합니다.

또한 **stop은 진행형으로 사용하지 않는다는 것도 기억**해 두세요!

예를 들어, "I was stopping studying."은 틀린 표현이며,

"I stopped studying."이 맞는 표현입니다.

↳ She **stopped** / talk**ing** / to me.

그녀는 멈췄어 / 말하는 것을 / 나에게. → 그녀는 나에게 말하는 것을 멈췄어.

↳ I **stopped** / study**ing** / Chinese.

나는 멈췄어 / 공부하는 것을 / 중국어를. → 나는 중국어를 공부하는 것을 멈췄어.

↳ Did he **stop** / danc**ing**?

그는 멈췄니 / 춤추는 것을? → 그는 춤추는 것을 멈췄니?

↳ **Stop** / drink**ing** / beer!

멈춰 / 마시는 것을 / 맥주를! → 맥주를 그만 마셔!

의미 단위 손 영작

의미 단위로 나뉘어져 있는 문장 마디를 보고 Hint 단어를 참고하여 빈칸을 채워 보세요.

p.226 완성 문장 확인에서 정답을 확인하세요.

1. 그만 먹어!
   Stop ________!

2. 그만 울어!
   ________ crying!

3. 그만 전화해 + 나에게.
   Stop ________ + me.

4. 그만 쳐다봐 + 내 얼굴을.
   ________ + at my ________.

5. 그들은 멈췄어 + 먹는 것을.
   They ________ + eating.

6. 나는 멈췄어 + 방문하는 것을 + 그녀를.
   I ________ + ________ + ________.

7. 그녀는 멈췄어 + 사용하는 것을 + 그녀의 전화기를.
   She ________ + ________ + her phone.

Hint
전화하다 call
쳐다보다 look at
방문하다 visit

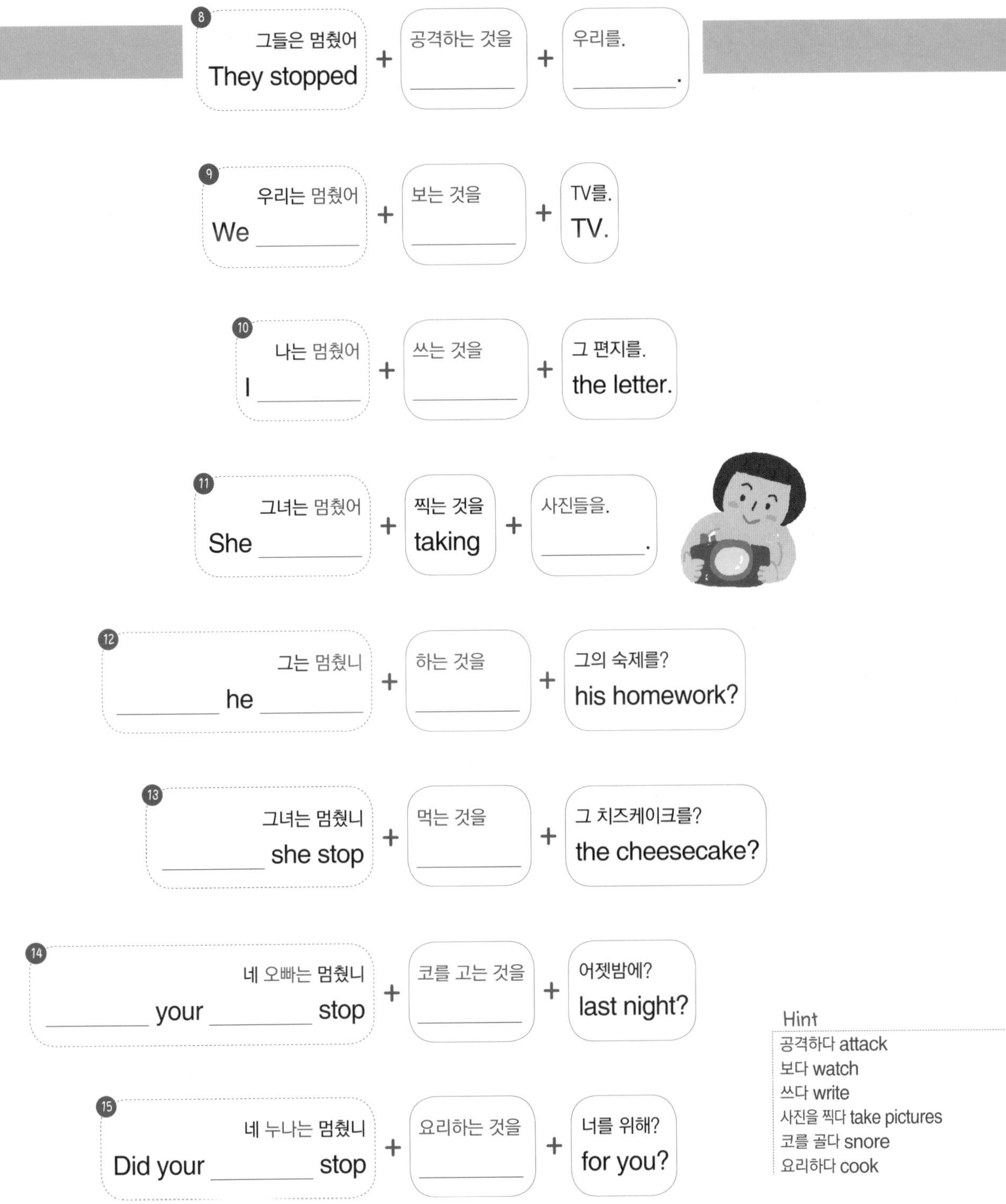

8 그들은 멈췄어 They stopped + 공격하는 것을 ________ + 우리를. ________.

9 우리는 멈췄어 We ________ + 보는 것을 ________ + TV를. TV.

10 나는 멈췄어 I ________ + 쓰는 것을 ________ + 그 편지를. the letter.

11 그녀는 멈췄어 She ________ + 찍는 것을 taking + 사진들을. ________.

12 그는 멈췄니 ________ he ________ + 하는 것을 ________ + 그의 숙제를? his homework?

13 그녀는 멈췄니 ________ she stop + 먹는 것을 ________ + 그 치즈케이크를? the cheesecake?

14 네 오빠는 멈췄니 ________ your ________ stop + 코를 고는 것을 ________ + 어젯밤에? last night?

15 네 누나는 멈췄니 Did your ________ stop + 요리하는 것을 ________ + 너를 위해? for you?

Hint
공격하다 attack
보다 watch
쓰다 write
사진을 찍다 take pictures
코를 골다 snore
요리하다 cook

어순 손 영작

어순대로 영작해 보세요.

stop 명령문

1. 그만 먹어! (eat)

↳ ____________ !

2. 그만 울어! (cry)

↳ ____________ !

3. 그만 전화해 / 나에게. (call)

↳ ____________ / ____________ .

4. 그만 쳐다봐 / 내 얼굴을. (look at)

↳ ____________ / ____________ .

stop 과거 긍정문

5. 그들은 멈췄어 / 먹는 것을.

↳ ____________ / ____________ .

6. 나는 멈췄어 / 방문하는 것을 / 그녀를. (visit)

↳ ____________ / ____________ / ____________ .

7. 그녀는 멈췄어 / 사용하는 것을 / 그녀의 전화기를. (phone)

↳ ____________ / ____________ / ____________ .

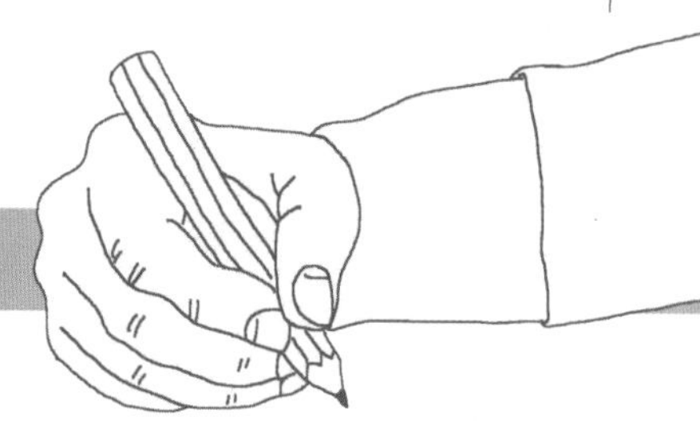

❽ 그들은 멈췄어 / 공격하는 것을 / 우리를. (attack)

↳ / / .

❾ 우리는 멈췄어 / 보는 것을 / TV를. (watch)

↳ / / .

❿ 나는 멈췄어 / 쓰는 것을 / 그 편지를. (write)

↳ / / .

⓫ 그녀는 멈췄어 / 찍는 것을 / 사진들을. (take pictures)

↳ / / .

stop 과거 의문문

⓬ 그는 멈췄니 / 하는 것을 / 그의 숙제를? (homework)

↳ / / ?

⓭ 그녀는 멈췄니 / 먹는 것을 / 그 치즈케이크를? (cheese cake)

↳ / / ?

⓮ 네 오빠는 멈췄니 / 코를 고는 것을 / 어젯밤에? (snore)

↳ / / ?

⓯ 네 누나는 멈췄니 / 요리하는 것을 / 너를 위해? (cook)

↳ / / ?

COMPLETE SENTENCES 완성 문장 확인

완성 문장을 확인해 보세요.

stop 명령문

❶ Stop eating!
그만 먹어!

❷ Stop crying!
그만 울어!

❸ Stop calling me.
나에게 그만 전화해.

❹ Stop looking at my face.
내 얼굴을 그만 쳐다봐.

stop 과거 긍정문

❺ They stopped eating.
그들은 먹는 것을 멈췄어.

❻ I stopped visiting her.
나는 그녀를 방문하는 것을 멈췄어.

❼ She stopped using her phone.
그녀는 그녀의 전화기를 사용하는 것을 멈췄어.

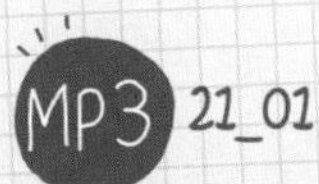

8 They stopped attacking us.
그들은 우리를 공격하는 것을 멈췄어.

9 We stopped watching TV.
우리는 TV를 보는 것을 멈췄어.

10 I stopped writing the letter.
나는 그 편지를 쓰는 것을 멈췄어.

11 She stopped taking pictures.
그녀는 사진들을 찍는 것을 멈췄어.

stop 과거 의문문

12 Did he stop doing his homework?
그는 그의 숙제를 하는 것을 멈췄니?

13 Did she stop eating the cheesecake?
그녀는 그 치즈케이크를 먹는 것을 멈췄니?

14 Did your brother stop snoring last night?
네 오빠는 어젯밤에 코를 고는 것을 멈췄니?

15 Did your sister stop cooking for you?
네 누나는 너를 위해 요리하는 것을 멈췄니?

스피드 손 영작

최대한 빠른 속도로 한 번에 영작해 보세요.

1. 그만 먹어!

→ ______________________________!

2. 그만 울어!

→ ______________________________!

3. 나에게 그만 전화해.

→ ______________________________.

4. 내 얼굴을 그만 쳐다봐.

→ ______________________________.

5. 그들은 먹는 것을 멈췄어.

→ ______________________________.

6. 나는 그녀를 방문하는 것을 멈췄어.

→ ______________________________.

7. 그녀는 그녀의 전화기를 사용하는 것을 멈췄어.

→ ______________________________.

p.226에서 정답을 확인하세요.

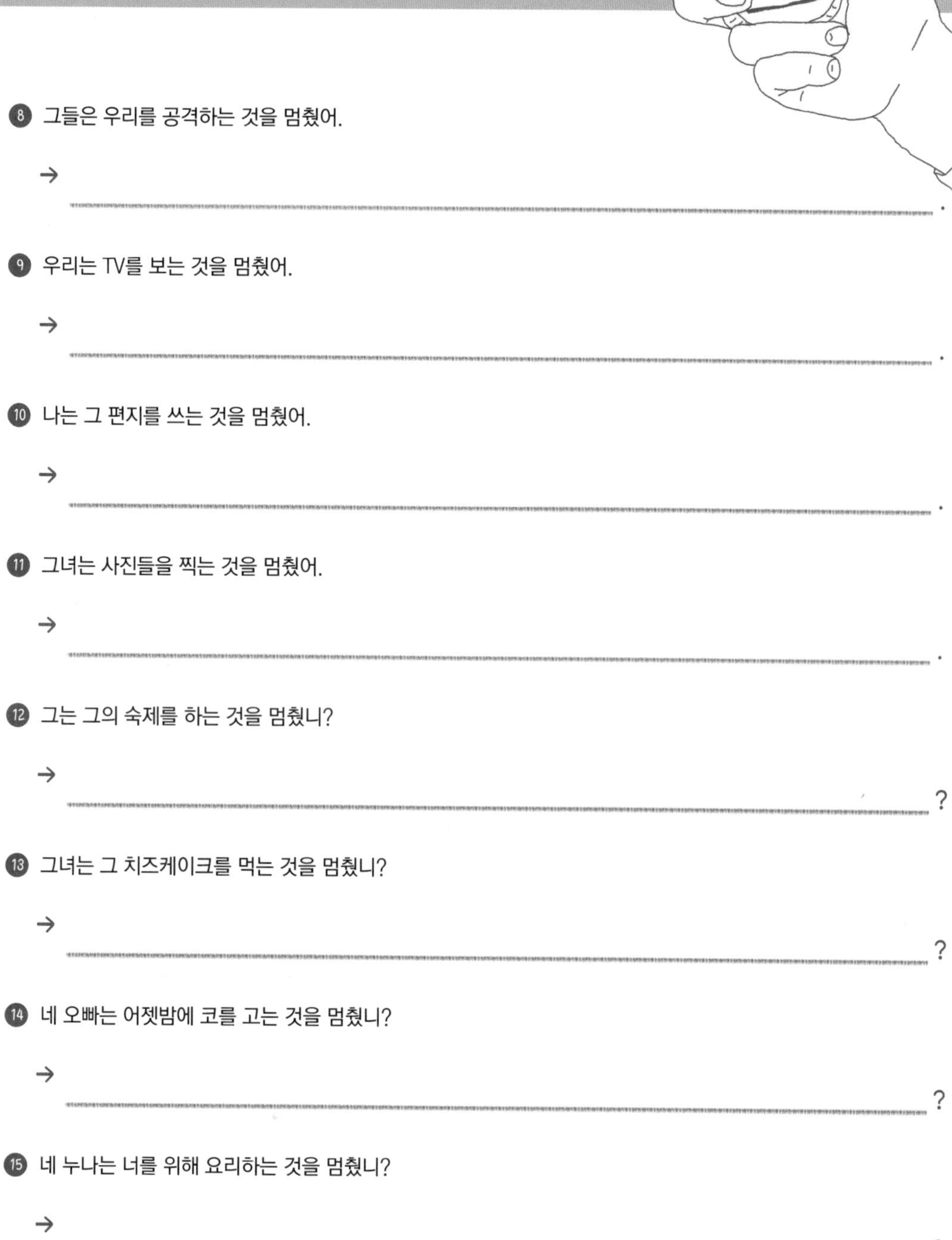

8 그들은 우리를 공격하는 것을 멈췄어.

→ ______________________________.

9 우리는 TV를 보는 것을 멈췄어.

→ ______________________________.

10 나는 그 편지를 쓰는 것을 멈췄어.

→ ______________________________.

11 그녀는 사진들을 찍는 것을 멈췄어.

→ ______________________________.

12 그는 그의 숙제를 하는 것을 멈췄니?

→ ______________________________?

13 그녀는 그 치즈케이크를 먹는 것을 멈췄니?

→ ______________________________?

14 네 오빠는 어젯밤에 코를 고는 것을 멈췄니?

→ ______________________________?

15 네 누나는 너를 위해 요리하는 것을 멈췄니?

→ ______________________________?

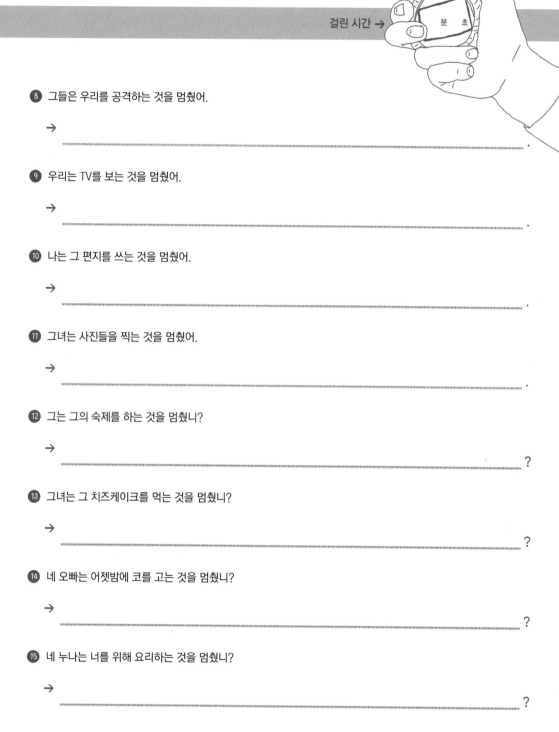

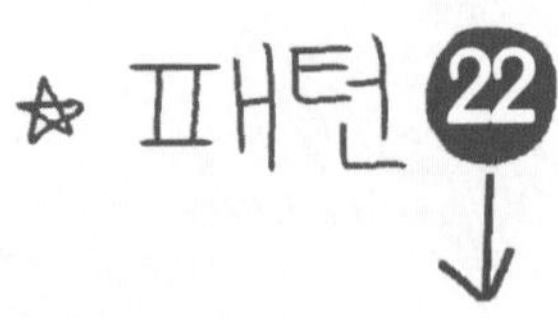

~할 의향이 있어/기꺼이 ~하겠어

be willing to

be willing to는 '~할 의향이 있다' 혹은 '기꺼이 ~하겠다'로 해석이 되며,

to 뒤에는 동사원형이 오게 됩니다.

시제는 be동사에서 바꾸어 주면 됩니다.

예를 들어,

"나는 너를 도와줄 의향이 있어."라고 하려면

"I am willing to help you."라고 표현합니다.

비슷하게,

"나는 기꺼이 그것을 포기하겠어."라고 하려면

"I am willing to give it up."이라고 표현합니다.

또한 의문형으로

"너는 나를 도와줄 의향이 있니?"라고 하려면

be동사를 문장 맨 앞으로 내보내

"Are you willing to help me?"라고 표현합니다.

↳ **I am willing to** / sacrifice.

나는 의향이 있어 / 희생할. → 나는 희생할 의향이 있어.

↳ She **is willing to** / negotiate / with you.

그녀는 의향이 있어 / 협상할 / 당신과. → 그녀는 당신과 협상할 의향이 있어.

↳ **I am** not **willing to** / pay / $500.

나는 의향이 없어 / 지불할 / 500달러를. → 나는 500달러를 지불할 의향이 없어.

↳ **Are** you **willing to** / challenge / me?

너는 의향이 있니 / 도전할 / 나에게? → 너는 나에게 도전할 의향이 있니?

의미 단위 손 영작

의미 단위로 나뉘어져 있는 문장 마디를 보고 Hint 단어를 참고하여 빈칸을 채워 보세요.

p.236 완성 문장 확인에서 정답을 확인하세요.

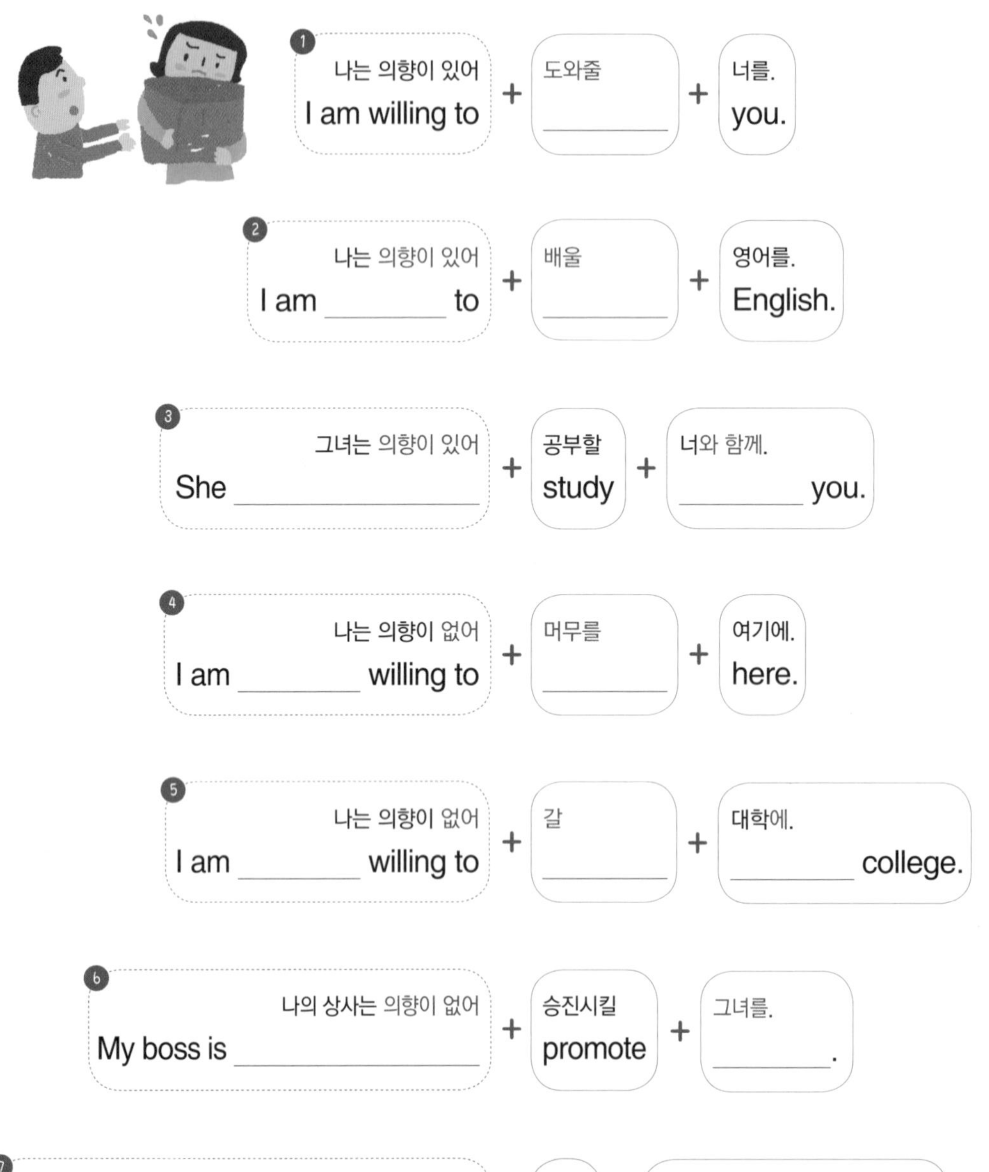

1. 나는 의향이 있어 I am willing to + 도와줄 ________ + 너를. you.

2. 나는 의향이 있어 I am ________ to + 배울 ________ + 영어를. English.

3. 그녀는 의향이 있어 She ________________ + 공부할 study + 너와 함께. ________ you.

4. 나는 의향이 없어 I am ________ willing to + 머무를 ________ + 여기에. here.

5. 나는 의향이 없어 I am ________ willing to + 갈 ________ + 대학에. ________ college.

6. 나의 상사는 의향이 없어 My boss is ________________ + 승진시킬 promote + 그녀를. ________.

7. 나의 어머니는 의향이 없어 My mother is not ________________ + 살 buy + 새 가방을. a ________________.

Hint
돕다 help
배우다 learn
머무르다 stay

8 나는 의향이 있었어 I was ________ + 올 ________ + 그 파티에. to the ________.

9 그녀는 의향이 있었어 She ________ to + 방문할 ________ + 이탈리아를. Italy.

10 그는 의향이 있었어 He ________ to + 이사 갈 move + 서울로. to ________.

11 나의 삼촌은 의향이 있었어 My ________ was willing ________ + 팔 sell + 그의 차를. ________.

12 너는 의향이 있니 Are you ________ + 결혼할 ________ + 나와? me?

13 그녀는 의향이 있니 ________ she ________ to + 걸을 walk + 우리와 함께? ________ us?

14 그들은 의향이 있었니 Were they ________ + 도울 help + 서로를? ________ other?

15 너는 의향이 있었니 ________ you ________ + 볼 watch + 이 영화를? this ________?

Hint
방문하다 visit
삼촌 uncle
결혼하다 marry
영화 movie

어순 손 영작

어순대로 영작해 보세요.

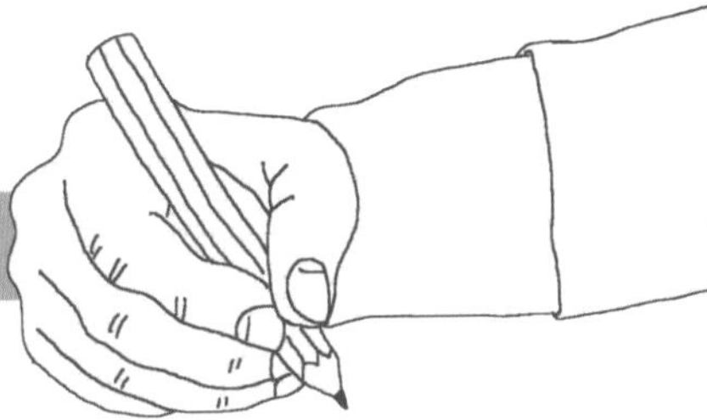

be willing to 긍정문

1. 나는 의향이 있어 / 도와줄 / 너를. (help)

↳ ____ / ____ / ____.

2. 나는 의향이 있어 / 배울 / 영어를. (learn)

↳ ____ / ____ / ____.

3. 그녀는 의향이 있어 / 공부할 / 너와 함께. (study)

↳ ____ / ____ / ____.

be willing to 부정문

4. 나는 의향이 없어 / 머무를 / 여기에. (stay)

↳ ____ / ____ / ____.

5. 나는 의향이 없어 / 갈 / 대학에. (college)

↳ ____ / ____ / ____.

6. 나의 상사는 의향이 없어 / 승진시킬 / 그녀를. (promote)

↳ ____ / ____ / ____.

7. 나의 어머니는 의향이 없어 / 살 / 새 가방을. (buy)

↳ ____ / ____ / ____.

be willing to 과거 긍정문

❽ 나는 의향이 있었어 / 올 / 그 파티에. (party)

↳ / / .

❾ 그녀는 의향이 있었어 / 방문할 / 이탈리아를. (visit)

↳ / / .

❿ 그는 의향이 있었어 / 이사 갈 / 서울로. (move)

↳ / / .

⓫ 나의 삼촌은 의향이 있었어 / 팔 / 그의 차를. (uncle)

↳ / / .

be willing to 의문문

❿ 너는 의향이 있니 / 결혼할 / 나와? (marry)

↳ / / ?

⓫ 그녀는 의향이 있니 / 걸을 / 우리와 함께? (walk)

↳ / / ?

⓬ 그들은 의향이 있었니 / 도울 / 서로를? (each other)

↳ / / ?

⓯ 너는 의향이 있었니 / 볼 / 이 영화를? (watch)

↳ / / ?

COMPLETE SENTENCES 완성 문장 확인

완성 문장을 확인해 보세요.

be willing to 긍정문

❶ I am willing to help you.
나는 너를 도와줄 의향이 있어.

❷ I am willing to learn English.
나는 영어를 배울 의향이 있어.

❸ She is willing to study with you.
그녀는 너와 함께 공부할 의향이 있어.

be willing to 부정문

❹ I am not willing to stay here.
나는 여기에 머무를 의향이 없어.

❺ I am not willing to go to college.
나는 대학에 갈 의향이 없어.

❻ My boss is not willing to promote her.
나의 상사는 그녀를 승진시킬 의향이 없어.

❼ My mother is not willing to buy a new bag.
나의 어머니는 새 가방을 살 의향이 없어.

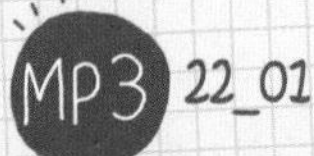

be willing to 과거 긍정문

⑧ I was willing to come to the party.
나는 그 파티에 올 의향이 있었어.

⑨ She was willing to visit Italy.
그녀는 이탈리아를 방문할 의향이 있었어.

⑩ He was willing to move to Seoul.
그는 서울로 이사 갈 의향이 있었어.

⑪ My uncle was willing to sell his car.
나의 삼촌은 그의 차를 팔 의향이 있었어.

be willing to 의문문

⑫ Are you willing to marry me?
너는 나와 결혼할 의향이 있니?

⑬ Is she willing to walk with us?
그녀는 우리와 함께 걸을 의향이 있니?

⑭ Were they willing to help each other?
그들은 서로를 도울 의향이 있었니?

⑮ Were you willing to watch this movie?
너는 이 영화를 볼 의향이 있었니?

스피드 손 영작

최대한 빠른 속도로 한 번에 영작해 보세요.

❶ 나는 너를 도와줄 의향이 있어.

→ ______________________________.

❷ 나는 영어를 배울 의향이 있어.

→ ______________________________.

❸ 그녀는 너와 함께 공부할 의향이 있어.

→ ______________________________.

❹ 나는 여기에 머무를 의향이 없어.

→ ______________________________.

❺ 나는 대학에 갈 의향이 없어.

→ ______________________________.

❻ 나의 상사는 그녀를 승진시킬 의향이 없어.

→ ______________________________.

❼ 나의 어머니는 새 가방을 살 의향이 없어.

→ ______________________________.

p.236에서 정답을 확인하세요.

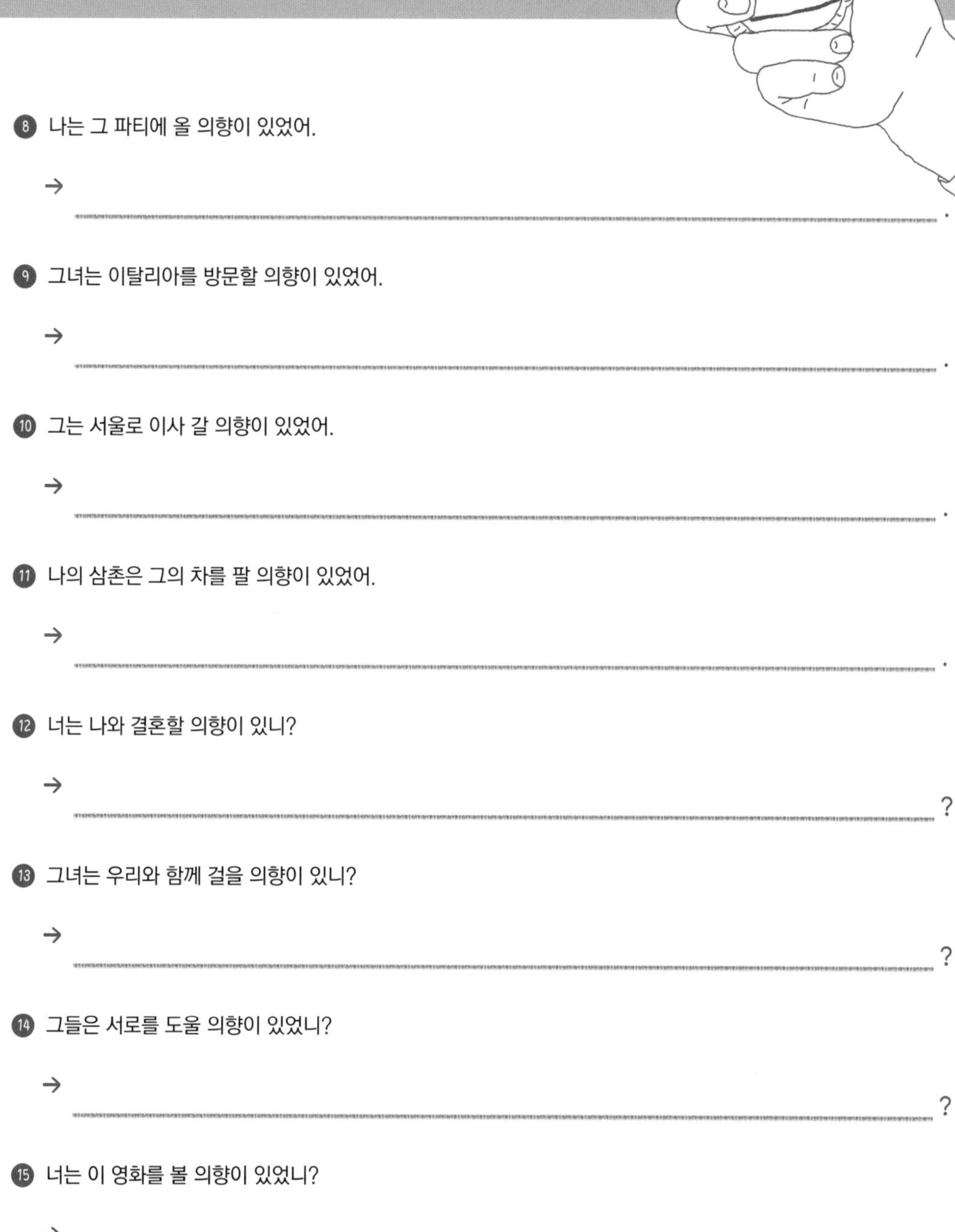

8 나는 그 파티에 올 의향이 있었어.

→ ____.

9 그녀는 이탈리아를 방문할 의향이 있었어.

→ ____.

10 그는 서울로 이사 갈 의향이 있었어.

→ ____.

11 나의 삼촌은 그의 차를 팔 의향이 있었어.

→ ____.

12 너는 나와 결혼할 의향이 있니?

→ ____?

13 그녀는 우리와 함께 걸을 의향이 있니?

→ ____?

14 그들은 서로를 도울 의향이 있었니?

→ ____?

15 너는 이 영화를 볼 의향이 있었니?

→ ____?

☆ 패턴 23

막 ~하려는 참이야

be about to

be about to는 '막 ~하려는 참이다'로 해석이 되며,

to 뒤에는 동사원형이 오게 됩니다.

시제는 be동사에서 바꾸어주면 됩니다.

예를 들어,

"나는 막 떠나려는 참이야."라고 하려면

"I am about to leave."라고 표현합니다.

또한 과거형으로

"나는 막 떠나려던 참이었어."라고 말하려면

be동사를 과거형으로 바꿔서

"I was about to leave."라고 표현합니다.

의문문의 형태로

"너는 막 떠나려는 참이니?"라고 물어보려면

be동사를 문장 맨 앞으로 내보내

"Are you about to leave?"라고 표현하면 됩니다.

↳ **I am about to** run / with her.

나는 막 뛰려는 참이야 / 그녀와 함께. → 나는 막 그녀와 함께 뛰려는 참이야.

↳ **I was about to** go / to school.

나는 막 가려던 참이었어 / 학교에. → 나는 막 학교에 가려던 참이었어.

↳ **Are** you **about to** smoke / a cigarette?

너는 막 피우려는 참이니 / 담배를? → 너는 막 담배를 피우려는 참이니?

↳ **Were** they **about to** leave / here?

그들은 막 떠나려던 참이었니 / 여기를? → 그들은 막 여기를 떠나려던 참이었니?

의미 단위 손 영작

의미 단위로 나뉘어져 있는 문장 마디를 보고 Hint 단어를 참고하여 빈칸을 채워 보세요.

p.246 완성 문장 확인에서 정답을 확인하세요.

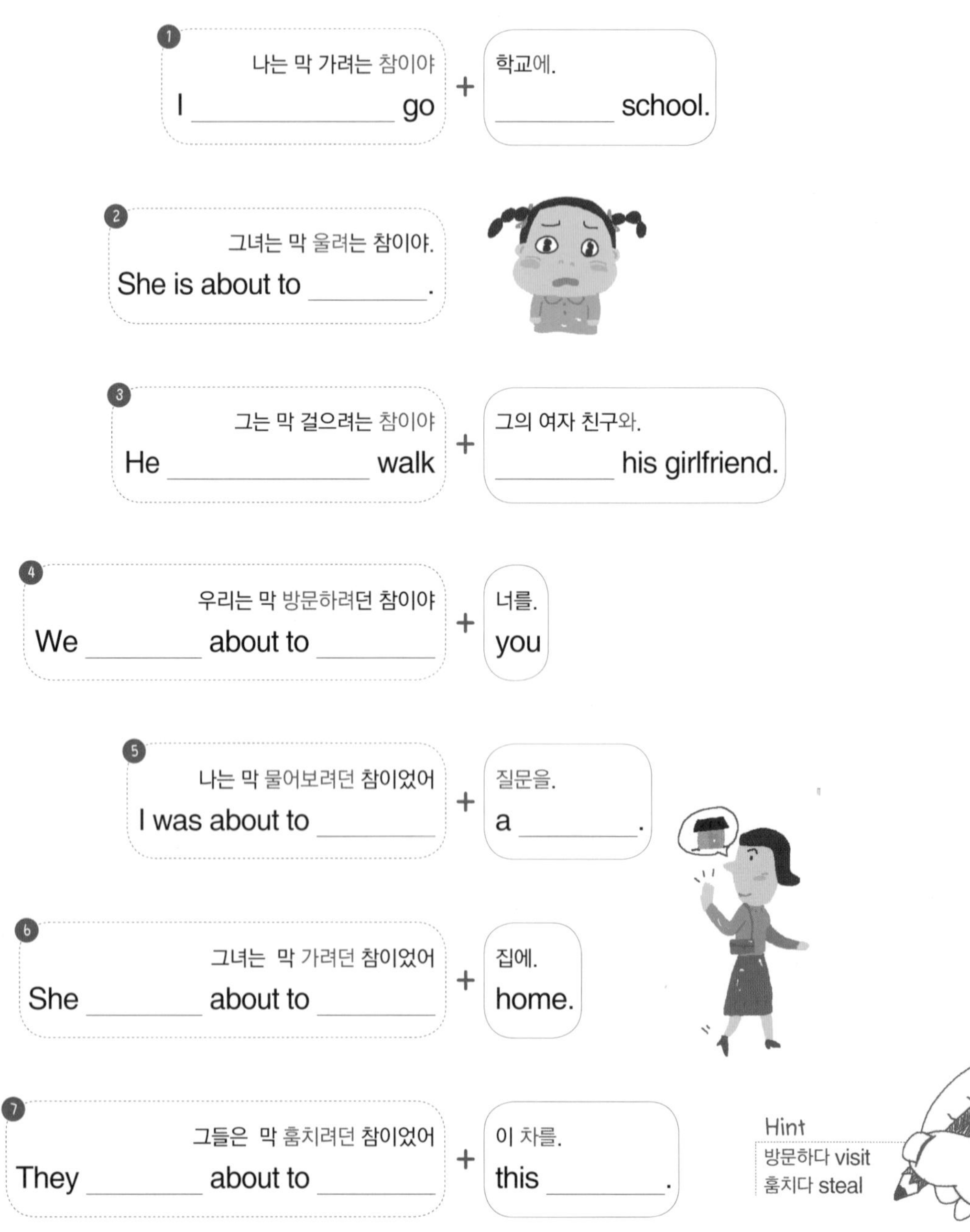

1 나는 막 가려는 참이야 + 학교에.
I ________ go + ____ school.

2 그녀는 막 울려는 참이야.
She is about to ____.

3 그는 막 걸으려는 참이야 + 그의 여자 친구와.
He ________ walk + ____ his girlfriend.

4 우리는 막 방문하려던 참이야 + 너를.
We ____ about to ____ + you

5 나는 막 물어보려던 참이었어 + 질문을.
I was about to ____ + a ____.

6 그녀는 막 가려던 참이었어 + 집에.
She ____ about to ____ + home.

7 그들은 막 훔치려던 참이었어 + 이 차를.
They ____ about to ____ + this ____.

Hint
방문하다 visit
훔치다 steal

8 우리는 막 팔려던 참이었어 + 이 보트를.
We ________ about to ________ + this ________.

9 너는 막 주문할 참이니 + 아메리카노를?
________ you about ____________ + an Americano?

10 그녀는 막 포기할 참이니 + 그녀의 꿈을?
________ she about to ________ up + her ________?

11 그들은 막 해고할 참이니 + 그녀를?
________ they ________ to ________ + her?

12 너는 막 떠나려던 참이었니 + 한국을?
Were you ________ to ________ + Korea?

13 너는 막 끄려던 참이었니 + 이 컴퓨터를?
________ you about to ____________ + this ________?

14 그녀는 막 먹으려던 참이었니 + 점심을?
________ she ____________ have + ________?

15 그는 막 그리려던 참이었니 + 동물을?
________ he ________ to draw + an ________?

Hint
팔다 sell
주문하다 order
포기하다 give up
해고하다 fire
떠나다 leave
끄다 turn off
그리다 draw

어순 손 영작

어순대로 영작해 보세요.

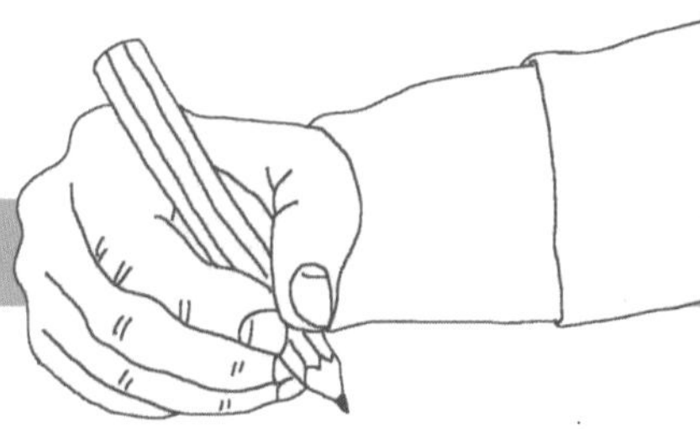

be about to 현재 긍정문

1. 나는 막 가려는 참이야 / 학교에. (go)

↳ / .

2. 그녀는 막 울려는 참이야. (cry)

↳ .

3. 그는 막 걸으려는 참이야 / 그의 여자 친구와. (walk)

↳ / .

4. 우리는 막 방문하려는 참이야 / 너를. (visit)

↳ / .

be about to 과거 긍정문

5. 나는 막 물어보려던 참이었어 / 질문을. (question)

↳ / .

6. 그녀는 막 가려던 참이었어 / 집에. (home)

↳ / .

7. 그들은 막 훔치려던 참이었어 / 이 차를. (steal)

↳ / .

❽ 우리는 막 팔려던 참이었어 / 이 보트를. (sell)

↳ / .

be about to 현재 의문문

❾ 너는 막 주문할 참이니 / 아메리카노를? (order)

↳ / ?

❿ 그녀는 막 포기할 참이니 / 그녀의 꿈을? (give up)

↳ / ?

⓫ 그들은 막 해고할 참이니 / 그녀를? (fire)

↳ / ?

be about to 과거 의문문

⓬ 너는 막 떠나려던 참이었니 / 한국을? (leave)

↳ / ?

⓭ 너는 막 끄려던 참이었니 / 이 컴퓨터를? (turn off)

↳ / ?

⓮ 그녀는 막 먹으려던 참이었니 / 점심을? (lunch)

↳ / ?

⓯ 그는 막 그리려던 참이었니 / 동물을? (draw)

↳ / ?

COMPLETE SENTENCES 완성 문장 확인

완성 문장을 확인해 보세요.

be about to 현재 긍정문

1. I am about to go to school.
   나는 막 학교에 가려는 참이야.
2. She is about to cry.
   그녀는 막 울려는 참이야.
3. He is about to walk with his girlfriend.
   그는 막 그의 여자 친구와 걸으려는 참이야.
4. We are about to visit you.
   우리는 막 너를 방문하려는 참이야.

be about to 과거 긍정문

5. I was about to ask a question.
   나는 막 질문을 하려던 참이었어.
6. She was about to go home.
   그녀는 막 집에 가려던 참이었어.
7. They were about to steal this car.
   그들은 막 이 차를 훔치려던 참이었어.
8. We were about to sell this boat.
   우리는 막 이 보트를 팔려던 참이었어.

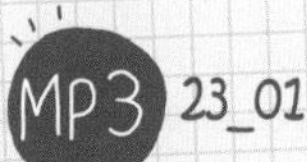

be about to 현재 의문문

9 Are you about to order an Americano?
너는 막 아메리카노를 주문할 참이니?

10 Is she about to give up her dream?
그녀는 막 그녀의 꿈을 포기할 참이니?

11 Are they about to fire her?
그들은 막 그녀를 해고할 참이니?

be about to 과거 의문문

12 Were you about to leave Korea?
너는 막 한국을 떠나려던 참이었니?

13 Were you about to turn off this computer?
너는 막 이 컴퓨터를 끄려던 참이었니?

14 Was she about to have lunch?
그녀는 막 점심을 먹으려던 참이었니?

15 Was he about to draw an animal?
그는 막 동물을 그리려던 참이었니?

스피드 손 영작

최대한 빠른 속도로 한 번에 영작해 보세요.

1. 나는 막 학교에 가려는 참이야.

→ ______________________.

2. 그녀는 막 울려는 참이야.

→ ______________________.

3. 그는 막 그의 여자 친구와 걸으려는 참이야.

→ ______________________.

4. 우리는 막 너를 방문하려던 참이야.

→ ______________________.

5. 나는 막 질문을 하려던 참이었어.

→ ______________________.

6. 그녀는 막 집에 가려던 참이었어.

→ ______________________.

7. 그들은 막 이 차를 훔치려던 참이었어.

→ ______________________.

p.246에서 정답을 확인하세요.

걸린 시간 → 분 초

8 우리는 막 이 보트를 팔려던 참이었어.

→ ____.

9 너는 막 아메리카노를 주문할 참이니?

→ ____?

10 그녀는 막 그녀의 꿈을 포기할 참이니?

→ ____?

11 그들은 막 그녀를 해고할 참이니?

→ ____?

12 너는 막 한국을 떠나려던 참이었니?

→ ____?

13 너는 막 이 컴퓨터를 끄려던 참이었니?

→ ____?

14 그녀는 막 점심을 먹으려던 참이었니?

→ ____?

15 그는 막 동물을 그리려던 참이었니?

→ ____?

☆ 패턴 24

~하는 경향이 있어

tend to

tend to는 '~하는 경향이 있다'로 해석이 됩니다.

tend는 동사이므로 절대로 앞에 be동사를 넣어선 안 됩니다. ☆

흔히 하는 실수이므로 각별히 신경을 써야 합니다.

예를 들어,

"나는 너무 많이 웃는 경향이 있어."라고 하려면

"I tend to laugh too much."라고 하면 됩니다.

"I am tend to laugh too much."(×)라고 해서는 안 되겠죠.

I tend to laugh too much.
ha ha~~

반대로 '~하지 않는 경향이 있다'라고 하려면

to 앞에 not만 붙이면 됩니다.

예를 들어,

"나는 웃지 않는 경향이 있어."라고 하려면

"I tend not to laugh."라고 표현합니다.

tend to와 비슷한 표현으로는 have a tendency to가 있습니다.

이 Unit에서는 tend to에만 집중하겠습니다.

↳ I **tend to** blink / a lot.

나는 눈을 깜박거리는 경향이 있어 / 많이. → 나는 눈을 많이 깜박거리는 경향이 있어.

↳ She **tends to** mumble / when she talks.

그녀는 웅얼거리는 경향이 있어 / 그녀가 말할 때. → 그녀는 그녀가 말할 때 웅얼거리는 경향이 있어.

↳ We **tend to** be shy / in front of others.

우리는 수줍어하는 경향이 있어 / 남들 앞에서. → 우리는 남들 앞에서 수줍어하는 경향이 있어.

↳ Does he **tend to** forget / names?

그는 잊어버리는 경향이 있니 / 이름들을? → 그는 이름들을 잊어버리는 경향이 있니?

의미 단위 손 영작

의미 단위로 나뉘어져 있는 문장 마디를 보고 Hint 단어를 참고하여 빈칸을 채워 보세요.

p.256 완성 문장 확인에서 정답을 확인하세요.

1 나는 거짓말하는 경향이 있어.
I tend to ______________.

2 나는 수줍어하는 경향이 있어.
I ______________ be shy.

3 그녀는 일어나는 경향이 있어 + 일찍.
She ________ to wake ________ + early.

4 그는 말하는 경향이 있어 + 빨리.
He ______________ talk + fast.

5 우리는 걷는 경향이 있어 + 너무 천천히.
We ________ to ________ + too ________.

6 나는 가는 경향이 있어 + 학교에 + 늦게.
I tend to ________ + ________ school + ________.

7 그들은 방어하는 경향이 있어 + 그들 자신을.
They ______________ defend + ________.

Hint
거짓말하다 lie
천천히 slowly
늦게 late

8 나는 울지 않는 경향이 있어.
I tend _______ to _______.

9 나는 일어나지 않는 경향이 있어 + 일찍.
I tend not to _______ + early.

10 그녀는 마시지 않는 경향이 있어 + 커피를.
She _______ drink + _______.

11 그들은 고용하지 않는 경향이 있어 + 남자들을.
They _______ to _______ + _______.

12 내가 말하는 경향이 있니 + 너무 많이?
Do I tend to _______ + _______ much?

13 그녀는 오는 경향이 있니 + 여기에 + 자주?
_______ she tend to _______ + here + _______?

14 그는 먹는 경향이 있니 + 너무 빨리?
_______ he _______ to _______ + _______ fast?

15 너는 까먹는 경향이 있니 + 너의 생일을?
_______ you _______ to _______ + your _______?

Hint
일어나다 wake up
고용하다 hire
잊다 forget

어순 손 영작

어순대로 영작해 보세요.

tend to 긍정문

1. 나는 거짓말하는 경향이 있어. (lie)

↳ .

2. 나는 수줍어하는 경향이 있어. (shy)

↳ .

3. 그녀는 일어나는 경향이 있어 / 일찍. (wake up)

↳ / .

4. 그는 말하는 경향이 있어 / 빨리. (fast)

↳ / .

5. 우리는 걷는 경향이 있어 / 너무 천천히. (slowly)

↳ / .

6. 나는 가는 경향이 있어 / 학교에 / 늦게. (late)

↳ / / .

7. 그들은 방어하는 경향이 있어 / 그들 자신을. (defend)

↳ / .

tend to 부정문

8 나는 울지 않는 경향이 있어. (cry)

↳ .

9 나는 일어나지 않는 경향이 있어 / 일찍. (wake up)

↳ / .

10 그녀는 마시지 않는 경향이 있어 / 커피를. (drink)

↳ / .

11 그들은 고용하지 않는 경향이 있어 / 남자들을. (hire)

↳ / .

tend to 의문문

12 내가 말하는 경향이 있니 / 너무 많이? (much)

↳ / ?

13 그녀는 오는 경향이 있니 / 여기에 / 자주? (often)

↳ / / ?

14 그는 먹는 경향이 있니 / 너무 빨리? (fast)

↳ / ?

15 너는 까먹는 경향이 있니 / 너의 생일을? (forget)

↳ / ?

COMPLETE SENTENCES 완성 문장 확인

완성 문장을 확인해 보세요.

tend to 긍정문

❶ I tend to lie.
나는 거짓말하는 경향이 있어.

❷ I tend to be shy.
나는 수줍어하는 경향이 있어.

❸ She tends to wake up early.
그녀는 일찍 일어나는 경향이 있어.

❹ He tends to talk fast.
그는 빨리 말하는 경향이 있어.

❺ We tend to walk too slowly.
우리는 너무 천천히 걷는 경향이 있어.

❻ I tend to go to school late.
나는 학교에 늦게 가는 경향이 있어.

❼ They tend to defend themselves.
그들은 그들 자신을 방어하는 경향이 있어.

tend to 부정문

8 I tend not to cry.
나는 울지 않는 경향이 있어.

9 I tend not to wake up early.
나는 일찍 일어나지 않는 경향이 있어.

10 She tends not to drink coffee.
그녀는 커피를 마시지 않는 경향이 있어.

11 They tend not to hire men.
그들은 남자들을 고용하지 않는 경향이 있어.

tend to 의문문

12 Do I tend to talk too much?
내가 너무 많이 말하는 경향이 있니?

13 Does she tend to come here often?
그녀는 여기에 자주 오는 경향이 있니?

14 Does he tend to eat too fast?
그는 너무 빨리 먹는 경향이 있니?

15 Do you tend to forget your birthday?
너는 너의 생일을 까먹는 경향이 있니?

스피드 손 영작

최대한 빠른 속도로 한 번에 영작해 보세요.

1. 나는 거짓말하는 경향이 있어.

→ ______________________________.

2. 나는 수줍어하는 경향이 있어.

→ ______________________________.

3. 그녀는 일찍 일어나는 경향이 있어.

→ ______________________________.

4. 그는 빨리 말하는 경향이 있어.

→ ______________________________.

5. 우리는 너무 천천히 걷는 경향이 있어.

→ ______________________________.

6. 나는 학교에 늦게 가는 경향이 있어.

→ ______________________________.

7. 그들은 그들 자신을 방어하는 경향이 있어.

→ ______________________________.

p.256에서 정답을 확인하세요.

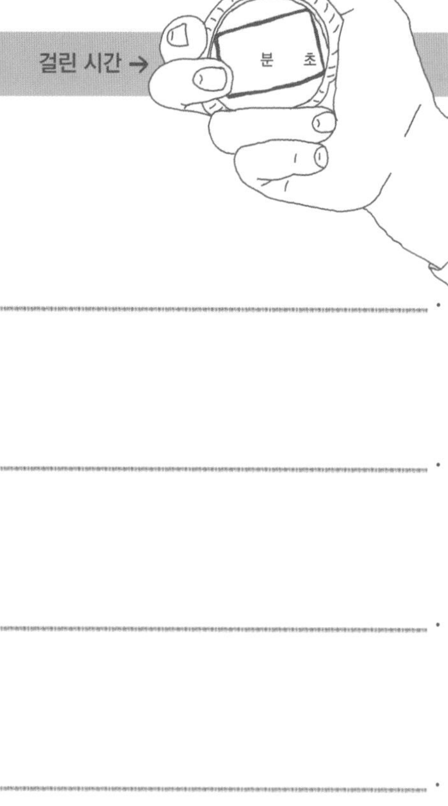

❽ 나는 울지 않는 경향이 있어.

→ .

❾ 나는 일찍 일어나지 않는 경향이 있어.

→ .

❿ 그녀는 커피를 마시지 않는 경향이 있어.

→ .

⓫ 그들은 남자들을 고용하지 않는 경향이 있어.

→ .

⓬ 내가 너무 많이 말하는 경향이 있니?

→ ?

⓭ 그녀는 여기에 자주 오는 경향이 있니?

→ ?

⓮ 그는 너무 빨리 먹는 경향이 있니?

→ ?

⓯ 너는 너의 생일을 까먹는 경향이 있니?

→ ?

✩ 패턴 25 → ~하는 게 좋을 거야

had better

had better는 '~하는 게 좋다'라고 해석되며,

반드시 해야 한다는 '강한 의견 혹은 경고'의 느낌을 담고 있는 표현입니다.

had better 뒤에 곧바로 동사원형이 온다는 데 주의하세요.

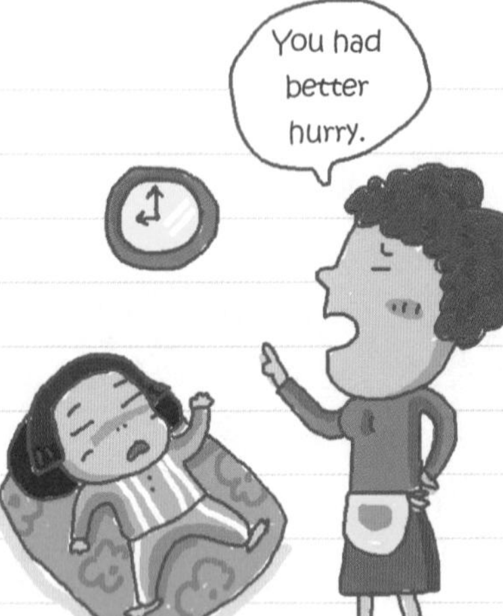

예를 들어,

"너는 서두르는 게 좋을 거야."라고 하려면 "You had better hurry."라고 표현합니다.

반대로 '~하지 않는 게 좋을 거야'라고 말할 때는 동사 바로 앞에 not을 넣어주면 됩니다.

예를 들어,

"너는 내게 전화하지 않는 게 좋을 거야."라고 말하려면 "You had better not call me."라고 하면 됩니다.

또한 일반동사 대신 be동사가 와야 한다면 be동사의 모양은 그대로 be를 유지합니다.

예를 들어,

"그녀가 예쁜 게 좋을 거야."라고 하려면

"She had better is pretty."가 아니라 "She had better be pretty."라고 표현합니다.

구어에서는 had 대신 주어 뒤에 'd로 줄여서 쓰는 경우가 많습니다.

You had better = You'd better

↳ You **had better** / come / here.

너는 좋을 거야 / 오는 게 / 여기로. → 너는 여기로 오는 게 좋을 거야.

↳ You **had better** / show / me / your money.

너는 좋을 거야 / 보여주는 게 / 나에게 / 너의 돈을. → 너는 나에게 너의 돈을 보여주는 게 좋을 거야.

↳ She **had better** / start / exercising.

그녀는 좋을 거야 / 시작하는 게 / 운동하는 것을. → 그녀는 운동하는 것을 시작하는 게 좋을 거야.

↳ We **had better** / work / fast.

우리는 좋을 거야 / 일하는 게 / 빨리. → 우리는 빨리 일하는 게 좋을 거야.

의미 단위 손 영작

의미 단위로 나뉘어져 있는 문장 마디를 보고 Hint 단어를 참고하여 빈칸을 채워 보세요.

p.266 완성 문장 확인에서 정답을 확인하세요.

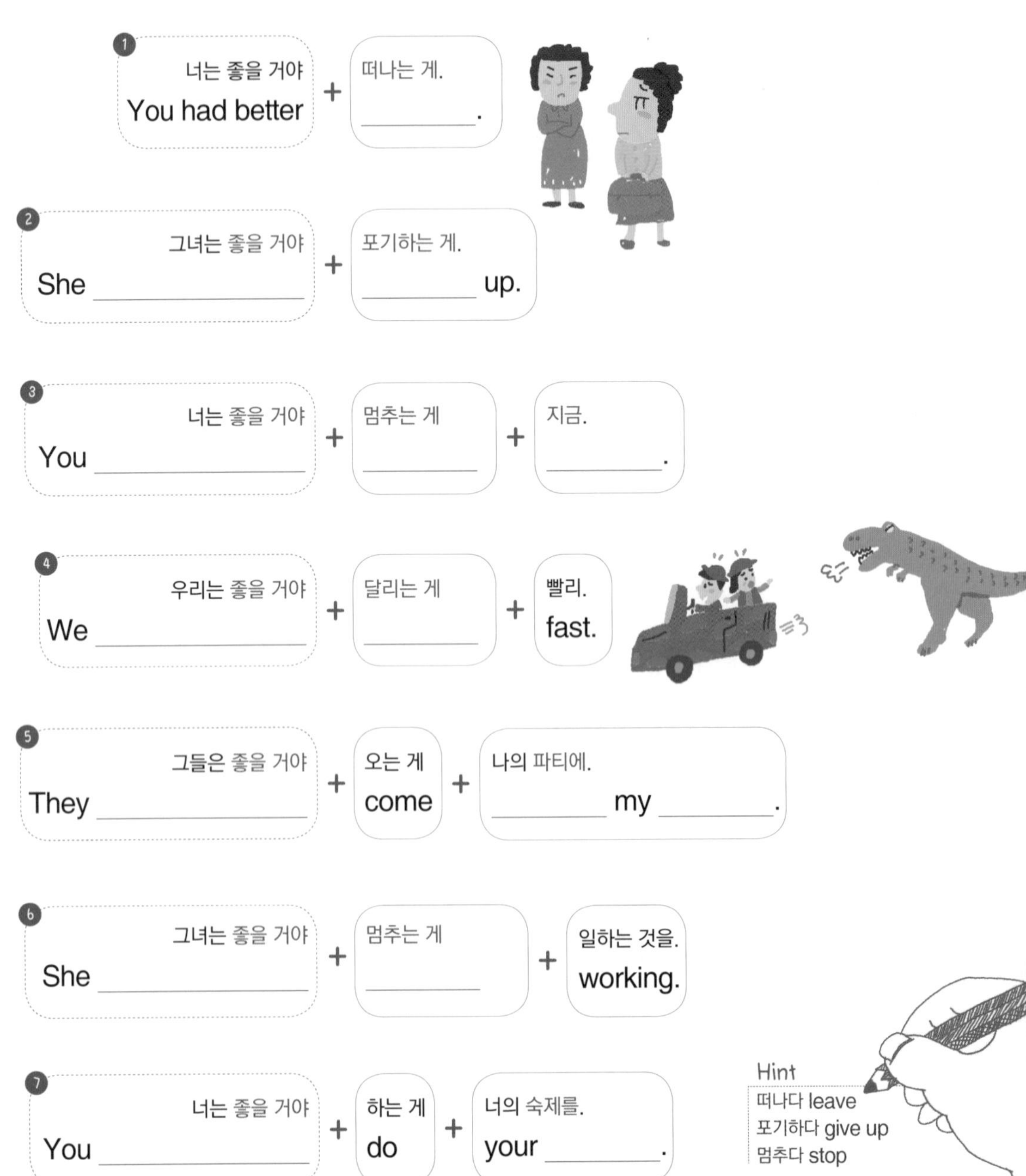

1. 너는 좋을 거야 You had better + 떠나는 게. ________.
2. 그녀는 좋을 거야 She ________ + 포기하는 게. ________ up.
3. 너는 좋을 거야 You ________ + 멈추는 게 ________ + 지금. ________.
4. 우리는 좋을 거야 We ________ + 달리는 게 ________ + 빨리. fast.
5. 그들은 좋을 거야 They ________ + 오는 게 come + 나의 파티에. ________ my ________.
6. 그녀는 좋을 거야 She ________ + 멈추는 게 ________ + 일하는 것을. working.
7. 너는 좋을 거야 You ________ + 하는 게 do + 너의 숙제를. your ________.

Hint
떠나다 leave
포기하다 give up
멈추다 stop

8 나의 상사는 좋을 거야 ______ had better + 멈추는 게 ______. + 전화하는 것을 calling + 내게. me.

9 너는 좋을 거야 You ______ + 끝마치는 게 ______ + 이 에세이를. this ______.

10 너는 좋을 거야 You ______ + 사용하지 않는 게 ______ use + 내 카메라를. my ______.

11 그들은 좋을 거야 They ______ + 해고시키지 않는 게 not ______ + 나를. me.

12 그녀는 좋을 거야 She ______ + 만족해하는 게. be ______.

13 이 차는 좋을 거야 This ______ had ______ + 빠른 게. be ______.

14 우리는 좋을 거야 We ______ + 늦지 않는 게. ______ be ______.

15 이 차는 좋을 거야 ______ had better + 느리지 않는 게. ______ slow.

Hint
상사 boss
카메라 carmera
해고하다 fire
만족해하는 satisfied
늦은 late

어순 손 영작

어순대로 영작해 보세요.

had better + 일반동사 긍정문

1. 너는 좋을 거야 / 떠나는 게. (leave)

↳ / .

2. 그녀는 좋을 거야 / 포기하는 게. (give up)

↳ / .

3. 너는 좋을 거야 / 멈추는 게 / 지금. (stop)

↳ / / .

4. 우리는 좋을 거야 / 달리는 게 / 빨리. (fast)

↳ / / .

5. 그들은 좋을 거야 / 오는 게 / 나의 파티에. (party)

↳ / / .

6. 그녀는 좋을 거야 / 멈추는 게 / 일하는 것을. (work)

↳ / / .

7. 너는 좋을 거야 / 하는 게 / 너의 숙제를. (homework)

↳ / / .

8. 나의 상사는 좋을 거야 / 멈추는 게 / 전화하는 것을 / 내게. (boss)

↳ / / / .

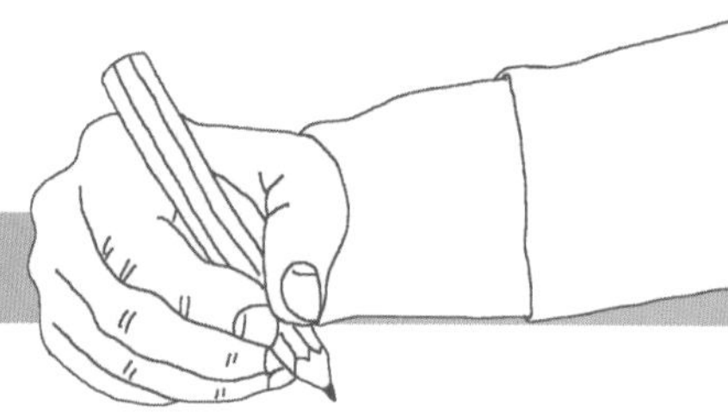

❾ 너는 좋을 거야 / 끝마치는 게 / 이 에세이를. (essay)

↳ / / .

had better + 일반동사 부정문

❿ 너는 좋을 거야 / 사용하지 않는 게 / 내 카메라를. (use)

↳ / / .

⓫ 그들은 좋을 거야 / 해고시키지 않는 게 / 나를. (fire)

↳ / / .

had better + be동사 긍정문

⓬ 그녀는 좋을 거야 / 만족해하는 게. (satisfied)

↳ / .

⓭ 이 차는 좋을 거야 / 빠른 게. (fast)

↳ / .

had better + be동사 부정문

⓮ 우리는 좋을 거야 / 늦지 않는 게. (late)

↳ / .

⓯ 이 차는 좋을 거야 / 느리지 않는 게. (slow)

↳ / .

COMPLETE SENTENCES 완성 문장 확인

완성 문장을 확인해 보세요.

had better + 일반동사 긍정문

❶ You had better leave.
너는 떠나는 게 좋을 거야.

❷ She had better give up.
그녀는 포기하는 게 좋을 거야.

❸ You had better stop now.
너는 지금 멈추는 게 좋을 거야.

❹ We had better run fast.
우리는 빨리 달리는 게 좋을 거야.

❺ They had better come to my party.
그들은 나의 파티에 오는 게 좋을 거야.

❻ She had better stop working.
그녀는 일하는 것을 멈추는 게 좋을 거야.

❼ You had better do your homework.
너는 너의 숙제를 하는 게 좋을 거야.

❽ My boss had better stop calling me.
나의 상사는 내게 전화하는 것을 멈추는 게 좋을 거야.

❾ You had better finish this essay.
너는 이 에세이를 끝마치는 게 좋을 거야.

had better + 일반동사 부정문

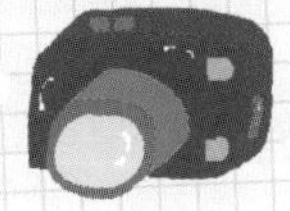

⑩ You had better not use my camera.
너는 내 카메라를 사용하지 않는 게 좋을 거야.

⑪ They had better not fire me.
그들은 나를 해고시키지 않는 게 좋을 거야.

had better + be동사 긍정문

⑫ She had better be satisfied.
그녀는 만족해하는 게 좋을 거야.

⑬ This car had better be fast.
이 차는 빠른 게 좋을 거야.

had better + be동사 부정문

⑭ We had better not be late.
우리는 늦지 않는 게 좋을 거야.

⑮ This car had better not be slow.
이 차는 느리지 않는 게 좋을 거야.

스피드 손 영작

최대한 빠른 속도로 한 번에 영작해 보세요.

1. 너는 떠나는 게 좋을 거야.

→ ______________________________.

2. 그녀는 포기하는 게 좋을 거야.

→ ______________________________.

3. 너는 지금 멈추는 게 좋을 거야.

→ ______________________________.

4. 우리는 빨리 달리는 게 좋을 거야.

→ ______________________________.

5. 그들은 나의 파티에 오는 게 좋을 거야.

→ ______________________________.

6. 그녀는 일하는 것을 멈추는 게 좋을 거야.

→ ______________________________.

7. 너는 너의 숙제를 하는 게 좋을 거야.

→ ______________________________.

p.266에서 정답을 확인하세요.

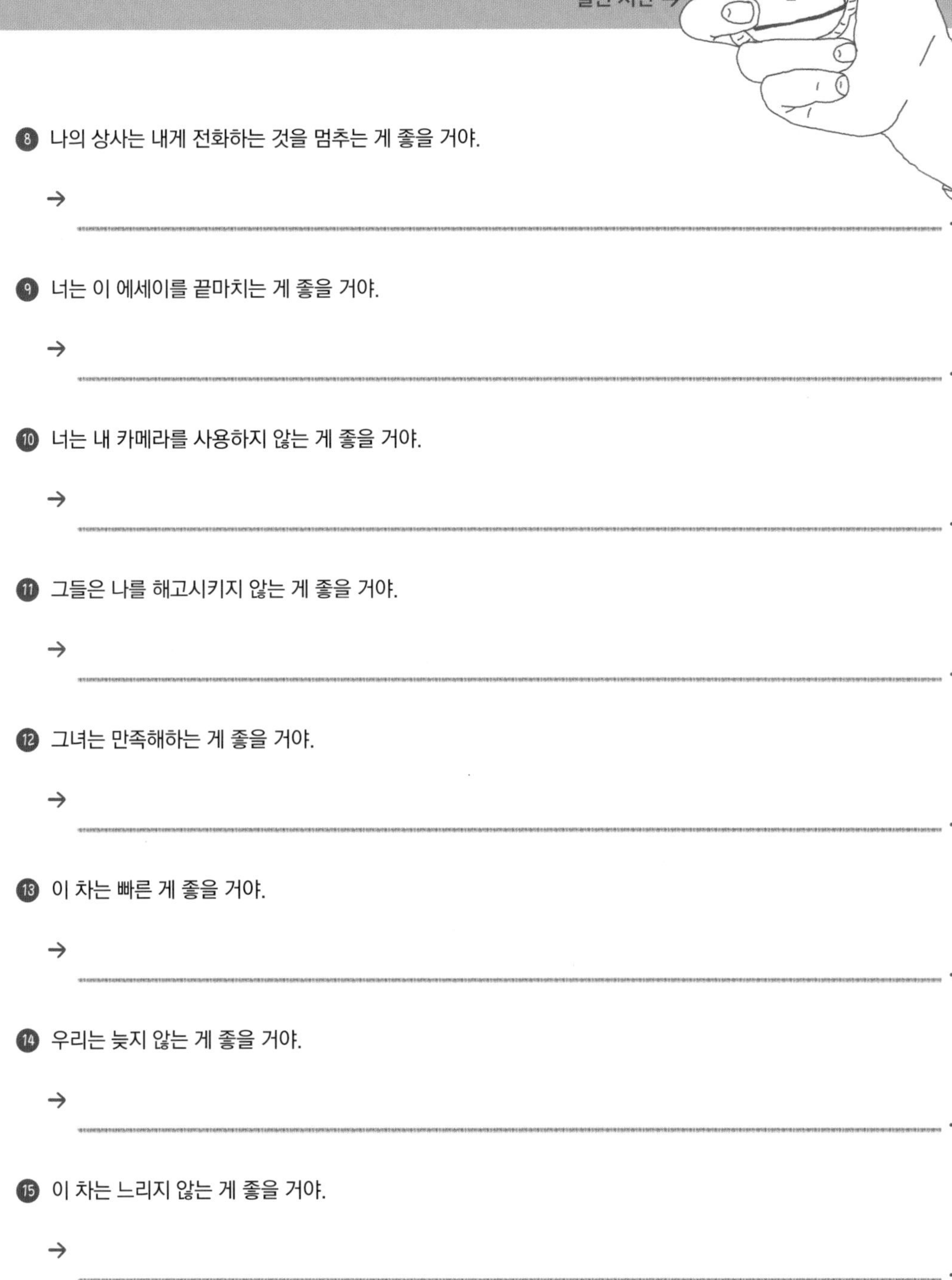

걸린 시간 →

8 나의 상사는 내게 전화하는 것을 멈추는 게 좋을 거야.

→ ______________________________.

9 너는 이 에세이를 끝마치는 게 좋을 거야.

→ ______________________________.

10 너는 내 카메라를 사용하지 않는 게 좋을 거야.

→ ______________________________.

11 그들은 나를 해고시키지 않는 게 좋을 거야.

→ ______________________________.

12 그녀는 만족해하는 게 좋을 거야.

→ ______________________________.

13 이 차는 빠른 게 좋을 거야.

→ ______________________________.

14 우리는 늦지 않는 게 좋을 거야.

→ ______________________________.

15 이 차는 느리지 않는 게 좋을 거야.

→ ______________________________.

영어 낭독 훈련 실천 다이어리

박광희 • 캐나다 교사 영낭훈 연구팀 저 I 400쪽(3권 합본) I 18,000원 I MP3 CD 1

영어로 유창하게 말하고 싶다면
지금 당장 하루 20분 영어 낭독 훈련을 시작하라!

한국적 상황에서 영어 말하기를 가장 잘할 수 있는 학습법인 '영어 낭독 훈련'을 소개하여 영어 교육계에 '영낭훈' 열풍을 몰고 온 책, 〈영어 낭독 훈련에 답이 있다〉의 [실천편]이 나왔다. '영어 낭독 훈련'의 효과와 필요성을 공감하게 된 수많은 독자들이 '하루 20분 100일' 동안 실천할 수 있는 〈영어 낭독 훈련에 답이 있다〉의 후속 교재를 출간해 줄 수 없겠느냐는 요구를 보내왔고, 이 책은 바로 이러한 독자들의 호응과 진지한 제안 속에서 탄생하게 되었다. 영어 낭독 훈련 실천 다이어리는 수준별 3단계로 구성되어 있어 누구나 쉽게 낭독 훈련에 도전할 수 있게 해준다. Picture Telling(사진 보고 설명하기) 20편, Tale Telling(동화 읽기) 15편, Novel Telling(소설 읽기) 15편이 각 권으로 분리되어 있어 휴대 학습이 가능하며 예쁜 삽화가 곁들여져 있어 스토리북을 읽듯 부담 없이 100일간의 영어 낭독 훈련을 완주할 수 있도록 돕고 있다. 전문 성우의 정확한 발음과 끊어 읽기로 녹음된 MP3 CD가 부록으로 제공되며 사람in 홈페이지(www.saramin.com)에서 무료 다운로드도 가능하다. 아울러 훈련용 보너스 트랙, Listen&Repeat도 추가로 다운로드 받을 수 있다. 더도 말고 덜도 말고 '하루 20분씩 100일' 동안만 '영낭훈'에 시간을 투자해 보라. 100일 후 굳이 평가나 테스트를 받아보지 않더라도 달라진 자신의 스피킹 실력에 스스로가 놀라게 될 것이다.

MP3 하나! – 낭독 스크립트의 오리지널 음원

MP3 둘! – 훈련용 보너스 트랙, Listen & Repeat

MP3 셋! – 훈련용 보너스 트랙, Listen & Repeat 포즈 없는 버전

❶ Picture Tell [사진 보고 설명하기] | ❷ Tale Tell [동화 요약해서 말하기] | ❸ Novel Tell [소설 요약해서 말하기] | ❹ Solomon Tell [주제별 잠언 말하기] | ❺ Topic Tell [주어진 주제에 대해 의견 말하기] | ❻ Vegas Tell Ⅰ [라스베이거스 체험 여행 프레젠테이션 – Easy Version] | ❼ Vegas Tell Ⅱ [라스베이거스 체험 여행 프레젠테이션 – High Version]

영어 낭독 훈련 Show&Tell 시리즈

박광희 · 캐나다 교사 영낭훈 연구팀 지음

각 권 16,000원(본책+코치매뉴얼+세 가지 속도로 녹음된 MP3파일 다운로드)

〈영어 낭독 훈련 실천 다이어리〉에 이어 〈Show&Tell 시리즈〉가 본격적인 낭독 훈련의 세계로 안내합니다

〈Show&Tell 시리즈〉는 흥미를 잃지 않고 장기간 영어 낭독 훈련을 지속할 수 있도록 내용별, 수준별 총 7권으로 구성된 본격 영어 낭독 훈련 프로그램입니다.

사진, 동화, 소설, 주제별 잠언, 라스베이거스 체험 여행 등 다양한 자료들로 구성된 〈Show&Tell 시리즈〉는 낭독 훈련에서 시작하여 암송으로까지 이어질 수 있게 해주며, 낭독한 내용을 응용하여 실제 커뮤니케이션에 활용할 수 있는 능력을 키워 줍니다. 나홀로 낭독 훈련에 도전하시는 분들은 물론 학교나 학원에서도 활용하기 용이하도록 Coach's Manual이 별도로 포함되어 있습니다.

패턴 1~25

손으로 영작하며 문장 깨우치기

〈영어회화 입영작 훈련〉 시리즈는 머리에만 머물러 있었던 '지식(어휘/문법)'을

손 영작과 입 영작을 통해 '하는 영어'로 바꾸어 주는 스피킹 훈련입니다.

손으로 여러 번 써봐야 비로소 **내 것이 된다!**

의미 단위 손 영작 의미 단위로 끊어서 빈칸을 채워 손으로 영작해 봅시다.

↓

어순 손 영작 전체 문장을 어순대로 영작해 봅시다.

↓

완성 문장 확인 의미 단위 손 영작과 어순 손 영작에서 영작해 본 문장들의 정답 문장들을 확인해 봅시다.

↓

스피드 손 영작 앞서 확인한 완성 문장들을 최대한 빠른 속도로 써 보면서 학습한 문장들을 숙지하고 있는지 최종적으로 확인하는 순서입니다.

ISBN 978-89-6049-971-3 14740
978-89-6049-401-5 (세트)

필수 패턴 100 영어회화 입영작 훈련

손으로 깨우친 문장 입으로 영작하기

패턴 1~25

마스터유진 지음

OUT PUT

사람in
saram in.com

영어회화 입영작 훈련

필수 패턴 100

패턴 1~25

손으로 깨우친 문장 입으로 영작하기

2단계 OUTPUT 손으로 깨우친 문장 **입**으로 **영작**하기

패턴 1 be동사+-ing ~하고 있어 04
패턴 2 현재형 동사 do ~하다 09
패턴 3 have been -ing ~해오고 있어 14
패턴 4 have p.p.~해 본 적이 있어 19
패턴 5 was/were going to ~하려고 했어 24
패턴 6 used to ~하곤 했어 29
패턴 7 -ing ~하는 것/~하기 34
패턴 8 to+동사원형 ~하기 위해/~하도록 39
패턴 9 look+형용사 ~해 보여 44
패턴 10 형용사+enough 충분히 ~한 49
패턴 11 possibly 어쩌면/혹시 54
패턴 12 never 절대로 아닌 59
패턴 13 because vs. because of ~이기 때문에 vs. ~ 때문에 64
패턴 14 be trying to ~하려 하고 있어 69
패턴 15 help+목적어+동사원형 …가 ~하는 것을 도와주다 74
패턴 16 help A with B A를 B와 관련해 도와주다 79
패턴 17 비교급 형용사+than …보다 더 ~한 84
패턴 18 the+최상급 형용사 가장 ~한 89
패턴 19 A is as 형용사 as B A는 B만큼이나 ~해 94
패턴 20 keep -ing 계속 ~해 99
패턴 21 stop -ing 그만 ~하다/~하는 것을 멈추다 104
패턴 22 be willing to ~할 의향이 있어/기꺼이 ~하겠어 109
패턴 23 be about to 막 ~하려는 참이야 114
패턴 24 tend to ~하는 경향이 있어 119
패턴 25 had better ~하는 게 좋을 거야 124

손으로 깨우친 문장 입으로 영작하기

~하고 있어
be동사 + -ing

의미단위 입영작

이번에는 빈칸 부분을 채워서 말해 보세요.

1 그는 먹고 있어 + 아이스크림을. | He is _____ an ice cream.

2 나는 운전하고 있어 + 이 자동차를. | I am _____ this _____.

3 그가 부르고 있어 + 나의 노래를. | He is _____ my _____.

4 그들은 도와주고 있지 않아 + 나를. | They _____ not _____ me.

5 그녀는 공부하고 있지 않아 + 영어를 + 지금. | She _____ not _____ English _____.

6 비가 오고 있지 않아 + 지금은. | It is not _____ now.

7 나는 달리고 있었어 + 그녀와 함께. | I was _____ _____ her.

8 나는 공부하고 있었어 + 프랑스어를. | I _____ studying French.

9 그녀는 마시고 있었어 + 커피를. | She __________ coffee.

10 우리는 춤추고 있었어 + 그들과 함께. | We __________ with _____.

11 그녀는 공부하고 있니 + 한국어를? | Is she _____ Korean?

12 너는 먹고 있니 + 치킨을? | _____ you _____ chicken?

13 너는 여전히 공부하고 있니 + 일본어를? | _____ you _____ studying _____?

14 너는 하고 있었니 + 너의 숙제를? | Were __________ your _____?

15 그녀는 마시고 있었니 + 물을? | _____ she _____ water?

어순 입 영작

어순대로 우리말 부분을 입으로 영작해 보세요.

1. 그는 먹고 있어 / 아이스크림을. ____________ / ________.
2. 나는 운전하고 있어 / 이 자동차를. ____________ / ________.
3. 그가 부르고 있어 / 나의 노래를. ____________ / ________.
4. 그들은 도와주고 있지 않아 / 나를. ____________ / ________.
5. 그녀는 공부하고 있지 않아 / 영어를 / 지금. ____________ / ________ / ________.
6. 비가 오고 있지 않아 / 지금은. ____________ / ________.
7. 나는 달리고 있었어 / 그녀와 함께. ____________ / ________.
8. 나는 공부하고 있었어 / 프랑스어를. ____________ / ________.
9. 그녀는 마시고 있었어 / 커피를. ____________ / ________.
10. 우리는 춤추고 있었어 / 그들과 함께. ____________ / ________.
11. 그녀는 공부하고 있니 / 한국어를? ____________ / ________?
12. 너는 먹고 있니 / 치킨을? ____________ / ________?
13. 너는 여전히 공부하고 있니 / 일본어를? ____________ / ________?
14. 너는 하고 있었니 / 너의 숙제를? ____________ / ________?
15. 그녀는 마시고 있었니 / 물을? ____________ / ________?

COMPLETE SENTENCES 완성 문장 낭독 훈련

이번에는 완성 문장을 잘 듣고 10회 이상 낭독 훈련해 보세요.

낭독 훈련 횟수 체크

1 그는 먹고 있어 / 아이스크림을.
He is eating / an ice cream.

5회 10회

2 나는 운전하고 있어 / 이 자동차를.
I am driving / this car.

3 그가 부르고 있어 / 나의 노래를.
He is singing / my song.

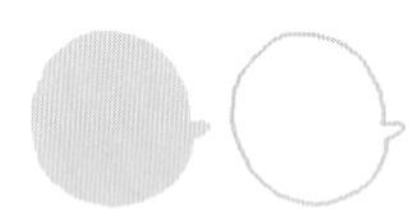

4 그들은 도와주고 있지 않아 / 나를.
They are not helping / me.

5 그녀는 공부하고 있지 않아 / 영어를 / 지금.
She is not studying / English / now.

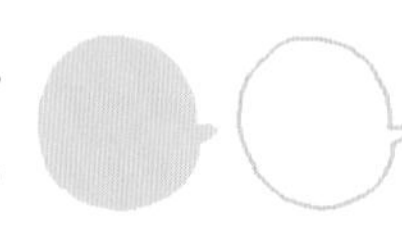

6 비가 오고 있지 않아 / 지금은.
It is not raining / now.

7 나는 달리고 있었어 / 그녀와 함께.
I was running / with her.

⑧ 나는 공부하고 있었어 / 프랑스어를.
I was studying / French.

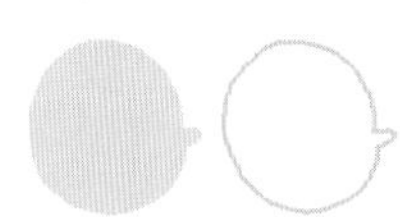

⑨ 그녀는 마시고 있었어 / 커피를.
She was drinking / coffee.

⑩ 우리는 춤추고 있었어 / 그들과 함께.
We were dancing / with them.

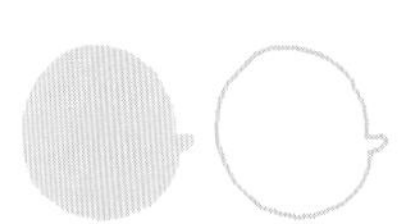

⑪ 그녀는 공부하고 있니 / 한국어를?
Is she studying / Korean?

⑫ 너는 먹고 있니 / 치킨을?
Are you eating / chicken?

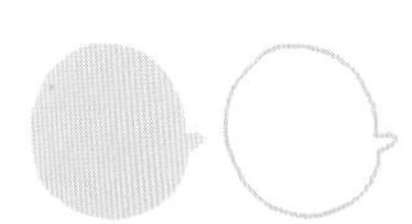

⑬ 너는 여전히 공부하고 있니 / 일본어를?
Are you still studying / Japanese?

⑭ 너는 하고 있었니 / 너의 숙제를?
Were you doing / your homework?

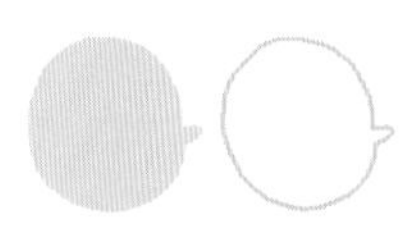

⑮ 그녀는 마시고 있었니 / 물을?
Was she drinking / water?

스피드 입 영작

한글 해석을 보고 0.5초 내로 한번에 입 영작하세요.

완성도 체크 100%

① 그는 아이스크림을 먹고 있어.	30%	→	50%	→	100%
② 나는 이 자동차를 운전하고 있어.	30%	→	50%	→	100%
③ 그가 나의 노래를 부르고 있어.	30%	→	50%	→	100%
④ 그들은 나를 도와주고 있지 않아.	30%	→	50%	→	100%
⑤ 그녀는 지금 영어를 공부하고 있지 않아.	30%	→	50%	→	100%
⑥ 지금은 비가 오고 있지 않아.	30%	→	50%	→	100%
⑦ 나는 그녀와 함께 달리고 있었어.	30%	→	50%	→	100%
⑧ 나는 프랑스어를 공부하고 있었어.	30%	→	50%	→	100%
⑨ 그녀는 커피를 마시고 있었어.	30%	→	50%	→	100%
⑩ 우리는 그들과 함께 춤추고 있었어.	30%	→	50%	→	100%
⑪ 그녀는 한국어를 공부하고 있니?	30%	→	50%	→	100%
⑫ 너는 치킨을 먹고 있니?	30%	→	50%	→	100%
⑬ 너는 여전히 일본어를 공부하고 있니?	30%	→	50%	→	100%
⑭ 너는 너의 숙제를 하고 있었니?	30%	→	50%	→	100%
⑮ 그녀는 물을 마시고 있었니?	30%	→	50%	→	100%

녹음하여
'완성 문장 낭독 훈련'과
비교하세요.

~하다
현재형 동사 do

의미단위 입영작

이번에는 빈칸 부분을 채워서 말해 보세요.

1. 나는 일해 + 준희와 함께. — I _____ _____ Junhee.
2. 나는 달려 + 매일. — I _____ every day.
3. 그녀는 공부해 + 한국어를. — She _____ _____.
4. 우리는 좋아해 + 한국 음식을. — We _____ _____ food.
5. 남자들은 좋아하지 않아 + 단 음식을. — __________ like _____ food.
6. 그녀는 사랑하지 않아 + James를. — She __________ love _____.
7. 나는 마시지 않아 + 콜라를. — I __________ coke.
8. 그들은 쓰지 않아 + 안경을. — They __________ glasses.
9. 너는 좋아하니 + 치킨을? — _____ you _____ chicken?
10. 너는 운동하니 + 매일 아침? — Do __________ every _____?
11. 그는 사용하니 + 휴대폰을? — _____ he _____ a cell _____?
12. 가르쳐줘 + 나에게 + 수학을. — _____ me _____.
13. 끝내 + 너의 에세이를 + 오늘. — _____ your _____ _____.
14. 건들지 마 + 나를. — Do not _____ _____.
15. 묻지 마 + 나에게 + 그에 대해서. — __________ ask me _____ him.

어순 입 영작

어순대로 우리말 부분을 입으로 영작해 보세요.

1. 나는 일해 / 준희와 함께. ______________ / ________.
2. 나는 달려 / 매일. ______________ / ________.
3. 그녀는 공부해 / 한국어를. ______________ / ________.
4. 우리는 좋아해 / 한국 음식을. ______________ / ________.
5. 남자들은 좋아하지 않아 / 단 음식을. ______________ / ________.
6. 그녀는 사랑하지 않아 / James를. ______________ / ________.
7. 나는 마시지 않아 / 콜라를. ______________ / ________.
8. 그들은 쓰지 않아 / 안경을. ______________ / ________.
9. 너는 좋아하니 / 치킨을? ______________ / ________?
10. 너는 운동하니 / 매일 아침? ______________ / ________?
11. 그는 사용하니 / 휴대폰을? ______________ / ________?
12. 가르쳐줘 / 나에게 / 수학을. ______________ / ________ / ________.
13. 끝내 / 너의 에세이를 / 오늘. ______________ / ________ / ________.
14. 건들지 마 / 나를. ______________ / ________.
15. 묻지 마 / 나에게 / 그에 대해서. ______________ / ________ / ________.

COMPLETE SENTENCES 완성 문장 낭독 훈련

이번에는 완성 문장을 잘 듣고
10회 이상 낭독 훈련해 보세요.

낭독 훈련 횟수 체크

1 나는 일해 / 준희와 함께.
I work / with Junhee.

2 나는 달려 / 매일.
I run / every day.

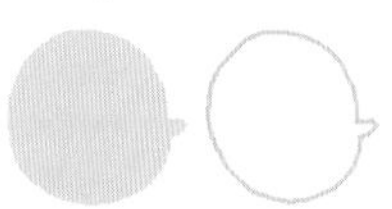

3 그녀는 공부해 / 한국어를.
She studies / Korean.

4 우리는 좋아해 / 한국 음식을.
We like / Korean food.

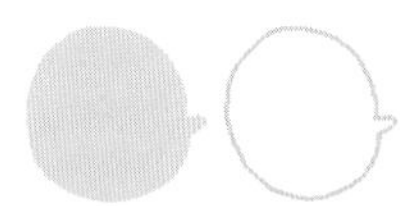

5 남자들은 좋아하지 않아 / 단 음식을.
Men do not like / sweet food.

6 그녀는 사랑하지 않아 / James를.
She does not love / James.

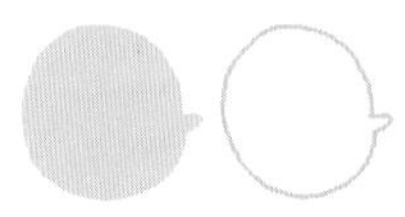

7 나는 마시지 않아 / 콜라를.
I do not drink / coke.

⑧ 그들은 쓰지 않아 / 안경을.

They do not wear / glasses.

⑨ 너는 좋아하니 / 치킨을?

Do you like / chicken?

⑩ 너는 운동하니 / 매일 아침?

Do you exercise / every morning?

⑪ 그는 사용하니 / 휴대폰을?

Does he use / a cell phone?

⑫ 가르쳐줘 / 나에게 / 수학을.

Teach / me / math.

⑬ 끝내 / 너의 에세이를 / 오늘.

Finish / your essay / today.

⑭ 건들지 마 / 나를.

Do not touch / me.

⑮ 묻지 마 / 나에게 / 그에 대해서.

Do not ask / me / about him.

스피드 입영작

한글 해석을 보고 0.5초 내로 한번에 입 영작하세요.

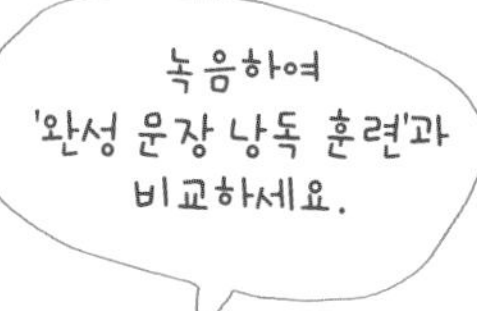

완성도 체크 100%

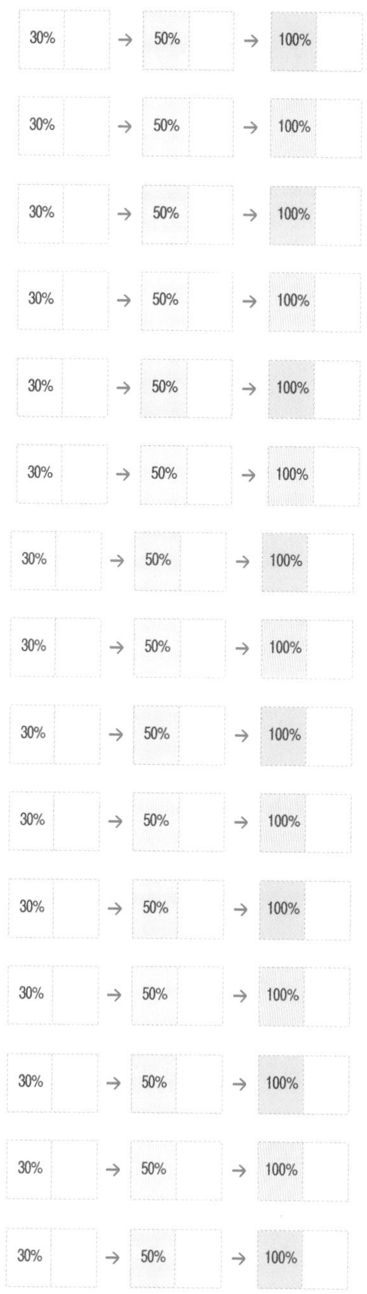

1. 나는 준희와 함께 일해.
2. 나는 매일 달려.
3. 그녀는 한국어를 공부해.
4. 우리는 한국 음식을 좋아해.
5. 남자들은 단 음식을 좋아하지 않아.
6. 그녀는 James를 사랑하지 않아.
7. 나는 콜라를 마시지 않아.
8. 그들은 안경을 쓰지 않아.
9. 너는 치킨을 좋아하니?
10. 너는 매일 아침 운동하니?
11. 그는 휴대폰을 사용하니?
12. 나에게 수학을 가르쳐줘.
13. 오늘 너의 에세이를 끝내.
14. 나를 건들지 마.
15. 그에 대해서 나에게 묻지 마.

~해오고 있어
have been -ing

의미단위 입영작

이번에는 빈칸 부분을 채워서 말해 보세요.

1. 나는 공부해오고 있어 + 영어를 + 3년 동안. — I have been ______ English for 3 years.
2. 민지는 일해오고 있어 + 이 회사를 위해서. — Minji __________ working for this ______.
3. 나는 살아오고 있어 + 한국에서 + 10년 동안. — I __________ in Korea for __________.
4. 그녀는 운동해오고 있어 + 세 시간 이상. — She ______ been ______ for more than __________.
5. 비가 내리고 있어 + 열흘 동안. — It has __________ ______ 10 days.
6. 나는 사용해오고 있어 + 이 컴퓨터를 + 2년 동안. — I ______ been ______ this ______ ______ 2 years.
7. 나는 일해오고 있어 + 그와 함께 + 작년 이후로. — I ______ been ______ with ______ since last year.
8. 나는 울어오고 있어 + 다섯 시간 동안. — I have __________ ______ 5 hours.
9. 그녀는 마셔오고 있어 + 맥주를 + 세 시간 동안. — She ______ been ______ beer ______ 3 ______.
10. 그들은 거짓말을 해오고 있어 + 나에게. — ______ have __________ to ______.
11. 나는 읽어오고 있어 + 이 책을 + 이 도서관에서. — I __________ reading __________ in this ______.
12. 너는 달려오고 있니 + 30분 동안? — Have ______ been ______ ______ 30 ______?
13. 너는 일해오고 있니 + 그를 위해 + 오랫동안? — ______ you been ______ ______ him for a ______ time?
14. 너는 기다려오고 있니 + 나를 + 여기서? — Have ______ been ______ for ______ ______?
15. 그들은 공부해오고 있니 + 한국어를 + 작년 이후로? — ______ they been ______ Korean since __________?

어순 입 영작

어순대로 우리말 부분을 입으로 영작해 보세요.

1. 나는 공부해오고 있어 / 영어를 / 3년 동안. ______________ / ________ / ________.

2. 민지는 일해오고 있어 / 이 회사를 위해서. ______________ / ________.

3. 나는 살아오고 있어 / 한국에서 / 10년 동안. ______________ / ________ / ________.

4. 그녀는 운동해오고 있어 / 세 시간 이상. ______________ / ________.

5. 비가 내리고 있어 / 열흘 동안. ______________ / ________.

6. 나는 사용해오고 있어 / 이 컴퓨터를 / 2년 동안. ______________ / ________ / ________.

7. 나는 일해오고 있어 / 그와 함께 / 작년 이후로. ______________ / ________ / ________.

8. 나는 울어오고 있어 / 다섯 시간 동안. ______________ / ________.

9. 그녀는 마셔오고 있어 / 맥주를 / 세 시간 동안. ______________ / ________ / ________.

10. 그들은 거짓말을 해오고 있어 / 나에게. ______________ / ________.

11. 나는 읽어오고 있어 / 이 책을 / 이 도서관에서. ______________ / ________ / ________.

12. 너는 달려오고 있니 / 30분 동안? ______________ / ________?

13. 너는 일해오고 있니 / 그를 위해 / 오랫동안? ______________ / ________ / ________?

14. 너는 기다려오고 있니 / 나를 / 여기서? ______________ / ________ / ________?

15. 그들은 공부해오고 있니 / 한국어를 / 작년 이후로? ______________ / ________ / ________?

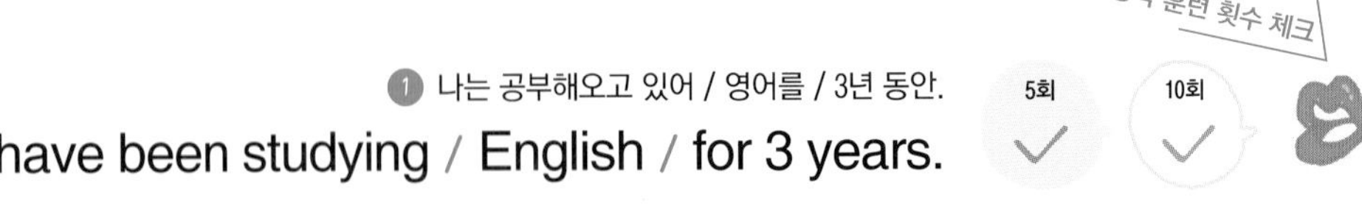

COMPLETE SENTENCES
완성 문장 낭독 훈련
이번에는 완성 문장을 잘 듣고
10회 이상 낭독 훈련해 보세요.

낭독 훈련 횟수 체크

5회 10회

1 나는 공부해오고 있어 / 영어를 / 3년 동안.
I have been studying / English / for 3 years.

2 민지는 일해오고 있어 / 이 회사를 위해서.
Minji has been working / for this company.

3 나는 살아오고 있어 / 한국에서 / 10년 동안.
I have been living / in Korea / for 10 years.

4 그녀는 운동해오고 있어 / 세 시간 이상.
She has been exercising / for more than 3 hours.

5 비가 내리고 있어 / 열흘 동안.
It has been raining / for 10 days.

6 나는 사용해오고 있어 / 이 컴퓨터를 / 2년 동안.
I have been using / this computer / for 2 years.

7 나는 일해오고 있어 / 그와 함께 / 작년 이후로.
I have been working / with him / since last year.

❽ 나는 울어오고 있어 / 다섯 시간 동안.
I have been crying / for 5 hours.

❾ 그녀는 마셔오고 있어 / 맥주를 / 세 시간 동안.
She has been drinking / beer / for 3 hours.

❿ 그들은 거짓말을 해오고 있어 / 나에게.
They have been lying / to me.

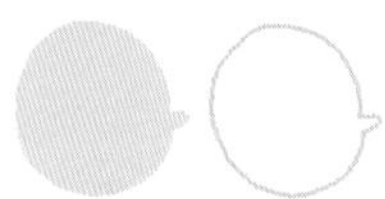

⓫ 나는 읽어오고 있어 / 이 책을 / 이 도서관에서.
I have been reading / this book / in this library.

⓬ 너는 달려오고 있니 / 30분 동안?
Have you been running / for 30 minutes?

⓭ 너는 일해오고 있니 / 그를 위해 / 오랫동안?
Have you been working / for him / for a long time?

⓮ 너는 기다려오고 있니 / 나를 / 여기서?
Have you been waiting / for me / here?

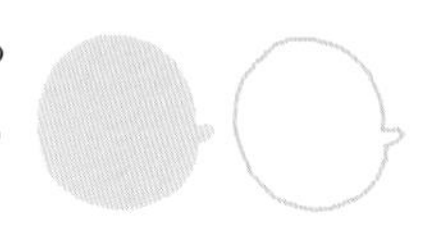

⓯ 그들은 공부해오고 있니 / 한국어를 / 작년 이후로?
Have they been studying / Korean / since last year?

스피드 입 영작

한글 해석을 보고 0.5초 내로 한번에 입 영작하세요.

완성도 체크 100%

1 나는 영어를 3년 동안 공부해오고 있어. 30% → 50% → 100%

2 민지는 이 회사를 위해서 일해오고 있어. 30% → 50% → 100%

3 나는 한국에서 10년 동안 살아오고 있어. 30% → 50% → 100%

4 그녀는 세 시간 이상 동안 운동해오고 있어. 30% → 50% → 100%

5 비가 열흘 동안 내리고 있어. 30% → 50% → 100%

6 나는 이 컴퓨터를 2년 동안 사용해오고 있어. 30% → 50% → 100%

7 나는 작년 이후로 그와 함께 일해오고 있어. 30% → 50% → 100%

8 나는 다섯 시간 동안 울어오고 있어. 30% → 50% → 100%

9 그녀는 세 시간 동안 맥주를 마셔오고 있어. 30% → 50% → 100%

10 그들은 나에게 거짓말을 해오고 있어. 30% → 50% → 100%

11 나는 이 도서관에서 이 책을 읽어오고 있어. 30% → 50% → 100%

12 너는 30분 동안 달려오고 있니? 30% → 50% → 100%

13 너는 그를 위해 오랫동안 일해오고 있니? 30% → 50% → 100%

14 너는 여기서 나를 기다려오고 있니? 30% → 50% → 100%

15 그들은 작년 이후로 한국어를 공부해오고 있니? 30% → 50% → 100%

녹음하여 '완성 문장 낭독 훈련'과 비교하세요.

~해 본 적이 있어 have p.p.

의미단위 입영작

이번에는 빈칸 부분을 채워서 말해 보세요.

1. 나는 시도해 본 적이 있어 + 이것을. — I have _____ _____.
2. 그는 방문해 본 적이 있어 + 미국을 + 전에. — He ___________ America _____.
3. 나는 본 적이 있어 + 이 로맨틱 영화를. — I _____ watched this _____ movie.
4. 나는 운전해 본 적이 있어 + 스포츠카를. — I ___________ a sports car.
5. 나는 사용해 본 적이 있어 + 신용카드를 + 작년에. — ___________ used a _____ card last _____.
6. 그들은 공부해 본 적이 있어 + 영어를 + 전에. — They ___________ English _____.
7. 우리는 배워본 적이 있어 + 수학을 + 고등학교에서. — We ___________ math in___________.
8. 나는 시도해 본 적이 없어 + 이것을. — I have not_____ _____.
9. 나는 울어본 적이 없어 + 내 일생에. — I _____ not _____ in my _____.
10. 나는 사용해 본 적이 전혀 없어 + 컴퓨터를. — I _____ never _____ a _____.
11. 나는 요리해 본 적이 전혀 없어 + 내 일생에. — I ________________ in my life.
12. 너는 울어본 적이 있니 + 전에? — Have you _____ before?
13. 너는 가져본 적이 있니 + 직업을 + 전에? — _____ you _____ a job _____?
14. 너는 방문해 본 적이 있니 + 한국을? — _____ you visited _____?
15. 그녀는 불러본 적이 있니 + 이 노래를 + 전에? — _____ she _____ this _____ _____?

어순 입 영작

어순대로 우리말 부분을 입으로 영작해 보세요.

1. 나는 시도해 본 적이 있어 / 이것을. ______________ / ________.
2. 그는 방문해 본 적이 있어 / 미국을 / 전에. ______________ / ________ / ________.
3. 나는 본 적이 있어 / 이 로맨틱 영화를. ______________ / ________.
4. 나는 운전해 본 적이 있어 / 스포츠카를. ______________ / ________.
5. 나는 사용해 본 적이 있어 / 신용카드를 / 작년에. ______________ / ________ / ________.
6. 그들은 공부해 본 적이 있어 / 영어를 / 전에. ______________ / ________ / ________.
7. 우리는 배워본 적이 있어 / 수학을 / 고등학교에서. ______________ / ________ / ________.
8. 나는 시도해 본 적이 없어 / 이것을. ______________ / ________.
9. 나는 울어본 적이 없어 / 내 일생에. ______________ / ________.
10. 나는 사용해 본 적이 전혀 없어 / 컴퓨터를. ______________ / ________.
11. 나는 요리해 본 적이 전혀 없어 / 내 일생에. ______________ / ________.
12. 너는 울어본 적이 있니 / 전에? ______________ / ________?
13. 너는 가져본 적이 있니 / 직업을 / 전에? ______________ / ________ / ________?
14. 너는 방문해 본 적이 있니 / 한국을? ______________ / ________?
15. 그녀는 불러본 적이 있니 / 이 노래를 / 전에? ______________ / ________ / ________?

COMPLETE SENTENCES 완성 문장 낭독 훈련

이번에는 완성 문장을 잘 듣고 10회 이상 낭독 훈련해 보세요.

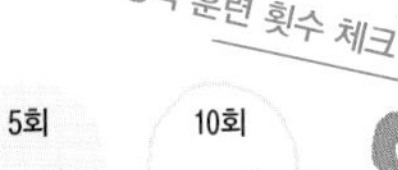

1 나는 시도해 본 적이 있어 / 이것을.
I have tried / this.

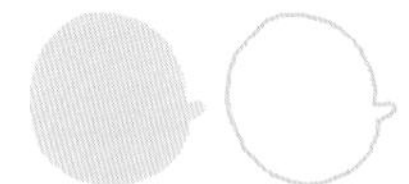

2 그는 방문해 본 적이 있어 / 미국을 / 전에.
He has visited / America / before.

3 나는 본 적이 있어 / 이 로맨틱 영화를.
I have watched / this romantic movie.

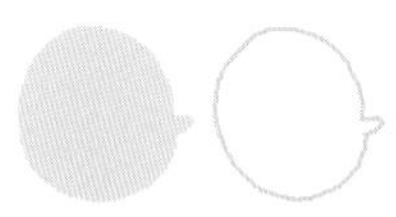

4 나는 운전해 본 적이 있어 / 스포츠카를.
I have driven / a sports car.

5 나는 사용해 본 적이 있어 / 신용카드를 / 작년에.
I have used / a credit card / last year.

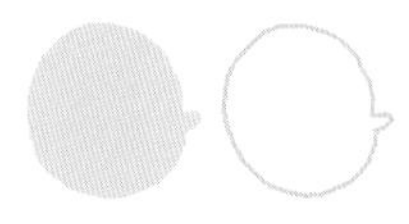

6 그들은 공부해 본 적이 있어 / 영어를 / 전에.
They have studied / English / before.

7 우리는 배워본 적이 있어 / 수학을 / 고등학교에서.
We have learned / math / in high school.

⑧ 나는 시도해 본 적이 없어 / 이것을.
I have not tried / this.

⑨ 나는 울어본 적이 없어 / 내 일생에.
I have not cried / in my life.

⑩ 나는 사용해 본 적이 전혀 없어 / 컴퓨터를.
I have never used / a computer.

⑪ 나는 요리해 본 적이 전혀 없어 / 내 일생에.
I have never cooked / in my life.

⑫ 너는 울어본 적이 있니 / 전에?
Have you cried / before?

⑬ 너는 가져본 적이 있니 / 직업을 / 전에?
Have you had / a job / before?

⑭ 너는 방문해 본 적이 있니 / 한국을?
Have you visited / Korea?

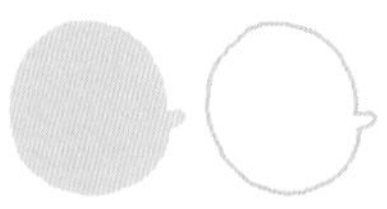

⑮ 그녀는 불러본 적이 있니 / 이 노래를 / 전에?
Has she sung / this song / before?

스피드 입 영작

한글 해석을 보고 0.5초 내로 한번에 입 영작하세요.

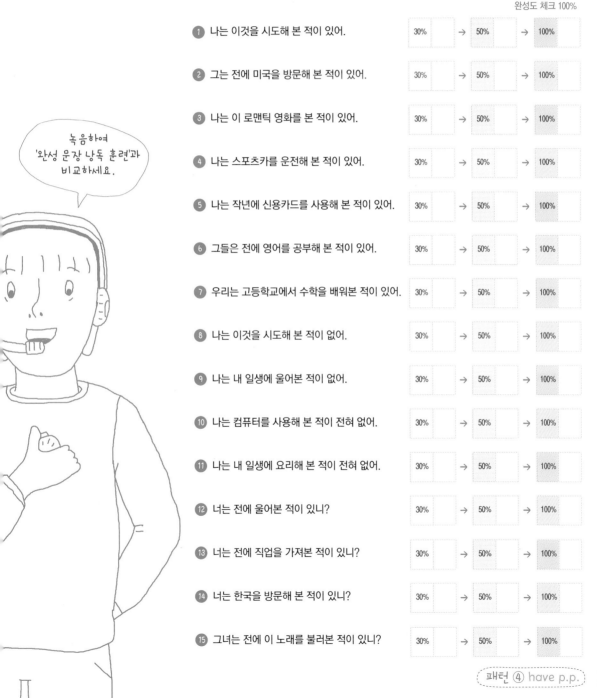

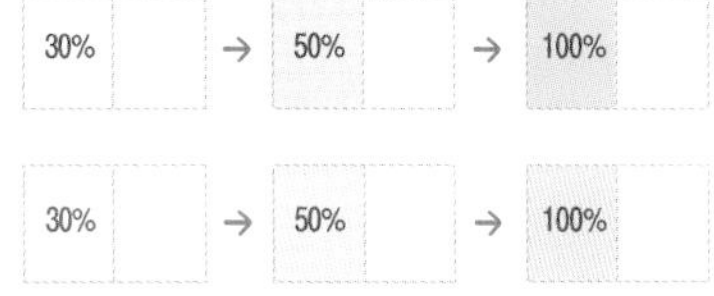

완성도 체크 100%

① 나는 이것을 시도해 본 적이 있어.	30%	→	50%	→	100%
② 그는 전에 미국을 방문해 본 적이 있어.	30%	→	50%	→	100%
③ 나는 이 로맨틱 영화를 본 적이 있어.	30%	→	50%	→	100%
④ 나는 스포츠카를 운전해 본 적이 있어.	30%	→	50%	→	100%
⑤ 나는 작년에 신용카드를 사용해 본 적이 있어.	30%	→	50%	→	100%
⑥ 그들은 전에 영어를 공부해 본 적이 있어.	30%	→	50%	→	100%
⑦ 우리는 고등학교에서 수학을 배워본 적이 있어.	30%	→	50%	→	100%
⑧ 나는 이것을 시도해 본 적이 없어.	30%	→	50%	→	100%
⑨ 나는 내 일생에 울어본 적이 없어.	30%	→	50%	→	100%
⑩ 나는 컴퓨터를 사용해 본 적이 전혀 없어.	30%	→	50%	→	100%
⑪ 나는 내 일생에 요리해 본 적이 전혀 없어.	30%	→	50%	→	100%
⑫ 너는 전에 울어본 적이 있니?	30%	→	50%	→	100%
⑬ 너는 전에 직업을 가져본 적이 있니?	30%	→	50%	→	100%
⑭ 너는 한국을 방문해 본 적이 있니?	30%	→	50%	→	100%
⑮ 그녀는 전에 이 노래를 불러본 적이 있니?	30%	→	50%	→	100%

녹음하여
'완성 문장 낭독 훈련'과
비교하세요.

패턴 5

~하려고 했어
was/were going to

의미단위 입영작

이번에는 빈칸 부분을 채워서 말해 보세요.

1. 나는 가려고 했어 + 거기에. — I was going to _____ there.
2. 나는 하려고 했어 + 나의 숙제를. — I __________ to do my _____.
3. 나는 하려고 했어 + 같은 질문을. — I __________ ask the _____ question.
4. 그는 고소하려고 했어 + 그들을. — He __________ to sue _____.
5. 그녀는 보려고 했어 + 그 시험을. — She _____ going to _____ the test.
6. 그들은 방문하려고 했어 + 한국을 + 작년에. — They _____ going to _____ Korea last _____.
7. 나는 도와주려고 했어 + 너를 + 어제. — I __________ to _____ you _____.
8. 나는 전화하려 하지 않았어 + 그녀에게. — I was not going to _____ her.
9. 나는 입으려 하지 않았어 + 이 스커트를 + 어제. — I __________ going to _____ this _____ yesterday.
10. 그는 오려 하지 않았어 + 이 파티에 + 오늘. — He was not going to _____ to this _____ _____.
11. 그들은 이사하려 하지 않았어 + 미국으로. — They _____ not going to _____ _____ America.
12. 너는 오려고 했니 + 내 파티에? — _____ you _____ to come to __________?
13. 그는 담배를 피우려고 했니 + 이 빌딩 안에서? — _____ he going to _____ in this _____?
14. 그녀는 포기하려고 했니 + 모든 것을? — Was _____ going to _____ up _____?
15. Dean은 이사하려고 했니 + 미국으로 + 작년에? — _____ Dean _____ to _____ _____ America __________?

어순 입 영작

어순대로 우리말 부분을 입으로 영작해 보세요.

1. 나는 가려고 했어 / 거기에. ____________________ / ________.
2. 나는 하려고 했어 / 나의 숙제를. ____________________ / ________.
3. 나는 하려고 했어 / 같은 질문을. ____________________ / ________.
4. 그는 고소하려고 했어 / 그들을. ____________________ / ________.
5. 그녀는 보려고 했어 / 그 시험을. ____________________ / ________.
6. 그들은 방문하려고 했어 / 한국을 / 작년에. ____________________ / ________ / ________.
7. 나는 도와주려고 했어 / 너를 / 어제. ____________________ / ________ / ________.
8. 나는 전화하려 하지 않았어 / 그녀에게. ____________________ / ________.
9. 나는 입으려 하지 않았어 / 이 스커트를 / 어제. ____________________ / ________ / ________.
10. 그는 오려 하지 않았어 / 이 파티에 / 오늘. ____________________ / ________ / ________.
11. 그들은 이사하려 하지 않았어 / 미국으로. ____________________ / ________.
12. 너는 오려고 했니 / 내 파티에? ____________________ / ________?
13. 그는 담배를 피우려고 했니 / 이 빌딩 안에서? ____________________ / ________?
14. 그녀는 포기하려고 했니 / 모든 것을? ____________________ / ________?
15. Dean은 이사하려고 했니 / 미국으로 / 작년에? ____________________ / ________ / ________?

COMPLETE SENTENCES

완성 문장 낭독 훈련

이번에는 완성 문장을 잘 듣고
10회 이상 낭독 훈련해 보세요.

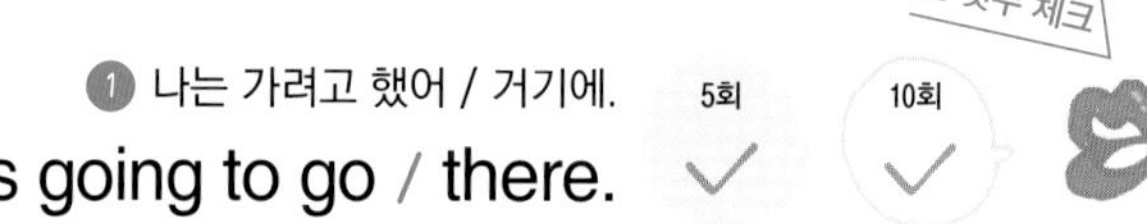

① 나는 가려고 했어 / 거기에.
I was going to go / there.

② 나는 하려고 했어 / 나의 숙제를.
I was going to do / my homework.

③ 나는 물어보려고 했어 / 같은 질문을.
I was going to ask / the same question.

④ 그는 고소하려고 했어 / 그들을.
He was going to sue / them.

⑤ 그녀는 보려고 했어 / 그 시험을.
She was going to take / the test.

⑥ 그들은 방문하려고 했어 / 한국을 / 작년에.
They were going to visit / Korea / last year.

⑦ 나는 도와주려고 했어 / 너를 / 어제.
I was going to help / you / yesterday.

⑧ 나는 전화하려 하지 않았어 / 그녀에게.
I was not going to call / her.

⑨ 나는 입으려 하지 않았어 / 이 스커트를 / 어제.
I was not going to wear / this skirt / yesterday.

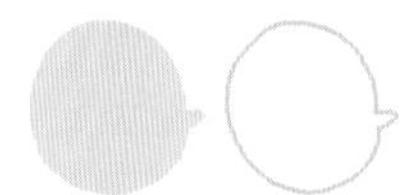

⑩ 그는 오려 하지 않았어 / 이 파티에 / 오늘.
He was not going to come / to this party / today.

⑪ 그들은 이사하려 하지 않았어 / 미국으로.
They were not going to move / to America.

⑫ 너는 오려고 했니 / 내 파티에?
Were you going to come / to my party?

⑬ 그는 담배를 피우려고 했니 / 이 빌딩 안에서?
Was he going to smoke / in this building?

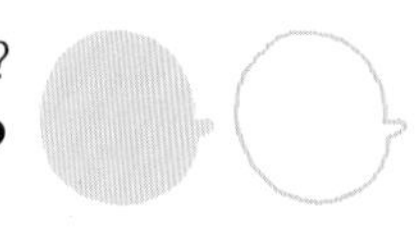

⑭ 그녀는 포기하려고 했니 / 모든 것을?
Was she going to give up / everything?

⑮ Dean은 이사하려고 했니 / 미국으로 / 작년에?
Was Dean going to move / to America / last year?

패턴
5

스피드 입영작

한글 해석을 보고 0.5초 내로 한번에 입 영작하세요.

	완성도 체크 100%
① 나는 거기에 가려고 했어.	30% → 50% → 100%
② 나는 나의 숙제를 하려고 했어.	30% → 50% → 100%
③ 나는 같은 질문을 하려고 했어.	30% → 50% → 100%
④ 그는 그들을 고소하려고 했어.	30% → 50% → 100%
⑤ 그녀는 그 시험을 보려고 했어.	30% → 50% → 100%
⑥ 그들은 작년에 한국을 방문하려고 했어.	30% → 50% → 100%
⑦ 나는 어제 너를 도와주려고 했어.	30% → 50% → 100%
⑧ 나는 그녀에게 전화하려 하지 않았어.	30% → 50% → 100%
⑨ 나는 어제 이 스커트를 입으려 하지 않았어.	30% → 50% → 100%
⑩ 그는 오늘 이 파티에 오려 하지 않았어.	30% → 50% → 100%
⑪ 그들은 미국으로 이사하려 하지 않았어.	30% → 50% → 100%
⑫ 너는 내 파티에 오려고 했니?	30% → 50% → 100%
⑬ 그는 이 빌딩 안에서 담배를 피우려고 했니?	30% → 50% → 100%
⑭ 그녀는 모든 것을 포기하려고 했니?	30% → 50% → 100%
⑮ Dean은 작년에 미국으로 이사하려고 했니?	30% → 50% → 100%

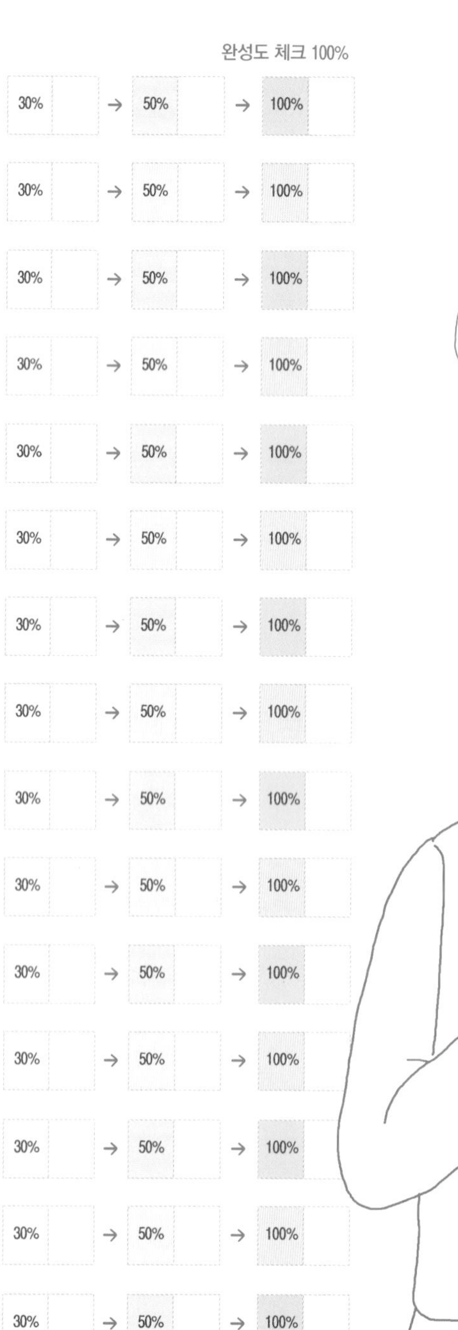
녹음하여
'완성 문장 낭독 훈련'과
비교하세요.

~하곤 했어
used to

의미단위 입영작

이번에는 빈칸 부분을 채워서 말해 보세요.

1 나는 방문하곤 했어 + 그녀를.	I used to ______ ______.
2 나는 울곤 했어 + 매일.	I __________ cry every day.
3 나는 미소 짓곤 했어 + 그녀와 함께.	I __________ smile ______ her.
4 나는 행복하곤 했어 + 한때.	I __________ be happy once.
5 그녀는 화를 내곤 했어 + 항상.	She __________ be ______ always.
6 그녀는 뛰어가곤 했어 + 학교까지.	She __________ run to ______.
7 그녀는 불평하곤 했어 + 우리의 시스템에 대해.	She used to ______ about our ______.
8 나는 게으르곤 했어 + 전에.	I __________ be lazy ______.
9 그들은 춤추곤 했어 + 함께.	They __________ together.
10 우리는 공부하곤 했어 + 영어를 + 함께.	We __________ English ______.
11 나는 운전하곤 했어 + 비싼 차들을.	I used to ______ ______ cars.
12 넌 운동하곤 했니?	Did you use to ______?
13 그녀는 걷곤 했니 + 너와 함께?	______ she __________ walk ______ you?
14 그들은 부르곤 했니 + 이 노래를?	______ they __________ sing this ______?
15 넌 똑똑하곤 했니 + 네가 아이였을 때?	______ you __________ be ______ when you were a ______?

어순 입 영작

어순대로 우리말 부분을 입으로 영작해 보세요.

1. 나는 방문하곤 했어 / 그녀를. ______________ / ________.
2. 나는 울곤 했어 / 매일. ______________ / ________.
3. 나는 미소 짓곤 했어 / 그녀와 함께. ______________ / ________.
4. 나는 행복하곤 했어 / 한때. ______________ / ________.
5. 그녀는 화를 내곤 했어 / 항상. ______________ / ________.
6. 그녀는 뛰어가곤 했어 / 학교까지. ______________ / ________.
7. 그녀는 불평하곤 했어 / 우리의 시스템에 대해. ______________ / ________.
8. 나는 게으르곤 했어 / 전에. ______________ / ________.
9. 그들은 춤추곤 했어 / 함께. ______________ / ________.
10. 우리는 공부하곤 했어 / 영어를 / 함께. ______________ / ________ / ________.
11. 나는 운전하곤 했어 / 비싼 차들을. ______________ / ________.
12. 넌 운동하곤 했니? ______________?
13. 그녀는 걷곤 했니 / 너와 함께? ______________ / ________?
14. 그들은 부르곤 했니 / 이 노래를? ______________ / ________?
15. 넌 똑똑하곤 했니 / 네가 아이였을 때? ______________ / ________?

COMPLETE SENTENCES 완성 문장 낭독 훈련

이번에는 완성 문장을 잘 듣고 10회 이상 낭독 훈련해 보세요.

낭독 훈련 횟수 체크

❶ 나는 방문하곤 했어 / 그녀를.
I used to visit / her.

❷ 나는 울곤 했어 / 매일.
I used to cry / every day.

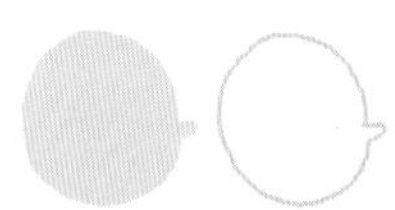

❸ 나는 미소 짓곤 했어 / 그녀와 함께.
I used to smile / with her.

❹ 나는 행복하곤 했어 / 한때.
I used to be happy / once.

❺ 그녀는 화를 내곤 했어 / 항상.
She used to be angry / always.

❻ 그녀는 뛰어가곤 했어 / 학교까지.
She used to run / to school.

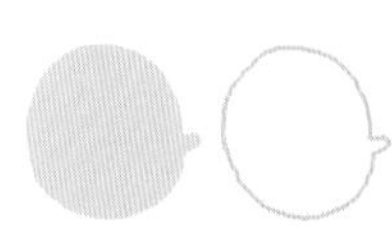

❼ 그녀는 불평하곤 했어 / 우리의 시스템에 대해.
She used to complain / about our system.

⑧ 나는 게으르곤 했어 / 전에.
I used to be lazy / before.

⑨ 그들은 춤추곤 했어 / 함께.
They used to dance / together.

⑩ 우리는 공부하곤 했어 / 영어를 / 함께.
We used to study / English / together.

⑪ 나는 운전하곤 했어 / 비싼 차들을.
I used to drive / expensive cars.

⑫ 넌 운동하곤 했니?
Did you use to exercise?

⑬ 그녀는 걷곤 했니 / 너와 함께?
Did she use to walk / with you?

⑭ 그들은 부르곤 했니 / 이 노래를?
Did they use to sing / this song?

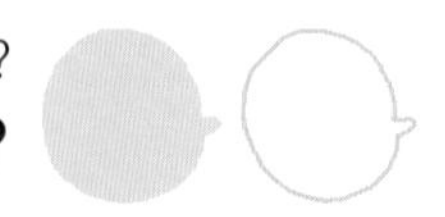

⑮ 넌 똑똑하곤 했니 / 네가 아이였을 때?
Did you use to be smart / when you were a child?

스피드 입영작

한글 해석을 보고 0.5초 내로 한번에 입 영작하세요.

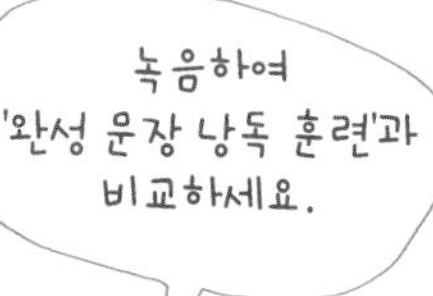

완성도 체크 100%

	완성도 체크
① 나는 그녀를 방문하곤 했어.	30% → 50% → 100%
② 나는 매일 울곤 했어.	30% → 50% → 100%
③ 나는 그녀와 함께 미소 짓곤 했어.	30% → 50% → 100%
④ 나는 한때 행복하곤 했어.	30% → 50% → 100%
⑤ 그녀는 항상 화를 내곤 했어.	30% → 50% → 100%
⑥ 그녀는 학교까지 뛰어가곤 했어.	30% → 50% → 100%
⑦ 그녀는 우리의 시스템에 대해 불평하곤 했어.	30% → 50% → 100%
⑧ 나는 전에 게으르곤 했어.	30% → 50% → 100%
⑨ 그들은 함께 춤추곤 했어.	30% → 50% → 100%
⑩ 우리는 함께 영어를 공부하곤 했어.	30% → 50% → 100%
⑪ 나는 비싼 차들을 운전하곤 했어.	30% → 50% → 100%
⑫ 넌 운동하곤 했니?	30% → 50% → 100%
⑬ 그녀는 너와 함께 걷곤 했니?	30% → 50% → 100%
⑭ 그들은 이 노래를 부르곤 했니?	30% → 50% → 100%
⑮ 넌 네가 아이였을 때 똑똑하곤 했니?	30% → 50% → 100%

~하는 것 / ~하기

-ing

의미 단위 입영작

이번에는 빈칸 부분을 채워서 말해 보세요.

1 누군가를 사랑하는 것은 + 아름다워.	Loving someone / is ______.
2 공부하는 것은 + 재미있어.	Studying / is ______.
3 이 컴퓨터를 사용하는 것은 + 어렵지 않아.	Using ____________ / is ______ difficult.
4 이 영화를 보는 것은 + 지루하지 않아.	Watching ____________ / is ____________.
5 이 책을 읽는 것은 + 흥미로워.	______ this book / is ______.
6 여기에서 수영하는 것은 + 위험해.	______ here / is ______.
7 자동차를 운전하는 것은 + 재미있어.	______ a ______ / is fun.
8 나는 아주 좋아해 + 공부하는 것을 + 영어를.	I love / ______ / English.
9 나는 즐겨 + 돕는 것을 + 아이들을.	I ______ / helping / ______.
10 나는 좋아하지 않아 + 달리는 것을.	I do not ______ / ______.
11 그는 끊었어 + 흡연하는 것을.	He ______ / smoking.
12 그녀는 시작했어 + 운동하는 것을 + 나와 함께.	She started / ______ / with ______.
13 우리는 계속했어 + 춤을 추는 것과 노래하는 것을.	We continued / ______ and ______.
14 그들은 시도했어 + 먹는 것을 + 김치를.	They ______ / ______ / *kimchi.*
15 나는 즐겼어 + 일하는 것을 + 혼자서.	I ______ / ______ / alone.

어순 입 영작

어순대로 우리말 부분을 입으로 영작해 보세요.

1. 누군가를 사랑하는 것은 / 아름다워. ____________ / ________.
2. 공부하는 것은 / 재미있어. ____________ / ________.
3. 이 컴퓨터를 사용하는 것은 / 어렵지 않아. ____________ / ________.
4. 이 영화를 보는 것은 / 지루하지 않아. ____________ / ________.
5. 이 책을 읽는 것은 / 흥미로워. ____________ / ________.
6. 여기에서 수영하는 것은 / 위험해. ____________ / ________.
7. 자동차를 운전하는 것은 / 재미있어. ____________ / ________.
8. 나는 아주 좋아해 / 공부하는 것을 / 영어를. ____________ / ________ / ________.
9. 나는 즐겨 / 돕는 것을 / 아이들을. ____________ / ________ / ________.
10. 나는 좋아하지 않아 / 달리는 것을. ____________ / ________.
11. 그는 끊었어 / 흡연하는 것을. ____________ / ________.
12. 그녀는 시작했어 / 운동하는 것을 / 나와 함께. ____________ / ________ / ________.
13. 우리는 계속했어 / 춤을 추는 것과 노래하는 것을. ____________ / ____________.
14. 그들은 시도했어 / 먹는 것을 / 김치를. ____________ / ________ / ________.
15. 나는 즐겼어 / 일하는 것을 / 혼자서. ____________ / ________ / ________.

COMPLETE SENTENCES

완성 문장 낭독 훈련

이번에는 완성 문장을 잘 듣고
10회 이상 낭독 훈련해 보세요.

낭독 훈련 횟수 체크

❶ 누군가를 사랑하는 것은 / 아름다워.
Loving someone / is beautiful.

❷ 공부하는 것은 / 재미있어.
Studying / is fun.

❸ 이 컴퓨터를 사용하는 것은 / 어렵지 않아.
Using this computer / is not difficult.

❹ 이 영화를 보는 것은 / 지루하지 않아.
Watching this movie / is not boring.

❺ 이 책을 읽는 것은 / 흥미로워.
Reading this book / is interesting.

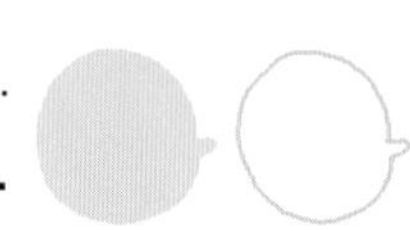

❻ 여기에서 수영하는 것은 / 위험해.
Swimming here / is dangerous.

❼ 자동차를 운전하는 것은 / 재미있어.
Driving a car / is fun.

⑧ 나는 아주 좋아해 / 공부하는 것을 / 영어를.

I love / studying / English.

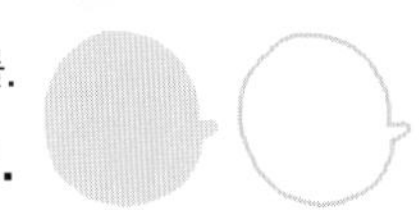

⑨ 나는 즐겨 / 돕는 것을 / 아이들을.

I enjoy / helping / children.

⑩ 나는 좋아하지 않아 / 달리는 것을.

I do not like / running.

⑪ 그는 끊었어 / 흡연하는 것을.

He quit / smoking.

⑫ 그녀는 시작했어 / 운동하는 것을 / 나와 함께.

She started / exercising / with me.

⑬ 우리는 계속했어 / 춤을 추는 것과 노래하는 것을.

We continued / dancing and singing.

⑭ 그들은 시도했어 / 먹는 것을 / 김치를.

They tried / eating / *kimchi*.

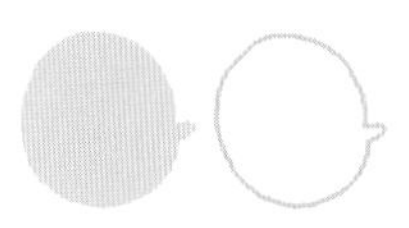

⑮ 나는 즐겼어 / 일하는 것을 / 혼자서.

I enjoyed / working / alone.

패턴
7

스피드 입 영작

한글 해석을 보고 0.5초 내로 한번에 입 영작하세요.

완성도 체크 100%

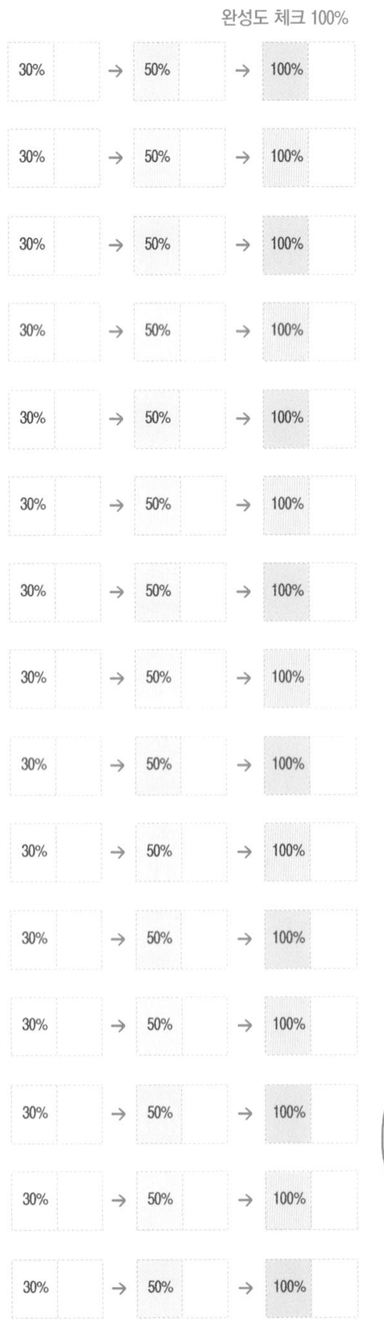

		완성도 체크
1	누군가를 사랑하는 것은 아름다워.	30% → 50% → 100%
2	공부하는 것은 재미있어.	30% → 50% → 100%
3	이 컴퓨터를 사용하는 것은 어렵지 않아.	30% → 50% → 100%
4	이 영화를 보는 것은 지루하지 않아.	30% → 50% → 100%
5	이 책을 읽는 것은 흥미로워.	30% → 50% → 100%
6	여기에서 수영하는 것은 위험해.	30% → 50% → 100%
7	자동차를 운전하는 것은 재미있어.	30% → 50% → 100%
8	나는 영어를 공부하는 것을 아주 좋아해.	30% → 50% → 100%
9	나는 아이들을 돕는 것을 즐겨.	30% → 50% → 100%
10	나는 달리는 것을 좋아하지 않아.	30% → 50% → 100%
11	그는 흡연하는 것을 끊었어.	30% → 50% → 100%
12	그녀는 나와 함께 운동하는 것을 시작했어.	30% → 50% → 100%
13	우리는 춤을 추는 것과 노래하는 것을 계속했어.	30% → 50% → 100%
14	그들은 김치를 먹는 것을 시도했어.	30% → 50% → 100%
15	나는 혼자서 일하는 것을 즐겼어.	30% → 50% → 100%

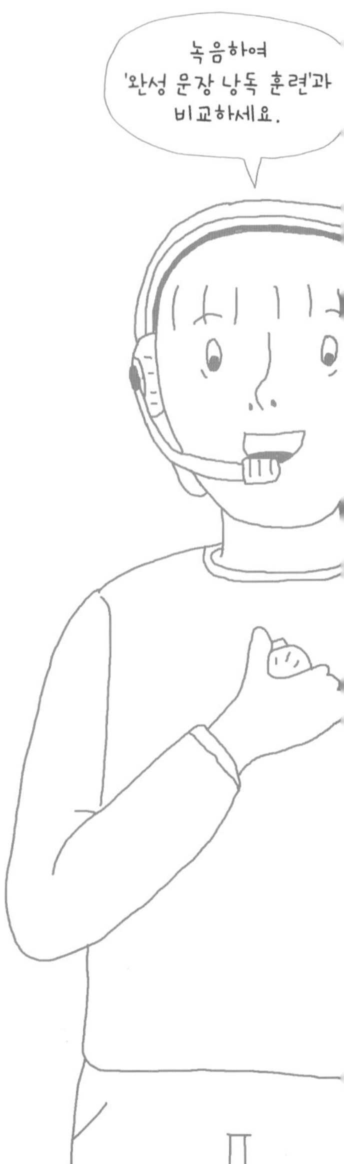
녹음하여
'완성 문장 낭독 훈련'과
비교하세요.

~하기 위해 / ~하도록
to + 동사원형

MP3 08_02

의미 단위 입 영작

이번에는 빈칸 부분을 채워서 말해 보세요.

1. 나는 일어났어 + 공부하기 위해. — I woke up / to _____.
2. 그녀는 왔어 + 돕기 위해. — She came / to _____.
3. 그들은 일했어 + 돈을 벌기 위해. — They _____ / _____ make money.
4. 나는 전화했어 + 그녀에게 + 사과하기 위해. — I _____ / her / to _____.
5. 나는 도망갔어 + 공부하지 않기 위해. — I _____ away / not to _____.
6. 그들은 떠났어 + 일하지 않기 위해. — They _____ / _____ to _____.
7. 나는 춤을 췄어 + 망치지 않기 위해 + 그의 파티를. — I _____ / ___________ ruin / his _____.
8. 너는 노래하고 있니 + 도와주기 위해 + 불쌍한 아이들을? — _____ you _____ / to _____ / poor _____?
9. 그는 달리고 있니 + 가기 위해 + 그 공원에? — _____ he _____ / to _____ / to the _____?
10. 그들은 옮기고 있니 + 이 상자를 + 도와주기 위해 + 너를? — _____ they _____ / this box / ___________ / you?
11. 그녀는 자고 있니 + 일어나기 위해 + 일찍 + 내일? — _____ she _____ / ___________ up / early / _____?
12. 너는 전화했니 + 나에게 + 사과하기 위해? — Did you _____ / me / to _____?
13. 그는 공부했니 + 영어를 + 가기 위해 + 미국으로? — Did he _____ / English / to _____ / to America?
14. 너는 사용했니 + 이 전화기를 + 전화하기 위해 + 나에게? — Did ___________ / this _____ / _____ call / me?
15. 우리가 왔니 + 여기에 + 싸우기 위해? — _____ we _____ / here / ___________?

어순 입 영작

어순대로 우리말 부분을 입으로 영작해 보세요.

1. 나는 일어났어 / 공부하기 위해. ____________ / ______.
2. 그녀는 왔어 / 돕기 위해. ____________ / ______.
3. 그들은 일했어 / 돈을 벌기 위해. ____________ / ______.
4. 나는 전화했어 / 그녀에게 / 사과하기 위해. ____________ / ______ / ______.
5. 나는 도망갔어 / 공부하지 않기 위해. ____________ / ______.
6. 그들은 떠났어 / 일하지 않기 위해. ____________ / ______.
7. 나는 춤을 췄어 / 망치지 않기 위해 / 그의 파티를. ____________ / ______ / ______.
8. 너는 노래하고 있니 / 도와주기 위해 / 불쌍한 아이들을? ____________ / ______ / ______?
9. 그는 달리고 있니 / 가기 위해 / 그 공원에? ____________ / ______ / ______?
10. 그들은 옮기고 있니 / 이 상자를 / 도와주기 위해 / 너를? ____________ / ______ / ______ / ______?
11. 그녀는 자고 있니 / 일어나기 위해 / 일찍 / 내일? ____________ / ______ / ______ / ______?
12. 너는 전화했니 / 나에게 / 사과하기 위해? ____________ / ______ / ______?
13. 그는 공부했니 / 영어를 / 가기 위해 / 미국으로? ____________ / ______ / ______ / ______?
14. 너는 사용했니 / 이 전화기를 / 전화하기 위해 / 나에게? ____________ / ______ / ______ / ______?
15. 우리가 왔니 / 여기에 / 싸우기 위해? ____________ / ______ / ______?

COMPLETE SENTENCES

완성 문장 낭독 훈련

이번에는 완성 문장을 잘 듣고 10회 이상 낭독 훈련해 보세요.

낭독 훈련 횟수 체크

① 나는 일어났어 / 공부하기 위해.
I woke up / to study.

② 그녀는 왔어 / 돕기 위해.
She came / to help.

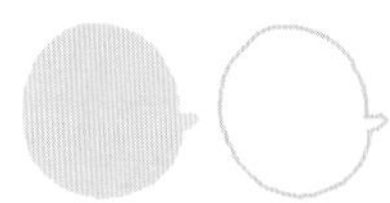

③ 그들은 일했어 / 돈을 벌기 위해.
They worked / to make money.

④ 나는 전화했어 / 그녀에게 / 사과하기 위해.
I called / her / to apologize.

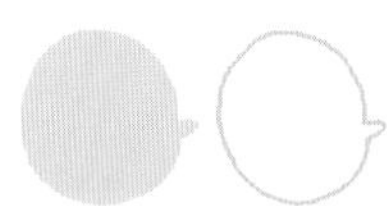

⑤ 나는 도망갔어 / 공부하지 않기 위해.
I ran away / not to study.

⑥ 그들은 떠났어 / 일하지 않기 위해.
They left / not to work.

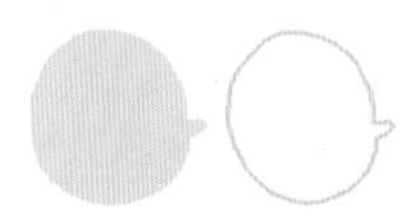

⑦ 나는 춤을 췄어 / 망치지 않기 위해 / 그의 파티를.
I danced / not to ruin / his party.

⑧ 너는 노래하고 있니 / 도와주기 위해 / 불쌍한 아이들을?

Are you singing / to help / poor children?

⑨ 그는 달리고 있니 / 가기 위해 / 그 공원에?

Is he running / to go / to the park?

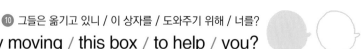

⑩ 그들은 옮기고 있니 / 이 상자를 / 도와주기 위해 / 너를?

Are they moving / this box / to help / you?

⑪ 그녀는 자고 있니 / 일어나기 위해 / 일찍 / 내일?

Is she sleeping / to wake up / early / tomorrow?

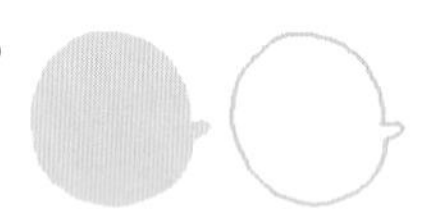

⑫ 너는 전화했니 / 나에게 / 사과하기 위해?

Did you call / me / to apologize?

⑬ 그는 공부했니 / 영어를 / 가기 위해 / 미국으로?

Did he study / English / to go / to America?

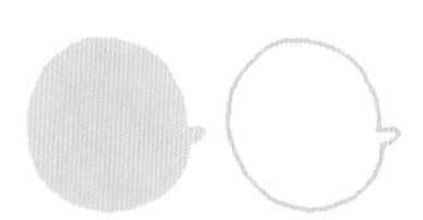

⑭ 너는 사용했니 / 이 전화기를 / 전화하기 위해 / 나에게?

Did you use / this phone / to call / me?

⑮ 우리가 왔니 / 여기에 / 싸우기 위해?

Did we come / here / to fight?

스피드 입영작

한글 해석을 보고 0.5초 내로 한번에 입 영작하세요.

녹음하여
성 문장 낭독 훈련'과
비교하세요.

완성도 체크 100%

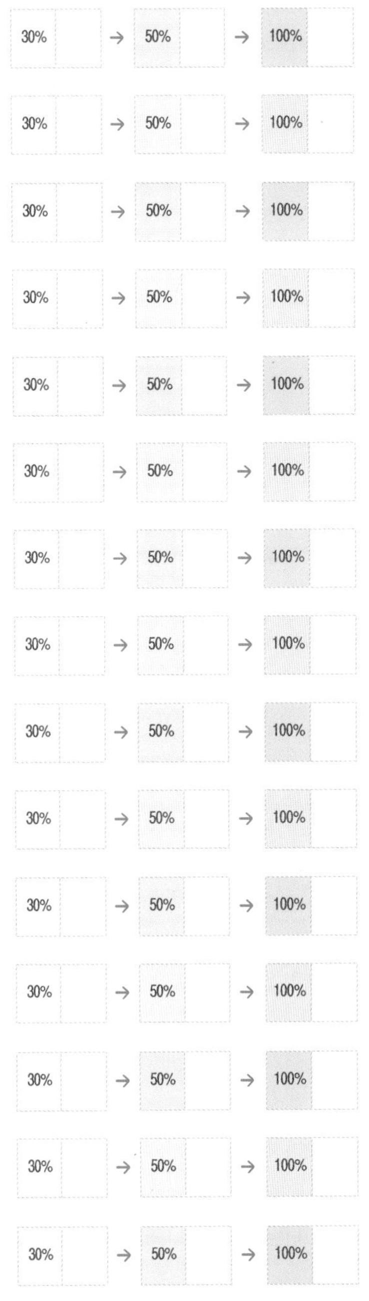

1	나는 공부하기 위해 일어났어.	30%	→ 50%	→ 100%
2	그녀는 돕기 위해 왔어.	30%	→ 50%	→ 100%
3	그들은 돈을 벌기 위해 일했어.	30%	→ 50%	→ 100%
4	나는 사과하기 위해 그녀에게 전화했어.	30%	→ 50%	→ 100%
5	나는 공부하지 않기 위해 도망갔어.	30%	→ 50%	→ 100%
6	그들은 일하지 않기 위해 떠났어.	30%	→ 50%	→ 100%
7	나는 그의 파티를 망치지 않기 위해 춤을 췄어.	30%	→ 50%	→ 100%
8	너는 불쌍한 아이들을 도와주기 위해 노래하고 있니?	30%	→ 50%	→ 100%
9	그는 그 공원에 가기 위해 달리고 있니?	30%	→ 50%	→ 100%
10	그들은 너를 도와주기 위해 이 상자를 옮기고 있니?	30%	→ 50%	→ 100%
11	그녀는 내일 일찍 일어나기 위해 자고 있니?	30%	→ 50%	→ 100%
12	너는 나에게 사과하기 위해 전화했니?	30%	→ 50%	→ 100%
13	그는 미국으로 가기 위해 영어를 공부했니?	30%	→ 50%	→ 100%
14	너는 나에게 전화하기 위해 이 전화기를 사용했니?	30%	→ 50%	→ 100%
15	우리가 여기에 싸우기 위해 왔니?	30%	→ 50%	→ 100%

~해 보여
look + 형용사

의미단위 입영작

이번에는 빈칸 부분을 채워서 말해 보세요.

① 너는 달라 보여.	You look ______.
② 너는 똑똑해 보여 + 네가 쓸 때 + 안경을.	You __________ when you ______ ______.
③ 그녀는 귀여워 보여 + 그녀가 미소 지을 때.	She __________ when she ______.
④ 그의 손목시계는 싸 보여.	His watch __________.
⑤ 너는 말라 보이지 않아.	You do __________.
⑥ 그녀는 바빠 보이지 않아 + 오늘.	She ______ not __________ ______.
⑦ 그는 슬퍼 보이지 않아 + 전혀.	He ______ not __________ at all.
⑧ 그는 흥분되어 보였어 + 어제.	He looked ______ ______.
⑨ 너는 행복해 보였어 + 네가 받았을 때 + 이 편지를.	You __________ when you ______ this ______.
⑩ 그녀는 아름다워 보였어 + 그 사진에서.	She __________ in the ______.
⑪ 그녀는 조용해 보였어 + 처음에는.	She __________ at ______.
⑫ 내가 잘생겨 보이니?	Do I __________?
⑬ 그녀는 뚱뚱해 보이니 + 그녀가 입을 때 + 이 청바지를?	______ she __________ when she ______ these ______?
⑭ 내가 겁먹어 보였니 + 그가 왔을 때 + 여기에?	Did I look ______ when he ______ here?
⑮ 그녀는 화나 보였니 + 내가 껴안았을 때 + 그녀를?	______ she __________ when I ______ her?

어순 입영작

어순대로 우리말 부분을 입으로 영작해 보세요.

1. 너는 달라 보여. ______________________.

2. 너는 똑똑해 보여 / 네가 쓸 때 / 안경을. ________________ / ________ / ________.

3. 그녀는 귀여워 보여 / 그녀가 미소 지을 때. ________________ / ________.

4. 그의 손목시계는 싸 보여. ______________________.

5. 너는 말라 보이지 않아. ______________________.

6. 그녀는 바빠 보이지 않아 / 오늘. ________________ / ________.

7. 그는 슬퍼 보이지 않아 / 전혀. ________________ / ________.

8. 그는 흥분되어 보였어 / 어제. ________________ / ________.

9. 너는 행복해 보였어 / 네가 받았을 때 / 이 편지를. ________________ / ________ / ________.

10. 그녀는 아름다워 보였어 / 그 사진에서. ________________ / ________.

11. 그녀는 조용해 보였어 / 처음에는. ________________ / ________.

12. 내가 잘생겨 보이니? ______________________?

13. 그녀는 뚱뚱해 보이니 / 그녀가 입을 때 / 이 청바지를? ________________ / ________ / ________?

14. 내가 겁먹어 보였니 / 그가 왔을 때 / 여기에? ________________ / ________ / ________?

15. 그녀는 화나 보였니 / 내가 껴안았을 때 / 그녀를? ________________ / ________ / ________?

COMPLETE SENTENCES

완성 문장 낭독 훈련

이번에는 완성 문장을 잘 듣고
10회 이상 낭독 훈련해 보세요.

5회 10회

❶ 너는 달라 보여.
You look different.

❷ 너는 똑똑해 보여 / 네가 쓸 때 / 안경을.
You look smart / when you wear / glasses.

❸ 그녀는 귀여워 보여 / 그녀가 미소 지을 때.
She looks cute / when she smiles.

❹ 그의 손목시계는 싸 보여.
His watch looks cheap.

❺ 너는 말라 보이지 않아.
You do not look skinny.

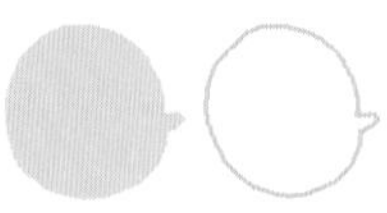

❻ 그녀는 바빠 보이지 않아 / 오늘.
She does not look busy / today.

❼ 그는 슬퍼 보이지 않아 / 전혀.
He does not look sad / at all.

8 그는 흥분되어 보였어 / 어제.
He looked excited / yesterday.

9 너는 행복해 보였어 / 네가 받았을 때 / 이 편지를.
You looked happy / when you received / this letter.

10 그녀는 아름다워 보였어 / 그 사진에서.
She looked beautiful / in the picture.

11 그녀는 조용해 보였어 / 처음에는.
She looked quiet / at first.

12 내가 잘생겨 보이니?
Do I look handsome?

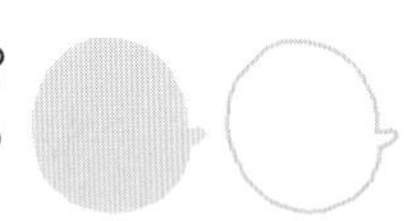

13 그녀는 뚱뚱해 보이니 / 그녀가 입을 때 / 이 청바지를?
Does she look fat / when she wears / these jeans?

14 내가 겁먹어 보였니 / 그가 왔을 때 / 여기에?
Did I look scared / when he came / here?

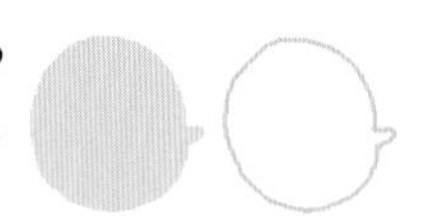

15 그녀는 화나 보였니 / 내가 껴안았을 때 / 그녀를?
Did she look angry / when I hugged / her?

패턴
9

스피드 입영작

한글 해석을 보고 0.5초 내로 한번에 입 영작하세요.

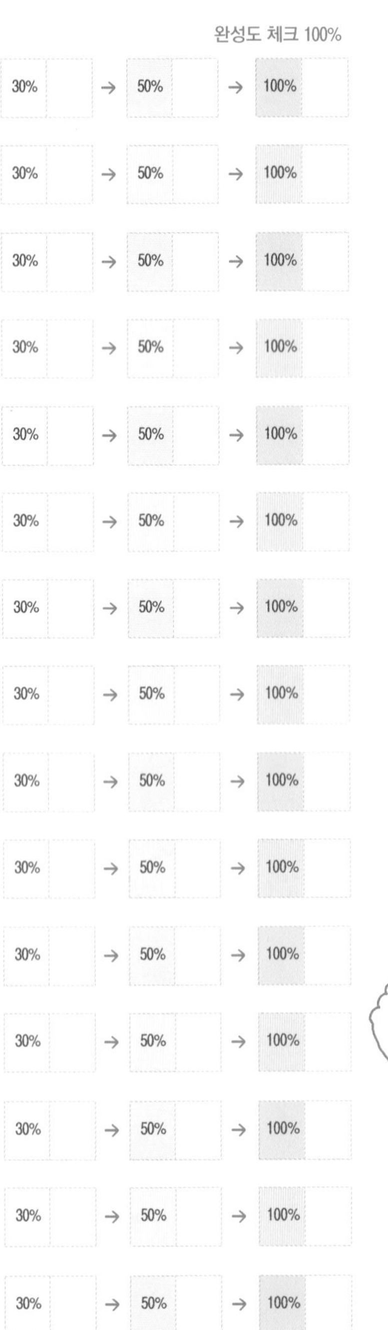

완성도 체크 100%

문장	완성도 체크
① 너는 달라 보여.	30% → 50% → 100%
② 네가 안경을 쓸 때 너는 똑똑해 보여.	30% → 50% → 100%
③ 그녀가 미소 지을 때 그녀는 귀여워 보여.	30% → 50% → 100%
④ 그의 손목시계는 싸 보여.	30% → 50% → 100%
⑤ 너는 말라 보이지 않아.	30% → 50% → 100%
⑥ 그녀는 오늘 바빠 보이지 않아.	30% → 50% → 100%
⑦ 그는 전혀 슬퍼 보이지 않아.	30% → 50% → 100%
⑧ 그는 어제 흥분되어 보였어.	30% → 50% → 100%
⑨ 네가 이 편지를 받았을 때 너는 행복해 보였어.	30% → 50% → 100%
⑩ 그녀는 그 사진에서 아름다워 보였어.	30% → 50% → 100%
⑪ 그녀는 처음에는 조용해 보였어.	30% → 50% → 100%
⑫ 내가 잘생겨 보이니?	30% → 50% → 100%
⑬ 그녀가 이 청바지를 입을 때 그녀는 뚱뚱해 보이니?	30% → 50% → 100%
⑭ 그가 여기에 왔을 때 내가 겁먹어 보였니?	30% → 50% → 100%
⑮ 내가 그녀를 껴안았을 때 그녀는 화나 보였니?	30% → 50% → 100%

녹음하여
'완성 문장 낭독 훈련'과
비교하세요.

충분히 ~한 형용사 + enough

MP3 10_02

의미 단위 입 영작

이번에는 빈칸 부분을 채워서 말해 보세요.

① 그는 나이 들었어 + 충분히.	He is old _____.
② 나는 귀여워 + 충분히.	I am _____ enough.
③ 이 자동차는 빨라 + 충분히.	This _____ is _____ enough.
④ 그 가방은 가벼워 + 충분히.	The _____ is _____ _____.
⑤ 나는 똑똑하지 않아 + 충분히.	I am not _____ _____.
⑥ 이 방은 따뜻하지 않아 + 충분히.	This _____ is _____ warm _____.
⑦ 그 산은 높지 않아 + 충분히.	The _____ is _____ high _____.
⑧ 이 기차는 빠르지 않아 + 충분히.	This _____ is not _____ enough.
⑨ 그는 나이 들었어 + 충분히 + 운전하기에.	He is _____ enough to _____.
⑩ 그녀는 예뻐 + 충분히 + 내 여자 친구가 되기에.	She is _____ _____ to be my _____.
⑪ 나는 똑똑하지 않아 + 충분히 + 공부하기에 + 한국어를.	I am not _____ enough to _____ Korean.
⑫ 너는 행복하니 + 충분히?	Are you _____ enough?
⑬ 그녀는 귀엽니 + 충분히?	_____ she _____ _____?
⑭ 이 산은 높니 + 충분히 + 오르기에?	Is this _____ high enough _________?
⑮ 그는 강하니 + 충분히 + 도와주기에 + 우리를?	_____ he _____ enough _____ help us?

어순 입 영작

어순대로 우리말 부분을 입으로 영작해 보세요.

1. 그는 나이 들었어 / 충분히. ______________ / ________.
2. 나는 귀여워 / 충분히. ______________ / ________.
3. 이 자동차는 빨라 / 충분히. ______________ / ________.
4. 그 가방은 가벼워 / 충분히. ______________ / ________.
5. 나는 똑똑하지 않아 / 충분히. ______________ / ________.
6. 이 방은 따뜻하지 않아 / 충분히. ______________ / ________.
7. 그 산은 높지 않아 / 충분히. ______________ / ________.
8. 이 기차는 빠르지 않아 / 충분히. ______________ / ________.
9. 그는 나이 들었어 / 충분히 / 운전하기에. ______________ / ________ / ________.
10. 그녀는 예뻐 / 충분히 / 내 여자 친구가 되기에. ______________ / ________ / ________.
11. 나는 똑똑하지 않아 / 충분히 / 공부하기에 / 한국어를. ______________ / ________ / ________ / ________.
12. 너는 행복하니 / 충분히? ______________ / ________?
13. 그녀는 귀엽니 / 충분히? ______________ / ________?
14. 이 산은 높니 / 충분히 / 오르기에? ______________ / ________ / ________?
15. 그는 강하니 / 충분히 / 도와주기에 / 우리를? ______________ / ________ / ________ / ________?

COMPLETE SENTENCES 완성 문장 낭독 훈련

이번에는 완성 문장을 잘 듣고 10회 이상 낭독 훈련해 보세요.

낭독 훈련 횟수 체크

① 그는 나이 들었어 / 충분히.
He is old / enough.

② 나는 귀여워 / 충분히.
I am cute / enough.

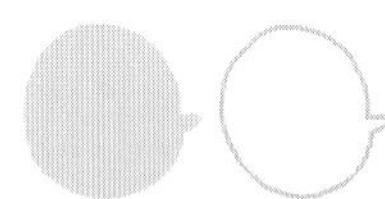

③ 이 자동차는 빨라 / 충분히.
This car is fast / enough.

④ 그 가방은 가벼워 / 충분히.
The bag is light / enough.

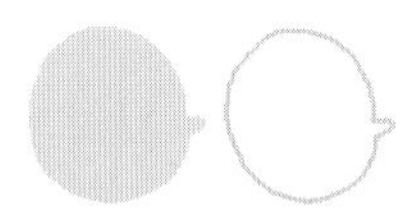

⑤ 나는 똑똑하지 않아 / 충분히.
I am not smart / enough.

⑥ 이 방은 따뜻하지 않아 / 충분히.
This room is not warm / enough.

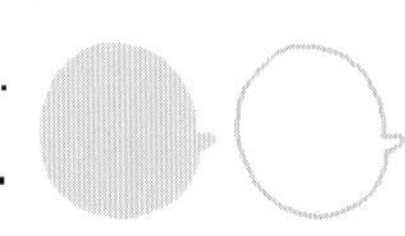

⑦ 그 산은 높지 않아 / 충분히.
The mountain is not high / enough.

⑧ 이 기차는 빠르지 않아 / 충분히.
This train is not fast / enough.

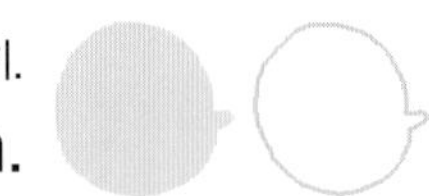

⑨ 그는 나이 들었어 / 충분히 / 운전하기에.
He is old / enough / to drive.

⑩ 그녀는 예뻐 / 충분히 / 내 여자 친구가 되기에.
She is pretty / enough / to be my girlfriend.

⑪ 나는 똑똑하지 않아 / 충분히 / 공부하기에 / 한국어를.
I am not smart / enough / to study / Korean.

⑫ 너는 행복하니 / 충분히?
Are you happy / enough?

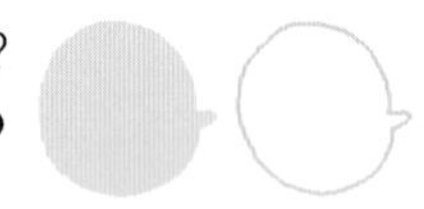

⑬ 그녀는 귀엽니 / 충분히?
Is she cute / enough?

⑭ 이 산은 높니 / 충분히 / 오르기에?
Is this mountain high / enough / to climb?

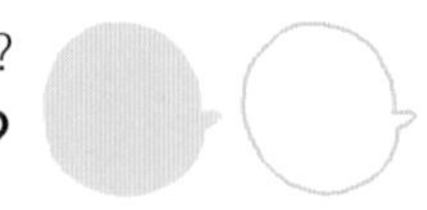

⑮ 그는 강하니 / 충분히 / 도와주기에 / 우리를?
Is he strong / enough / to help / us?

스피드 입 영작

한글 해석을 보고 0.5초 내로 한번에 입 영작하세요.

녹음하여
'완성 문장 낭독 훈련'과
비교하세요.

완성도 체크 100%

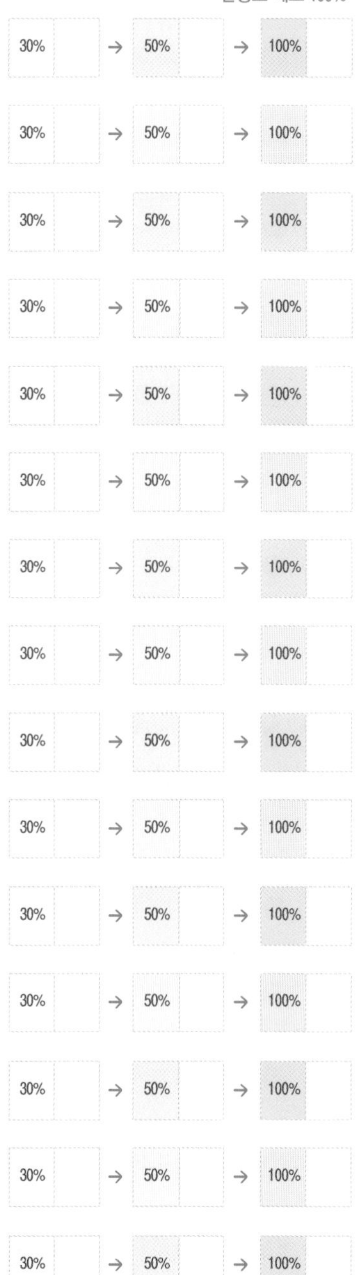

1. 그는 충분히 나이 들었어. 30% → 50% → 100%
2. 나는 충분히 귀여워. 30% → 50% → 100%
3. 이 자동차는 충분히 빨라. 30% → 50% → 100%
4. 그 가방은 충분히 가벼워. 30% → 50% → 100%
5. 나는 충분히 똑똑하지 않아. 30% → 50% → 100%
6. 이 방은 충분히 따뜻하지 않아. 30% → 50% → 100%
7. 그 산은 충분히 높지 않아. 30% → 50% → 100%
8. 이 기차는 충분히 빠르지 않아. 30% → 50% → 100%
9. 그는 운전하기에 충분히 나이 들었어. 30% → 50% → 100%
10. 그녀는 내 여자 친구가 되기에 충분히 예뻐. 30% → 50% → 100%
11. 나는 한국어를 공부하기에 충분히 똑똑하지 않아. 30% → 50% → 100%
12. 너는 충분히 행복하니? 30% → 50% → 100%
13. 그녀는 충분히 귀엽니? 30% → 50% → 100%
14. 이 산은 오르기에 충분히 높니? 30% → 50% → 100%
15. 그는 우리를 도와주기에 충분히 강하니? 30% → 50% → 100%

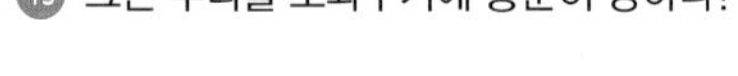

어쩌면 / 혹시 possibly

의미단위 입영작

이번에는 빈칸 부분을 채워서 말해 보세요.

1. 그는 어쩌면 알지도 몰라 + 나를. — He might possibly _____ _____.
2. 그녀는 어쩌면 슬플지도 몰라. — She might possibly be _____.
3. 나는 어쩌면 그만둘지도 몰라 + 곧. — I might _____ quit _____.
4. 너는 어쩌면 알지도 몰라 + 그 답을. — You __________ know the _____.
5. 그는 어쩌면 통과할지도 몰라 + 그 시험을. — He _____ possibly _____ the _____.
6. 그는 어쩌면 좋아했었는지도 몰라 + 너를. — He might _____ have liked you.
7. 그녀는 어쩌면 사랑했었는지도 몰라 + 그를. — She might _____ have _____ him.
8. 그녀는 어쩌면 거짓말했었는지도 몰라 + 너에게. — She might possibly __________ to _____.
9. 너는 혹시 아니 + 그녀를? — Do you possibly _____ _____?
10. 너는 혹시 즐기니 + 음악을? — Do you __________ music?
11. 그녀는 혹시 너의 여자 친구니? — Is she possibly __________?
12. 너는 혹시 먹니 + 김치를? — Do you __________ *kimchi*?
13. 너는 혹시 학생이니? — Are you _____ a _____?
14. 너는 혹시 훔쳤니 + 이 차를? — Did you __________ this car?
15. 그가 혹시 전화했니 + 너에게? — Did he __________ _____?

어순 입영작

어순대로 우리말 부분을 입으로 영작해 보세요.

1. 그는 어쩌면 알지도 몰라 / 나를. ____________ / ________.
2. 그녀는 어쩌면 슬플지도 몰라. ________________.
3. 나는 어쩌면 그만둘지도 몰라 / 곧. ____________ / ________.
4. 너는 어쩌면 알지도 몰라 / 그 답을. ____________ / ________.
5. 그는 어쩌면 통과할지도 몰라 / 그 시험을. ____________ / ________.
6. 그는 어쩌면 좋아했었는지도 몰라 / 너를. ____________ / ________.
7. 그녀는 어쩌면 사랑했었는지도 몰라 / 그를. ____________ / ________.
8. 그녀는 어쩌면 거짓말했었는지도 몰라 / 너에게. ____________ / ________.
9. 너는 혹시 아니 / 그녀를? ____________ / ________?
10. 너는 혹시 즐기니 / 음악을? ____________ / ________?
11. 그녀는 혹시 너의 여자 친구니? ________________?
12. 너는 혹시 먹니 / 김치를? ____________ / ________?
13. 너는 혹시 학생이니? ________________?
14. 너는 혹시 훔쳤니 / 이 차를? ____________ / ________?
15. 그가 혹시 전화했니 / 너에게? ____________ / ________?

COMPLETE SENTENCES

완성 문장 낭독 훈련

이번에는 완성 문장을 잘 듣고
10회 이상 낭독 훈련해 보세요.

낭독 훈련 횟수 체크

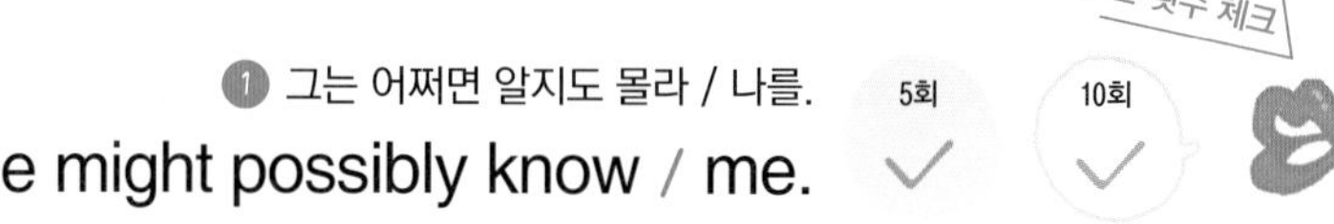

❶ 그는 어쩌면 알지도 몰라 / 나를.
He might possibly know / me.

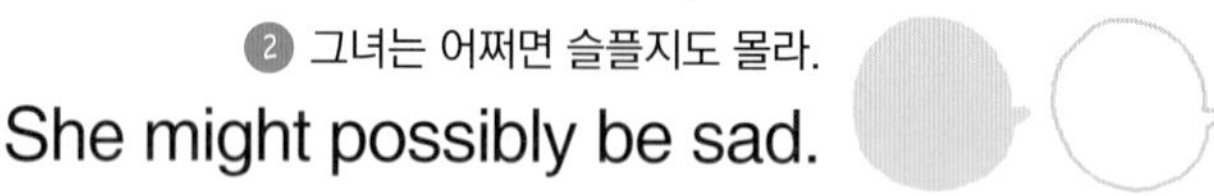

❷ 그녀는 어쩌면 슬플지도 몰라.
She might possibly be sad.

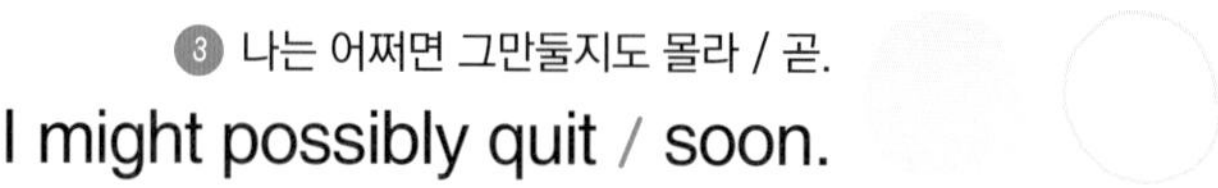

❸ 나는 어쩌면 그만둘지도 몰라 / 곧.
I might possibly quit / soon.

❹ 너는 어쩌면 알지도 몰라 / 그 답을.
You might possibly know / the answer.

❺ 그는 어쩌면 통과할지도 몰라 / 그 시험을.
He might possibly pass / the test.

❻ 그는 어쩌면 좋아했었는지도 몰라 / 너를.
He might possibly have liked / you.

❼ 그녀는 어쩌면 사랑했었는지도 몰라 / 그를.
She might possibly have loved / him.

⑧ 그녀는 어쩌면 거짓말했었는지도 몰라 / 너에게.
She might possibly have lied / to you.

⑨ 너는 혹시 아니 / 그녀를?
Do you possibly know / her?

⑩ 너는 혹시 즐기니 / 음악을?
Do you possibly enjoy / music?

⑪ 그녀는 혹시 너의 여자 친구니?
Is she possibly your girlfriend?

⑫ 너는 혹시 먹니 / 김치를?
Do you possibly eat / *kimchi*?

⑬ 너는 혹시 학생이니?
Are you possibly a student?

⑭ 너는 혹시 훔쳤니 / 이 차를?
Did you possibly steal / this car?

⑮ 그가 혹시 전화했니 / 너에게?
Did he possibly call / you?

패턴
11

스피드 입영작

한글 해석을 보고 0.5초 내로 한번에 입 영작하세요.

	완성도 체크 100%		
❶ 그는 어쩌면 나를 알지도 몰라.	30%	→ 50%	→ 100%
❷ 그녀는 어쩌면 슬플지도 몰라.	30%	→ 50%	→ 100%
❸ 나는 어쩌면 곧 그만둘지도 몰라.	30%	→ 50%	→ 100%
❹ 너는 어쩌면 그 답을 알지도 몰라.	30%	→ 50%	→ 100%
❺ 그는 어쩌면 그 시험을 통과할지도 몰라.	30%	→ 50%	→ 100%
❻ 그는 어쩌면 너를 좋아했었는지도 몰라.	30%	→ 50%	→ 100%
❼ 그녀는 어쩌면 그를 사랑했었는지도 몰라.	30%	→ 50%	→ 100%
❽ 그녀는 어쩌면 너에게 거짓말했었는지도 몰라.	30%	→ 50%	→ 100%
❾ 너는 혹시 그녀를 아니?	30%	→ 50%	→ 100%
❿ 너는 혹시 음악을 즐기니?	30%	→ 50%	→ 100%
⓫ 그녀는 혹시 너의 여자 친구니?	30%	→ 50%	→ 100%
⓬ 너는 혹시 김치를 먹니?	30%	→ 50%	→ 100%
⓭ 너는 혹시 학생이니?	30%	→ 50%	→ 100%
⓮ 너는 혹시 이 차를 훔쳤니?	30%	→ 50%	→ 100%
⓯ 그가 혹시 너에게 전화했니?	30%	→ 50%	→ 100%

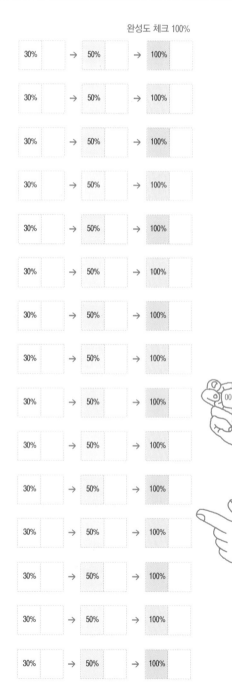

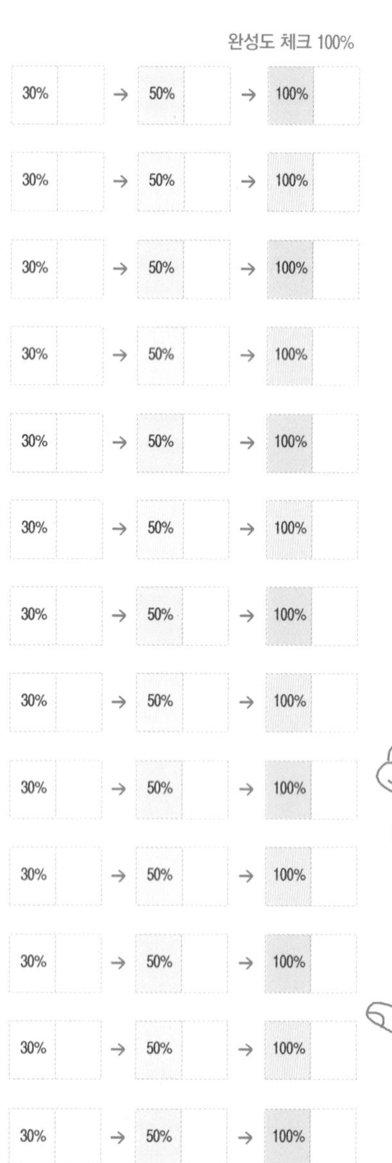

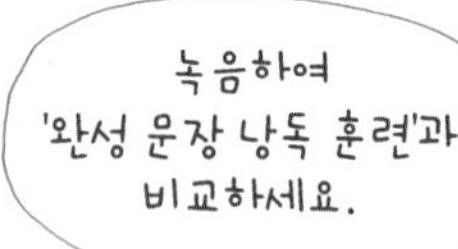
녹음하여
'완성 문장 낭독 훈련'과
비교하세요.

00:05

절대로 아닌 never

의미 단위 입 영작

이번에는 빈칸 부분을 채워서 말해 보세요.

① 그들은 절대로 공부하지 않아.	They _____ study.
② 그는 절대로 뛰지 않아 + 학교까지.	He __________ to _____.
③ 그녀는 절대로 미소 짓지 않아 + 내 앞에서.	She never _____ in front of _____.
④ 우리는 절대로 포기하지 않아 + 쉽게.	We never _____ up _____.
⑤ 그는 절대로 늦지 않아.	He is __________.
⑥ 나는 절대로 훔치지 않았어 + 그것을.	I never _____ _____.
⑦ 그녀는 절대로 도와주지 않았어 + 나를.	She __________ me.
⑧ 절대로 웃지 마 / 여기에서.	_____ laugh here.
⑨ 절대로 노래하지 마 + 이 도서관 안에서.	Never _____ in __________.
⑩ 절대로 떠나지 마 + 나 없이.	Never _____ _____ me.
⑪ 절대로 만지지 마 + 내 손목시계를.	Never _____ my _____.
⑫ 나는 공부해 본 적이 전혀 없어.	I have never _____.
⑬ 나는 운동해 본 적이 전혀 없어 + 여기에서.	I have __________ here.
⑭ 그녀는 울어본 적이 전혀 없어 + 전에.	She _____ never _____ before.
⑮ 그들은 연습해 본 적이 전혀 없어 + 이 노래를.	They _____ never _____ this _____.

어순 입영작

어순대로 우리말 부분을 입으로 영작해 보세요.

1. 그들은 절대로 공부하지 않아. ______________________.
2. 그는 절대로 뛰지 않아 / 학교까지. ________________ / ________.
3. 그녀는 절대로 미소 짓지 않아 / 내 앞에서. ________________ / ________.
4. 우리는 절대로 포기하지 않아 / 쉽게. ________________ / ________.
5. 그는 절대로 늦지 않아. ______________________.
6. 나는 절대로 훔치지 않았어 / 그것을. ________________ / ________.
7. 그녀는 절대로 도와주지 않았어 / 나를. ________________ / ________.
8. 절대로 웃지 마 / 여기에서. ________________ / ________.
9. 절대로 노래하지 마 / 이 도서관 안에서. ________________ / ________.
10. 절대로 떠나지 마 / 나 없이. ________________ / ________.
11. 절대로 만지지 마 / 내 손목시계를. ________________ / ________.
12. 나는 공부해 본 적이 전혀 없어. ______________________.
13. 나는 운동해 본 적이 전혀 없어 / 여기에서. ________________ / ________.
14. 그녀는 울어본 적이 전혀 없어 / 전에. ________________ / ________.
15. 그들은 연습해 본 적이 전혀 없어 / 이 노래를. ________________ / ________.

COMPLETE SENTENCES

완성 문장 낭독 훈련

이번에는 완성 문장을 잘 듣고
10회 이상 낭독 훈련해 보세요.

낭독 훈련 횟수 체크

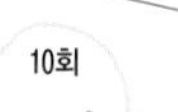

1 그들은 절대로 공부하지 않아.
They never study.

2 그는 절대로 뛰지 않아 / 학교까지.
He never runs / to school.

3 그녀는 절대로 미소 짓지 않아 / 내 앞에서.
She never smiles / in front of me.

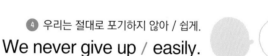

4 우리는 절대로 포기하지 않아 / 쉽게.
We never give up / easily.

5 그는 절대로 늦지 않아.
He is never late.

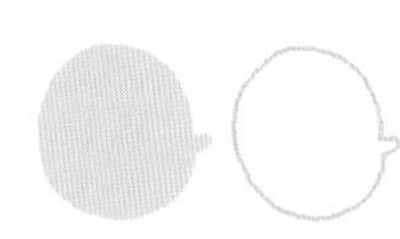

6 나는 절대로 훔치지 않았어 / 그것을.
I never stole / it.

7 그녀는 절대로 도와주지 않았어 / 나를.
She never helped / me.

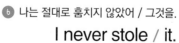

⑧ 절대로 웃지 마 / 여기에서.

Never laugh / here.

⑨ 절대로 노래하지 마 / 이 도서관 안에서.

Never sing / in this library.

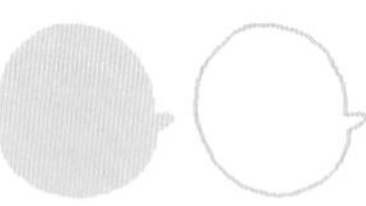

⑩ 절대로 떠나지 마 / 나 없이.

Never leave / without me.

⑪ 절대로 만지지 마 / 내 손목시계를.

Never touch / my watch.

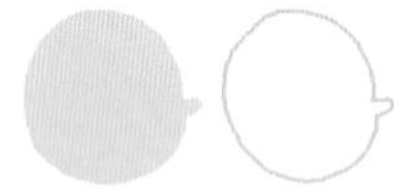

⑫ 나는 공부해 본 적이 전혀 없어.

I have never studied.

⑬ 나는 운동해 본 적이 전혀 없어 / 여기에서.

I have never exercised / here.

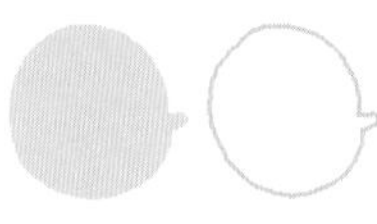

⑭ 그녀는 울어본 적이 전혀 없어 / 전에.

She has never cried / before.

⑮ 그들은 연습해 본 적이 전혀 없어 / 이 노래를.

They have never practiced / this song.

스피드 입 영작

한글 해석을 보고 0.5초 내로 한번에 입 영작하세요.

완성도 체크 100%

1. 그들은 절대로 공부하지 않아.
2. 그는 절대로 학교까지 뛰지 않아.
3. 그녀는 절대로 내 앞에서 미소 짓지 않아.
4. 우리는 절대로 쉽게 포기하지 않아.
5. 그는 절대로 늦지 않아.
6. 나는 절대로 그것을 훔치지 않았어.
7. 그녀는 절대로 나를 도와주지 않았어.
8. 절대로 여기에서 웃지 마.
9. 절대로 이 도서관 안에서 노래하지 마.
10. 절대로 나 없이 떠나지 마.
11. 절대로 내 손목시계를 만지지 마.
12. 나는 공부해 본 적이 전혀 없어.
13. 나는 여기에서 운동해 본 적이 전혀 없어.
14. 그녀는 전에 울어본 적이 전혀 없어.
15. 그들은 이 노래를 연습해 본 적이 전혀 없어.

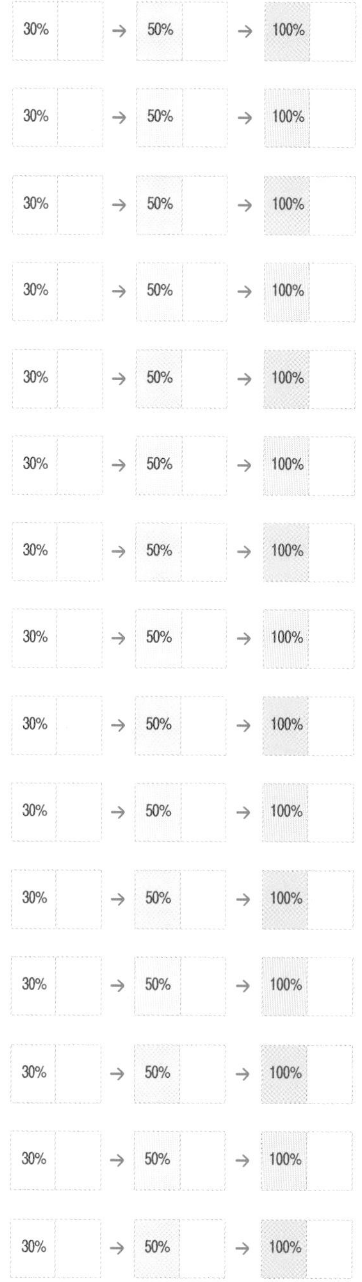

녹음하여
'완성 문장 낭독 훈련'과
비교하세요.

패턴 13

~이기 때문에 vs. ~ 때문에

because *vs.* because of

의미단위 입영작

이번에는 빈칸 부분을 채워서 말해 보세요.

1. 나는 달렸어 + 내가 늦었기 때문에. — I ______ / ______ I was ______.
2. 나는 행복해 + 네가 나의 친구이기 때문에. — I am ______ / because you are ____________.
3. 그는 일을 해 + 그가 필요하기 때문에 + 돈이. — He ______ / ______ he ______ / money.
4. 나는 올 수 없었어 + 내가 바빴기 때문에 + 어제. — I could not ______ / ______ I was ______ / yesterday.
5. 나는 가지 않았어 + 학교에 + 내가 아팠기 때문에. — I ____________ go / to ______ / because I was ______.
6. 그는 사지 않았어 + 그 가방을 + 그것이 비쌌기 때문에. — He ____________ / the bag / because ____________.
7. 그는 전화했어 + 나에게 + 그가 잊었기 때문에 + 내 생일을. — He ______ / me / because he ______ / my ______.
8. 나는 화가 나 있어 + 너의 실수 때문에. — I am ______ / ____________ your mistake.
9. 그녀는 떠나야 해 + 나 때문에. — She has to ______ / ______ of ______.
10. 나는 이사할 수 없어 + 비 때문에. — I ______ move / ____________ the ______.
11. 그녀는 울었니 + 그 영화가 무서웠기 때문에? — Did she ______ / because the movie ____________?
12. 너는 마셨니 + 물을 + 네가 목이 말랐기 때문에? — ______ you ______ / water / ______ you were ______?
13. 너는 키스했니 + 그녀에게 + 네가 사랑했기 때문에 + 그녀를? — ______ you ______ / her / because ____________ / her?
14. 그녀는 울었니 + 그의 죽음 때문에? — Did she ______ / because ______ his ______?
15. 그들은 죽었니 + 그 사고 때문에? — ________ they ______ / ____________ the ______?

어순 입영작

어순대로 우리말 부분을 입으로 영작해 보세요.

1. 나는 달렸어 / 내가 늦었기 때문에. ________ / ____________________.
2. 나는 행복해 / 네가 나의 친구이기 때문에. ________ / ____________________.
3. 그는 일을 해 / 그가 필요하기 때문에 / 돈이. ________ / ____________________ / ________.
4. 나는 올 수 없었어 / 내가 바빴기 때문에 / 어제. ________ / ____________________ / ________.
5. 나는 가지 않았어 / 학교에 / 내가 아팠기 때문에. ________ / ________ / ____________________.
6. 그는 사지 않았어 / 그 가방을 / 그것이 비쌌기 때문에. ________ / ________ / ____________________.
7. 그는 전화했어 / 나에게 / 그가 잊었기 때문에 / 내 생일을. ________ / ________ / ____________________ / ________.
8. 나는 화가 나 있어 / 너의 실수 때문에. ________ / ____________________.
9. 그녀는 떠나야 해 / 나 때문에. ________ / ____________________.
10. 나는 이사할 수 없어 / 비 때문에. ________ / ____________________.
11. 그녀는 울었니 / 그 영화가 무서웠기 때문에? ________ / ____________________?
12. 너는 마셨니 / 물을 / 네가 목이 말랐기 때문에? ________ / ________ / ____________________?
13. 너는 키스했니 / 그녀에게 / 네가 사랑했기 때문에 / 그녀를? ________ / ________ / ____________________ / ________?
14. 그녀는 울었니 / 그의 죽음 때문에? ________ / ____________________?
15. 그들은 죽었니 / 그 사고 때문에? ________ / ____________________?

COMPLETE SENTENCES

완성 문장 낭독 훈련

이번에는 완성 문장을 잘 듣고
10회 이상 낭독 훈련해 보세요.

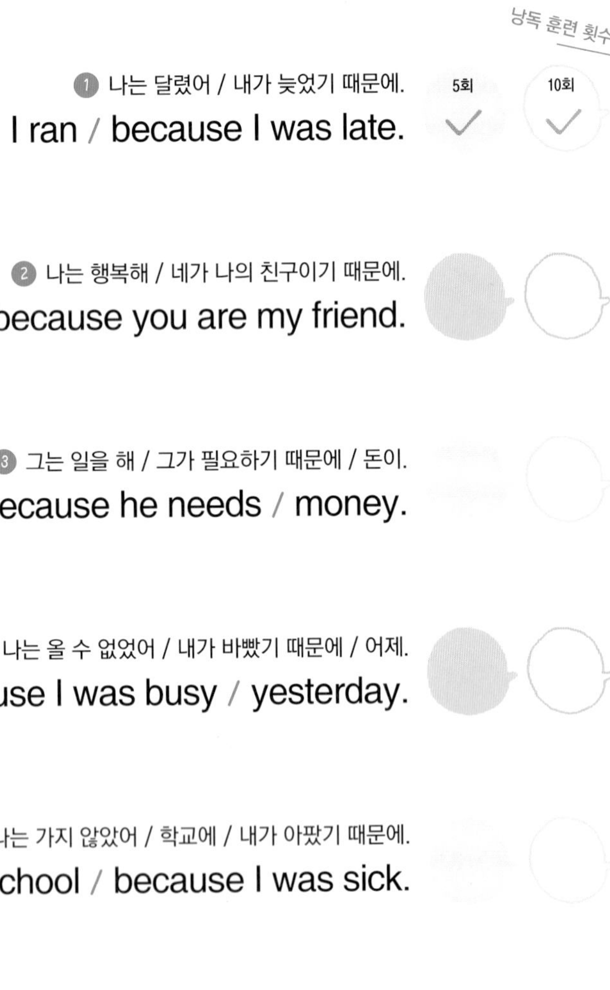

① 나는 달렸어 / 내가 늦었기 때문에.
I ran / because I was late.

② 나는 행복해 / 네가 나의 친구이기 때문에.
I am happy / because you are my friend.

③ 그는 일을 해 / 그가 필요하기 때문에 / 돈이.
He works / because he needs / money.

④ 나는 올 수 없었어 / 내가 바빴기 때문에 / 어제.
I could not come / because I was busy / yesterday.

⑤ 나는 가지 않았어 / 학교에 / 내가 아팠기 때문에.
I did not go / to school / because I was sick.

⑥ 그는 사지 않았어 / 그 가방을 / 그것이 비쌌기 때문에.
He did not buy / the bag / because it was expensive.

⑦ 그는 전화했어 / 나에게 / 그가 잊었기 때문에 / 내 생일을.
He called / me / because he forgot / my birthday.

⑧ 나는 화가 나 있어 / 너의 실수 때문에.
I am angry / because of your mistake.

⑨ 그녀는 떠나야 해 / 나 때문에.
She has to leave / because of me.

⑩ 나는 이사할 수 없어 / 비 때문에.
I cannot move / because of the rain.

⑪ 그녀는 울었니 / 그 영화가 무서웠기 때문에?
Did she cry / because the movie was scary?

⑫ 너는 마셨니 / 물을 / 네가 목이 말랐기 때문에?
Did you drink / water / because you were thirsty?

⑬ 너는 키스했니 / 그녀에게 / 네가 사랑했기 때문에 / 그녀를?
Did you kiss / her / because you loved / her?

⑭ 그녀는 울었니 / 그의 죽음 때문에?
Did she cry / because of his death?

⑮ 그들은 죽었니 / 그 사고 때문에?
Did they die / because of the accident?

스피드 입 영작

한글 해석을 보고 0.5초 내로 한번에 입 영작하세요.

완성도 체크 100%

① 나는 늦었기 때문에 달렸어.	30% →	50% →	100%
② 나는 네가 나의 친구이기 때문에 행복해.	30% →	50% →	100%
③ 그는 돈이 필요하기 때문에 일을 해.	30% →	50% →	100%
④ 나는 어제 내가 바빴기 때문에 올 수 없었어.	30% →	50% →	100%
⑤ 나는 내가 아팠기 때문에 학교에 가지 않았어.	30% →	50% →	100%
⑥ 그는 그것이 비쌌기 때문에 그 가방을 사지 않았어.	30% →	50% →	100%
⑦ 그는 내 생일을 잊었기 때문에 나에게 전화했어.	30% →	50% →	100%
⑧ 나는 너의 실수 때문에 화가 나 있어.	30% →	50% →	100%
⑨ 그녀는 나 때문에 떠나야 해.	30% →	50% →	100%
⑩ 나는 비 때문에 이사할 수 없어.	30% →	50% →	100%
⑪ 그녀는 그 영화가 무서웠기 때문에 울었니?	30% →	50% →	100%
⑫ 너는 네가 목이 말랐기 때문에 물을 마셨니?	30% →	50% →	100%
⑬ 너는 그녀를 사랑했기 때문에 그녀에게 키스했니?	30% →	50% →	100%
⑭ 그녀는 그의 죽음 때문에 울었니?	30% →	50% →	100%
⑮ 그들은 그 사고 때문에 죽었니?	30% →	50% →	100%

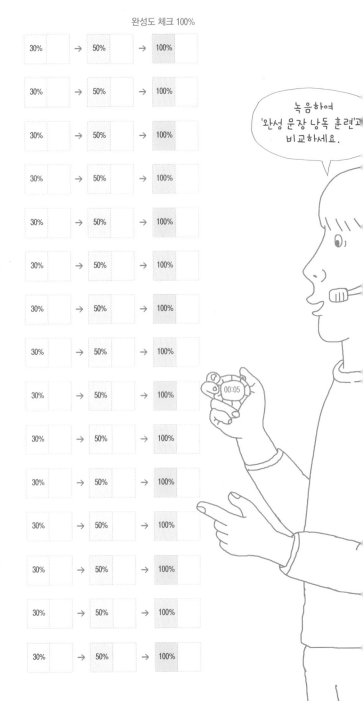

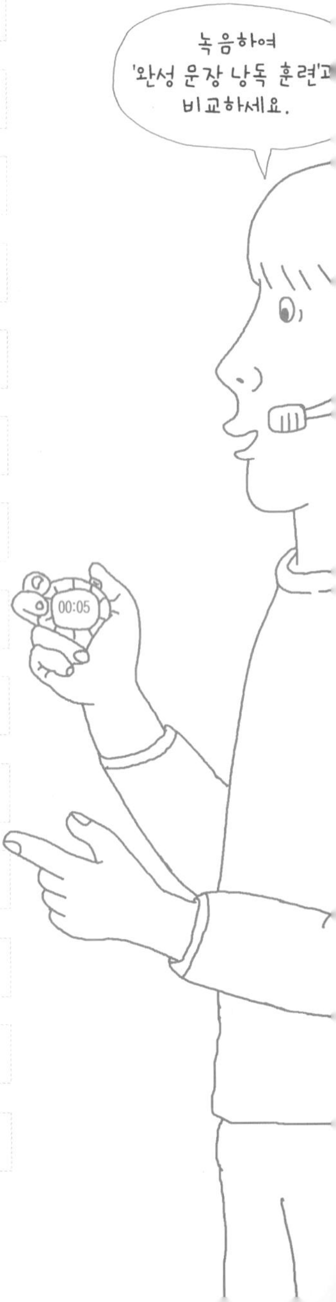

녹음하여
'완성 문장 낭독 훈련'과
비교하세요.

00:05

~하려 하고 있어 be trying to

의미단위 입영작

이번에는 빈칸 부분을 채워서 말해 보세요.

1. 나는 도와주려 하고 있어 + 나의 삼촌을. — I am ________ help / my _____.
2. 나는 일하려 하고 있어 + 여기에서. — I am _____ to _____ / here.
3. 나는 끝마치려 하고 있어 + 나의 숙제를. — _____ am _____ to _____ / my _____.
4. 그녀는 배우려 하고 있어 + 영어를. — She _____ trying to _____ / English.
5. 우리는 이해하려 하고 있어 + 그의 질문을. — We _____ trying to _____ / his _____.
6. 그는 누르려 하고 있어 + 그 버튼을 + 그의 손가락으로. — He ________ to press / the _____ / with ________.
7. 너는 거짓말하려 하고 있어 + 나에게 + 지금. — You _____ trying to _____ / _____ me / now.
8. 나는 먹으려 하고 있었어 + 무언가를. — I was trying to _____ / _____.
9. 나는 전화하려 하고 있었어 + 너에게. — I ________ call / _____.
10. 그는 도망가려 하고 있었어 + 나로부터. — He was trying to ________ / from _____.
11. 그녀는 해결하려 하고 있었어 + 그녀의 문제를. — She was trying to _____ / ________.
12. 우리는 부수려 하고 있었어 + 이 문을. — We ________ to _____ / this _____.
13. 그들은 가르쳐주려 하고 있니 + 너에게 + 그 기술을? — _____ they trying to _____ / you / the _____?
14. 너는 피우려 하고 있었니 + 담배를 + 여기서? — Were you ________ a cigarette / _____?
15. 그녀는 춤추려 하고 있었니 + 이 방 안에서? — _____ she ________ dance / _____ this room?

어순 입 영작

어순대로 우리말 부분을 입으로 영작해 보세요.

1. 나는 도와주려 하고 있어 / 나의 삼촌을. ____________ / ________.
2. 나는 일하려 하고 있어 / 여기에서. ____________ / ________.
3. 나는 끝마치려 하고 있어 / 나의 숙제를. ____________ / ________.
4. 그녀는 배우려 하고 있어 / 영어를. ____________ / ________.
5. 우리는 이해하려 하고 있어 / 그의 질문을. ____________ / ________.
6. 그는 누르려 하고 있어 / 그 버튼을 / 그의 손가락으로. ____________ / ________ / ________.
7. 너는 거짓말하려 하고 있어 / 나에게 / 지금. ____________ / ________ / ________.
8. 나는 먹으려 하고 있었어 / 무언가를. ____________ / ________.
9. 나는 전화하려 하고 있었어 / 너에게. ____________ / ________.
10. 그는 도망가려 하고 있었어 / 나로부터. ____________ / ________.
11. 그녀는 해결하려 하고 있었어 / 그녀의 문제를. ____________ / ________.
12. 우리는 부수려 하고 있었어 / 이 문을. ____________ / ________.
13. 그들은 가르쳐주려 하고 있니 / 너에게 / 그 기술을? ____________ / ________ / ________?
14. 너는 피우려 하고 있었니 / 담배를 / 여기서? ____________ / ________ / ________?
15. 그녀는 춤추려 하고 있었니 / 이 방 안에서? ____________ / ________?

COMPLETE SENTENCES

완성 문장 낭독 훈련

이번에는 완성 문장을 잘 듣고 10회 이상 낭독 훈련해 보세요.

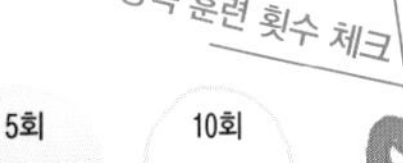

❶ 나는 도와주려 하고 있어 / 나의 삼촌을.
I am trying to help / my uncle.

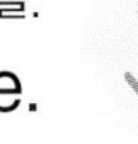

❷ 나는 일하려 하고 있어 / 여기에서.
I am trying to work / here.

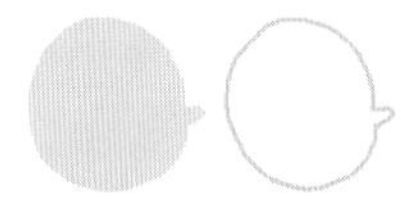

❸ 나는 끝마치려 하고 있어 / 나의 숙제를.
I am trying to finish / my homework.

❹ 그녀는 배우려 하고 있어 / 영어를.
She is trying to learn / English.

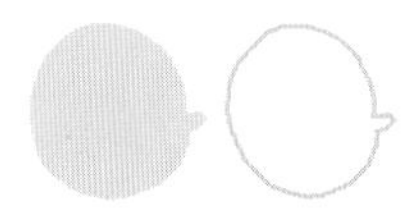

❺ 우리는 이해하려 하고 있어 / 그의 질문을.
We are trying to understand / his question.

❻ 그는 누르려 하고 있어 / 그 버튼을 / 그의 손가락으로.
He is trying to press / the button / with his finger.

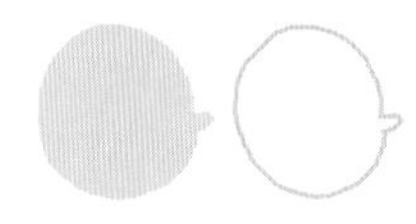

❼ 너는 거짓말하려 하고 있어 / 나에게 / 지금.
You are trying to lie / to me / now.

⑧ 나는 먹으려 하고 있었어 / 무언가를.
I was trying to eat / something.

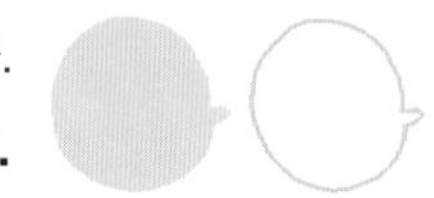

⑨ 나는 전화하려 하고 있었어 / 너에게.
I was trying to call / you.

⑩ 그는 도망가려 하고 있었어 / 나로부터.
He was trying to run away / from me.

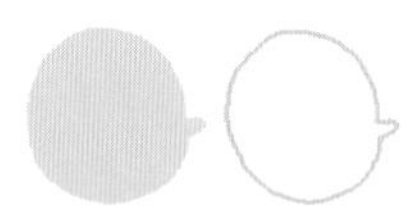

⑪ 그녀는 해결하려 하고 있었어 / 그녀의 문제를.
She was trying to fix / her problem.

⑫ 우리는 부수려 하고 있었어 / 이 문을.
We were trying to break / this door.

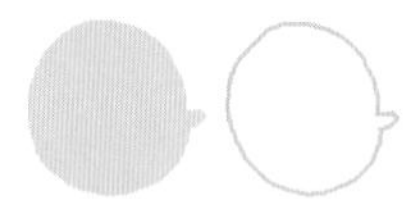

⑬ 그들은 가르쳐주려 하고 있니 / 너에게 / 그 기술을?
Are they trying to teach / you / the technique?

⑭ 너는 피우려 하고 있었니 / 담배를 / 여기서?
Were you trying to smoke / a cigarette / here?

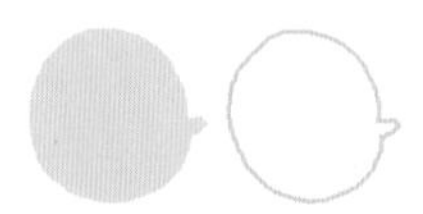

⑮ 그녀는 춤추려 하고 있었니 / 이 방 안에서?
Was she trying to dance / in this room?

스피드 입영작

한글 해석을 보고 0.5초 내로 한번에 입 영작하세요.

완성도 체크 100%

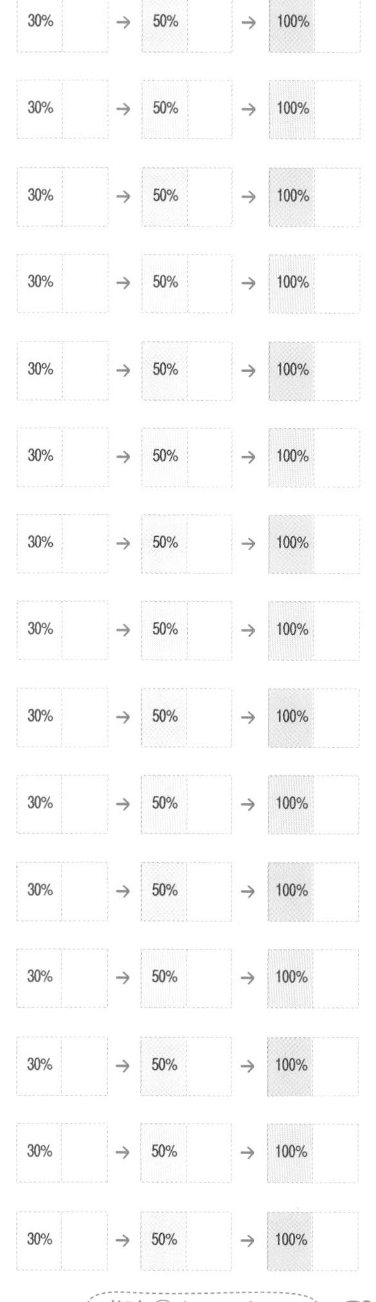

1. 나는 나의 삼촌을 도와주려 하고 있어.
2. 나는 여기에서 일하려 하고 있어.
3. 나는 나의 숙제를 끝마치려 하고 있어.
4. 그녀는 영어를 배우려 하고 있어.
5. 우리는 그의 질문을 이해하려 하고 있어.
6. 그는 그 버튼을 그의 손가락으로 누르려 하고 있어.
7. 너는 나에게 지금 거짓말하려 하고 있어.
8. 나는 무언가를 먹으려 하고 있었어.
9. 나는 너에게 전화하려 하고 있었어.
10. 그는 나로부터 도망가려 하고 있었어.
11. 그녀는 그녀의 문제를 해결하려 하고 있었어.
12. 우리는 이 문을 부수려 하고 있었어.
13. 그들은 너에게 그 기술을 가르쳐주려 하고 있니?
14. 너는 여기서 담배를 피우려 하고 있었니?
15. 그녀는 이 방 안에서 춤추려 하고 있었니?

녹음하여
'완성 문장 낭독 훈련'과
비교하세요.

…가 ~하는 것을 도와주다
help + 목적어 + 동사원형

MP3 15_02

의미 단위 입 영작

이번에는 빈칸 부분을 채워서 말해 보세요.

① 나는 도와줘 + 그들이 + 공부하는 것을 + 영어를.	I _____ _____ study English.
② 나는 도와줬어 + 그녀가 + 탈출하는 것을.	I helped _____ _____.
③ 그녀는 도와줬어 + 내가 + 운동하는 것을.	She _____ me _____.
④ 그는 도와줬어 + 우리가 + 이해하는 것을 + 서로를.	He _____ _____ understand each other.
⑤ 나는 도와주고 있어 + 그들이 + 배우는 것을.	I am helping _____ _____.
⑥ 그녀는 도와주고 있어 + 그 아이가 + 쓰는 것을.	She __________ the child _____.
⑦ 그들은 도와주고 있어 + 나의 할머니가 + 걷는 것을.	They __________ my grandma _____.
⑧ James는 도와주고 있었어 + 내가 + 고치는 것을 + 이 자동차를.	James was _____ me _____ this _____.
⑨ Olivia는 도와주고 있었어 + 그 환자가 + 움직이는 것을.	Olivia __________ the patient _____.
⑩ 너는 도와줄 수 있니 + 그가 + 하는 것을 + 그의 숙제를?	_____ you _____ him do his _____?
⑪ 그는 도와줄 수 있니 + 그녀가 + 읽는 것을 + 이 책을?	Can __________ her _____ this _____?
⑫ 그들은 도와줄 수 있니 + 내가 + 찾는 것을 + 이 빌딩을?	Can __________ _____ _____ this building?
⑬ 당신은 도와줬나요 + 그가 + 찾는 것을 + 그의 지갑을?	__________ help _____ _____ his wallet?
⑭ Michael은 도와줬니 + 네가 + 노래하는 것을 + 잘?	_____ Michael help _____ _____ well?
⑮ Ken은 도와줬니 + 우리가 + 옮기는 것을 + 이 상자를?	Did Ken _____ _____ move this _____?

어순 입영작

어순대로 우리말 부분을 입으로 영작해 보세요.

1. 나는 도와줘 / 그들이 / 공부하는 것을 / 영어를. ____________ / ______ / ______ / ______.
2. 나는 도와줬어 / 그녀가 / 탈출하는 것을. ____________ / ______ / ______.
3. 그녀는 도와줬어 / 내가 / 운동하는 것을. ____________ / ______ / ______.
4. 그는 도와줬어 / 우리가 / 이해하는 것을 / 서로를. ____________ / ______ / ______ / ______.
5. 나는 도와주고 있어 / 그들이 / 배우는 것을. ____________ / ______ / ______.
6. 그녀는 도와주고 있어 / 그 아이가 / 쓰는 것을. ____________ / ______ / ______.
7. 그들은 도와주고 있어 / 나의 할머니가 / 걷는 것을. ____________ / ______ / ______.
8. James는 도와주고 있었어 / 내가 / 고치는 것을 / 이 자동차를. ____________ / ______ / ______ / ______.
9. Olivia는 도와주고 있었어 / 그 환자가 / 움직이는 것을. ____________ / ______ / ______.
10. 너는 도와줄 수 있니 / 그가 / 하는 것을 / 그의 숙제를? ____________ / ______ / ______ / ______.
11. 그는 도와줄 수 있니 / 그녀가 / 읽는 것을 / 이 책을? ____________ / ______ / ______ / ______?
12. 그들은 도와줄 수 있니 / 내가 / 찾는 것을 / 이 빌딩을? ____________ / ______ / ______ / ______?
13. 당신은 도와줬나요 / 그가 / 찾는 것을 / 그의 지갑을? ____________ / ______ / ______ / ______?
14. Michael은 도와줬니 / 네가 / 노래하는 것을 / 잘? ____________ / ______ / ______ / ______?
15. Ken은 도와줬니 / 우리가 / 옮기는 것을 / 이 상자를? ____________ / ______ / ______ / ______?

COMPLETE SENTENCES

완성 문장 낭독 훈련

이번에는 완성 문장을 잘 듣고 10회 이상 낭독 훈련해 보세요.

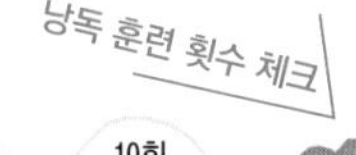

1 나는 도와줘 / 그들이 / 공부하는 것을 / 영어를.
I help / them / study / English.

2 나는 도와줬어 / 그녀가 / 탈출하는 것을.
I helped / her / escape.

3 그녀는 도와줬어 / 내가 / 운동하는 것을.
She helped / me / exercise.

4 그는 도와줬어 / 우리가 / 이해하는 것을 / 서로를.
He helped / us / understand / each other.

5 나는 도와주고 있어 / 그들이 / 배우는 것을.
I am helping / them / learn.

6 그녀는 도와주고 있어 / 그 아이가 / 쓰는 것을.
She is helping / the child / write.

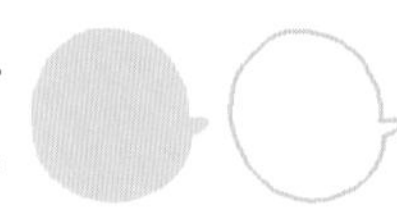

7 그들은 도와주고 있어 / 나의 할머니가 / 걷는 것을.
They are helping / my grandmother / walk.

⑧ James는 도와주고 있었어 / 내가 / 고치는 것을 / 이 자동차를.
James was helping / me / fix / this car.

⑨ Olivia는 도와주고 있었어 / 그 환자가 / 움직이는 것을.
Olivia was helping / the patient / move.

⑩ 너는 도와줄 수 있니 / 그가 / 하는 것을 / 그의 숙제를?
Can you help / him / do / his homework?

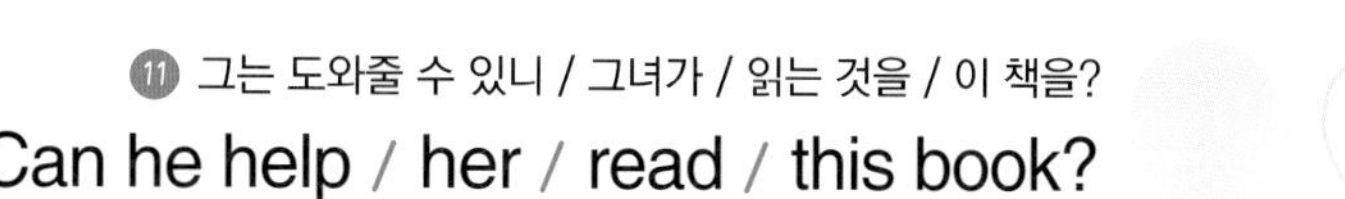

⑪ 그는 도와줄 수 있니 / 그녀가 / 읽는 것을 / 이 책을?
Can he help / her / read / this book?

⑫ 그들은 도와줄 수 있니 / 내가 / 찾는 것을 / 이 빌딩을?
Can they help / me / find / this building?

⑬ 당신은 도와줬나요 / 그가 / 찾는 것을 / 그의 지갑을?
Did you help / him / find / his wallet?

⑭ Michael은 도와줬니 / 네가 / 노래하는 것을 / 잘?
Did Michael help / you / sing / well?

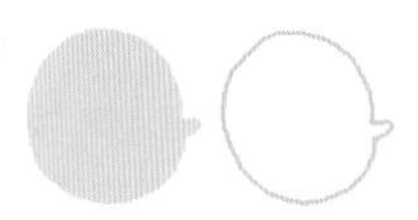

⑮ Ken은 도와줬니 / 우리가 / 옮기는 것을 / 이 상자를?
Did Ken help / us / move / this box?

패턴 15

…가 ~하는 것을 도와주다 help +목적어+동사원형

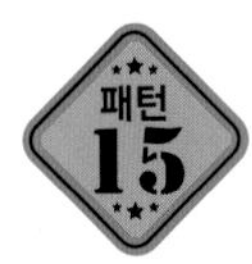

스피드 입영작

한글 해석을 보고 0.5초 내로 한번에 입 영작하세요.

완성도 체크 100%

① 나는 그들이 영어를 공부하는 것을 도와줘.	30%	→ 50%	→ 100%
② 나는 그녀가 탈출하는 것을 도와줬어.	30%	→ 50%	→ 100%
③ 그녀는 내가 운동하는 것을 도와줬어.	30%	→ 50%	→ 100%
④ 그는 우리가 서로를 이해하는 것을 도와줬어.	30%	→ 50%	→ 100%
⑤ 나는 그들이 배우는 것을 도와주고 있어.	30%	→ 50%	→ 100%
⑥ 그녀는 그 아이가 쓰는 것을 도와주고 있어.	30%	→ 50%	→ 100%
⑦ 그들은 나의 할머니가 걷는 것을 도와주고 있어.	30%	→ 50%	→ 100%
⑧ James는 내가 이 자동차를 고치는 것을 도와주고 있었어.	30%	→ 50%	→ 100%
⑨ Olivia는 그 환자가 움직이는 것을 도와주고 있었어.	30%	→ 50%	→ 100%
⑩ 너는 그가 그의 숙제를 하는 것을 도와줄 수 있니?	30%	→ 50%	→ 100%
⑪ 그는 그녀가 이 책을 읽는 것을 도와줄 수 있니?	30%	→ 50%	→ 100%
⑫ 그들은 내가 이 빌딩을 찾는 것을 도와줄 수 있니?	30%	→ 50%	→ 100%
⑬ 당신은 그가 그의 지갑을 찾는 것을 도와줬나요?	30%	→ 50%	→ 100%
⑭ Michael은 네가 잘 노래하는 것을 도와줬니?	30%	→ 50%	→ 100%
⑮ Ken은 우리가 이 상자를 옮기는 것을 도와줬니?	30%	→ 50%	→ 100%

녹음하여
'완성 문장 낭독 훈련'과
비교하세요.

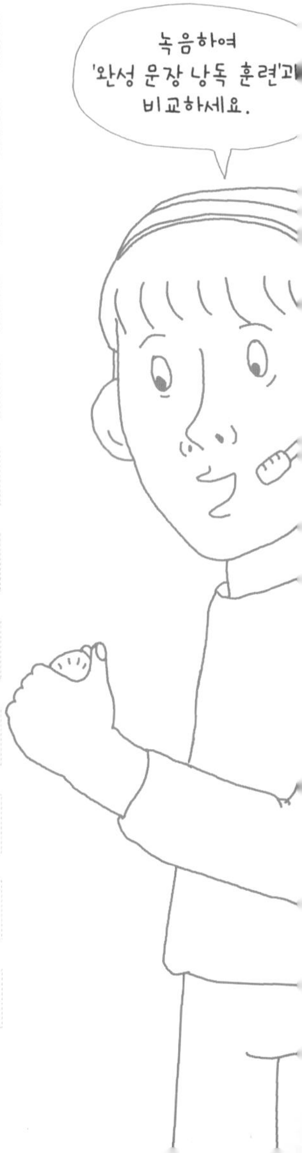

패턴 16

A를 B와 관련해 도와주다

help A with B

의미단위 입영작

이번에는 빈칸 부분을 채워서 말해 보세요.

1. 나는 도와줘 + 그녀를 + 그녀의 숙제와 관련해. — I _____ _____ with her homework.
2. 나는 도와줘 + 그를 + 그의 영어와 관련해. — I _____ him _____ his English.
3. 그녀는 도와줘 + 그를 + 그의 프로젝트와 관련해. — She _____ _____ with his _____.
4. 나는 도와줬어 + 그녀를 + 그녀의 문제와 관련해. — I helped _____ _____ her problem.
5. 우리는 도와줬어 + 그를 + 그의 계획과 관련해. — We _____ him _____ his _____.
6. 그는 도와줬어 + 나를 + 이 영화와 관련해. — He _____ _____ with this _____.
7. 그들은 도와줬어 + 그녀를 + 그녀의 이력서와 관련해. — _____ helped _____ with her _____.
8. 나는 도와줬어 + 내 여자 친구를 + 그녀의 컴퓨터와 관련해. — I _____ my _____ _____ her computer.
9. 나는 도와주고 있어 + 그녀를 + 그녀의 숙제와 관련해. — I am helping _____ __________.
10. 나는 도와주고 있어 + 내 친구를 + 그의 인터뷰와 관련해. — I __________ my friend _____ his interview.
11. 그녀는 도와주고 있어 + 그녀의 딸을 + 그 조리법과 관련해. — She __________ her daughter _____ the _____.
12. Kelly는 도와주고 있어 + 나를 + 그 시험과 관련해. — Kelly _____ helping _____ with the _____.
13. 너는 도와줬니 + 그를 + 그 시험과 관련해? — Did _____ help _____ with the _____?
14. 그는 도와줬니 + 그녀를 + 그 책과 관련해? — _____ he _____ her _____ the _____?
15. 그들은 도와줬니 + 너를 + 너의 사업과 관련해 + 작년에? — _____ they _____ you _____ your _____ last _____?

어순 입영작

어순대로 우리말 부분을 입으로 영작해 보세요.

1. 나는 도와줘 / 그녀를 / 그녀의 숙제와 관련해. ________ / ________ / ________.

2. 나는 도와줘 / 그를 / 그의 영어와 관련해. ________ / ________ / ________.

3. 그녀는 도와줘 / 그를 / 그의 프로젝트와 관련해. ________ / ________ / ________.

4. 나는 도와줬어 / 그녀를 / 그녀의 문제와 관련해. ________ / ________ / ________.

5. 우리는 도와줬어 / 그를 / 그의 계획과 관련해. ________ / ________ / ________.

6. 그는 도와줬어 / 나를 / 이 영화와 관련해. ________ / ________ / ________.

7. 그들은 도와줬어 / 그녀를 / 그녀의 이력서와 관련해 ________ / ________ / ________.

8. 나는 도와줬어 / 내 여자 친구를 / 그녀의 컴퓨터와 관련해. ________ / ________ / ________.

9. 나는 도와주고 있어 / 그녀를 / 그녀의 숙제와 관련해. ________ / ________ / ________.

10. 나는 도와주고 있어 / 내 친구를 / 그의 인터뷰와 관련해. ________ / ________ / ________.

11. 그녀는 도와주고 있어 / 그녀의 딸을 / 그 조리법과 관련해. ________ / ________ / ________.

12. Kelly는 도와주고 있어 / 나를 / 그 시험과 관련해. ________ / ________ / ________.

13. 너는 도와줬니 / 그를 / 그 시험과 관련해? ________ / ________ / ________?

14. 그는 도와줬니 / 그녀를 / 그 책과 관련해? ________ / ________ / ________?

15. 그들은 도와줬니 / 너를 / 너의 사업과 관련해 / 작년에? ________ / ________ / ________ / ________?

16_03

COMPLETE SENTENCES

완성 문장 낭독 훈련

이번에는 완성 문장을 잘 듣고 10회 이상 낭독 훈련해 보세요.

낭독 훈련 횟수 체크

1 나는 도와줘 / 그녀를 / 그녀의 숙제와 관련해.
I help / her / with her homework.

5회

10회

2 나는 도와줘 / 그를 / 그의 영어와 관련해.
I help / him / with his English.

3 그녀는 도와줘 / 그를 / 그의 프로젝트와 관련해.
She helps / him / with his project.

4 나는 도와줬어 / 그녀를 / 그녀의 문제와 관련해.
I helped / her / with her problem.

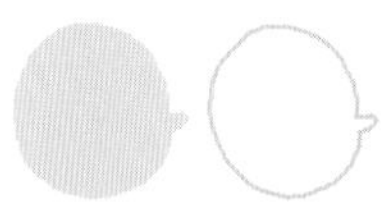

5 우리는 도와줬어 / 그를 / 그의 계획과 관련해.
We helped / him / with his plan.

6 그는 도와줬어 / 나를 / 이 영화와 관련해.
He helped / me / with this movie.

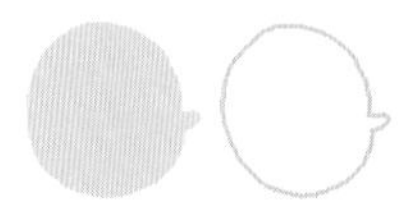

7 그들은 도와줬어 / 그녀를 / 그녀의 이력서와 관련해.
They helped / her / with her resume.

⑧ 나는 도와줬어 / 내 여자 친구를 / 그녀의 컴퓨터와 관련해.
I helped / my girlfriend / with her computer.

⑨ 나는 도와주고 있어 / 그녀를 / 그녀의 숙제와 관련해.
I am helping / her / with her homework.

⑩ 나는 도와주고 있어 / 내 친구를 / 그의 인터뷰와 관련해.
I am helping / my friend / with his interview.

⑪ 그녀는 도와주고 있어 / 그녀의 딸을 / 그 조리법과 관련해.
She is helping / her daughter / with the recipe.

⑫ Kelly는 도와주고 있어 / 나를 / 그 시험과 관련해.
Kelly is helping / me / with the test.

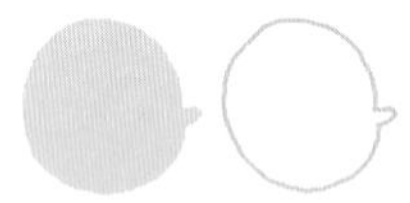

⑬ 너는 도와줬니 / 그를 / 그 시험과 관련해?
Did you help / him / with the test?

⑭ 그는 도와줬니 / 그녀를 / 그 책과 관련해?
Did he help / her / with the book?

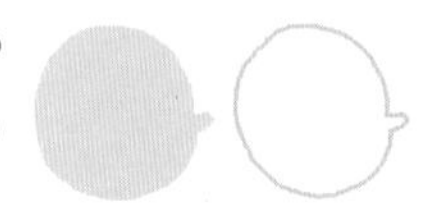

⑮ 그들은 도와줬니 / 너를 / 너의 사업과 관련해 / 작년에?
Did they help / you / with your business / last year?

스피드 입 영작

한글 해석을 보고 0.5초 내로 한번에 입 영작하세요.

녹음하여
성 문장 낭독 훈련'과
비교하세요.

완성도 체크 100%

문장	완성도 체크
1 나는 그녀를 그녀의 숙제와 관련해 도와줘.	30% → 50% → 100%
2 나는 그를 그의 영어와 관련해 도와줘.	30% → 50% → 100%
3 그녀는 그를 그의 프로젝트와 관련해 도와줘.	30% → 50% → 100%
4 나는 그녀를 그녀의 문제와 관련해 도와줬어.	30% → 50% → 100%
5 우리는 그를 그의 계획과 관련해 도와줬어.	30% → 50% → 100%
6 그는 나를 이 영화와 관련해 도와줬어.	30% → 50% → 100%
7 그들은 그녀를 그녀의 이력서와 관련해 도와줬어.	30% → 50% → 100%
8 나는 내 여자 친구를 그녀의 컴퓨터와 관련해 도와줬어.	30% → 50% → 100%
9 나는 그녀를 그녀의 숙제와 관련해 도와주고 있어.	30% → 50% → 100%
10 나는 내 친구를 그의 인터뷰와 관련해 도와주고 있어.	30% → 50% → 100%
11 그녀는 그녀의 딸을 그 조리법과 관련해 도와주고 있어.	30% → 50% → 100%
12 Kelly는 나를 그 시험과 관련해 도와주고 있어.	30% → 50% → 100%
13 너는 그를 그 시험과 관련해 도와줬니?	30% → 50% → 100%
14 그는 그녀를 그 책과 관련해 도와줬니?	30% → 50% → 100%
15 그들은 작년에 너를 너의 사업과 관련해 도와줬니?	30% → 50% → 100%

...보다 더 ~한
비교급 형용사 + than

MP3 17_02

의미단위 입영작

이번에는 빈칸 부분을 채워서 말해 보세요.

1. 나는 더 강해 + 그보다. — I am _____ than him.
2. 그는 더 빨라 + 나보다. — He is _____ _____ me.
3. 그녀는 더 귀여워 + Anna보다. — She is _____ _____ Anna.
4. 그녀는 더 아름다워 + 너보다. — She is __________ _____ you.
5. 그녀는 더 건강하지 않아 + 너보다. — She is not _____ than _____.
6. 치킨은 더 맛있지 않아 + 피자보다. — Chicken is __________ _____ pizza.
7. 아메리카노는 더 비싸지 않아 + 카페라떼보다. — Americano is __________ than Café Latte.
8. 내 차는 훨씬 더 빨라 + 네 차보다. — My car is much _____ _____ your car.
9. 나는 훨씬 더 무거워 + 너보다. — I am __________ _____ you.
10. 나의 직업은 훨씬 더 어려워 + 너의 것보다. — My job is __________ difficult _____ yours.
11. 그녀의 집은 훨씬 더 커 + 너의 것보다. — Her house is __________ than _____.
12. 너는 더 키가 크니 + 그보다? — Are you _____ than _____?
13. 너는 더 똑똑하니 + 그들보다? — Are you _____ _____ them?
14. 이 차가 더 무겁니 + 네 차보다? — Is this car _____ _____ your car?
15. 이 비행기가 훨씬 더 빠르니 + 저 기차보다? — Is this plane __________ than __________?

어순 입 영작

어순대로 우리말 부분을 입으로 영작해 보세요.

1. 나는 더 강해 / 그보다. ____________ / ____________.
2. 그는 더 빨라 / 나보다. ____________ / ____________.
3. 그녀는 더 귀여워 / Anna보다. ____________ / ____________.
4. 그녀는 더 아름다워 / 너보다. ____________ / ____________.
5. 그녀는 더 건강하지 않아 / 너보다. ____________ / ____________.
6. 치킨은 더 맛있지 않아 / 피자보다. ____________ / ____________.
7. 아메리카노는 더 비싸지 않아 / 카페라떼보다. ____________ / ____________.
8. 내 차는 훨씬 더 빨라 / 네 차보다. ____________ / ____________.
9. 나는 훨씬 더 무거워 / 너보다. ____________ / ____________.
10. 나의 직업은 훨씬 더 어려워 / 너의 것보다. ____________ / ____________.
11. 그녀의 집은 훨씬 더 커 / 너의 것보다. ____________ / ____________.
12. 너는 더 키가 크니 / 그보다? ____________ / ____________?
13. 너는 더 똑똑하니 / 그들보다? ____________ / ____________?
14. 이 차가 더 무겁니 / 네 차보다? ____________ / ____________?
15. 이 비행기가 훨씬 더 빠르니 / 저 기차보다? ____________ / ____________?

COMPLETE SENTENCES

완성 문장 낭독 훈련

이번에는 완성 문장을 잘 듣고
10회 이상 낭독 훈련해 보세요.

1 나는 더 강해 / 그보다.
I am stronger / than him.

2 그는 더 빨라 / 나보다.
He is faster / than me.

3 그녀는 더 귀여워 / Anna보다.
She is cuter / than Anna.

4 그녀는 더 아름다워 / 너보다.
She is more beautiful / than you.

5 그녀는 더 건강하지 않아 / 너보다.
She is not healthier / than you.

6 치킨은 더 맛있지 않아 / 피자보다.
Chicken is not more delicious / than pizza.

7 아메리카노는 더 비싸지 않아 / 카페라떼보다.
Americano is not more expensive / than Café Latte.

⑧ 내 차는 훨씬 더 빨라 / 네 차보다.
My car is much faster / than your car.

⑨ 나는 훨씬 더 무거워 / 너보다.
I am much heavier / than you.

⑩ 나의 직업은 훨씬 더 어려워 / 너의 것보다.
My job is much more difficult / than yours.

⑪ 그녀의 집은 훨씬 더 커 / 너의 것보다.
Her house is much bigger / than yours.

⑫ 너는 키가 더 크니 / 그보다?
Are you taller / than him?

⑬ 너는 더 똑똑하니 / 그들보다?
Are you smarter / than them?

⑭ 이 차가 더 무겁니 / 네 차보다?
Is this car heavier / than your car?

⑮ 이 비행기가 훨씬 더 빠르니 / 저 기차보다?
Is this plane much faster / than that train?

스피드 입영작

한글 해석을 보고 0.5초 내로 한번에 입 영작하세요.

완성도 체크 100%

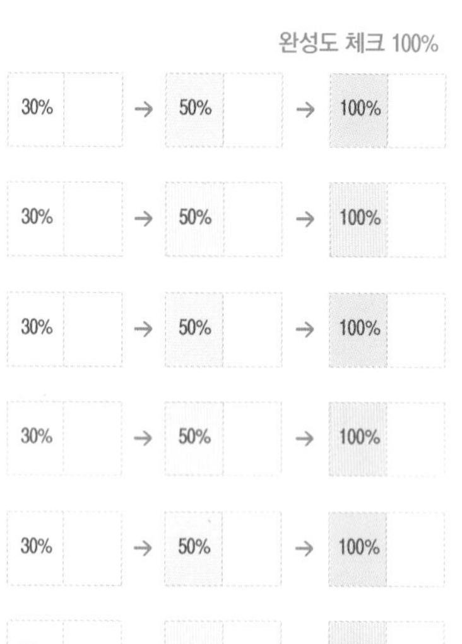

1. 나는 그보다 더 강해.
2. 그는 나보다 더 빨라.
3. 그녀는 Anna보다 더 귀여워.
4. 그녀는 너보다 더 아름다워.
5. 그녀는 너보다 더 건강하지 않아.
6. 치킨은 피자보다 더 맛있지 않아.
7. 아메리카노는 카페라떼보다 더 비싸지 않아.

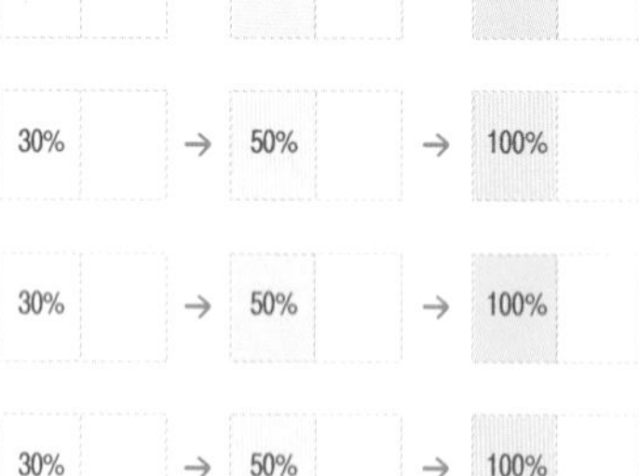

8. 내 차는 네 차보다 훨씬 더 빨라.
9. 나는 너보다 훨씬 더 무거워.
10. 나의 직업은 너의 것보다 훨씬 더 어려워.

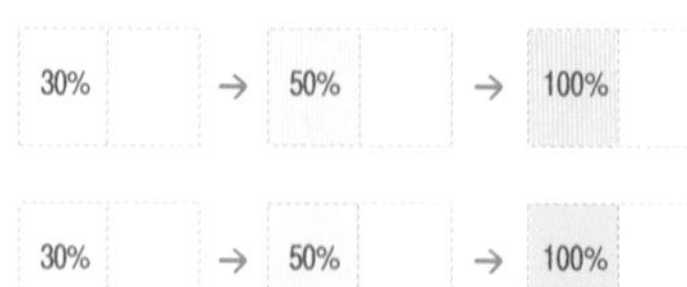

11. 그녀의 집은 너의 것보다 훨씬 더 커.
12. 너는 그보다 키가 더 크니?

13. 너는 그들보다 더 똑똑하니?

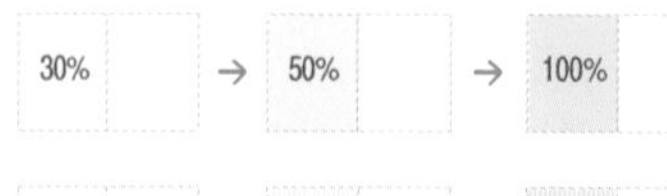

14. 이 차가 네 차보다 더 무겁니?

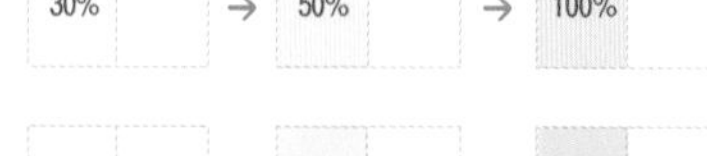

15. 이 비행기가 저 기차보다 훨씬 더 빠르니?

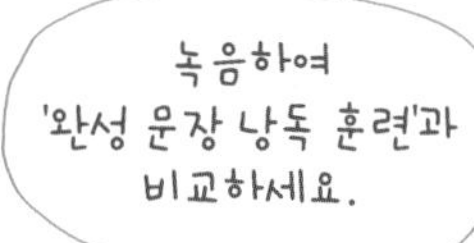

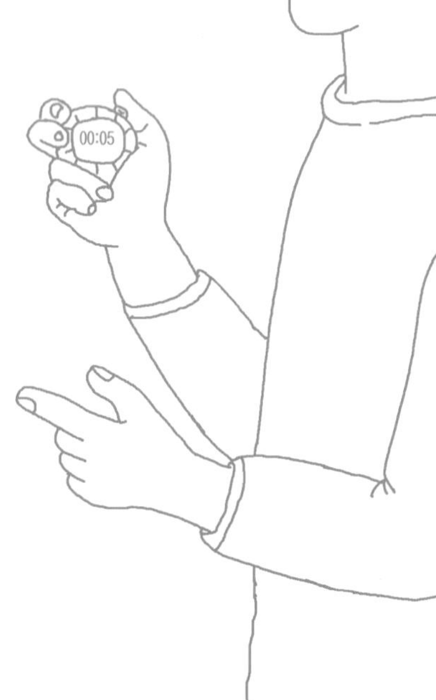

가장 ~한
the + 최상급 형용사

의미 단위 입영작

이번에는 빈칸 부분을 채워서 말해 보세요.

① 나는 가장 강해.	I am the ______.
② 그는 가장 빨라.	He is ____________.
③ 그는 가장 느려 + 우리들 중에.	He is the ______ ______ us.
④ 그녀는 가장 못생겼어 + 그들 중에.	She is the ______ ______ them.
⑤ 이 가방은 가장 비싸 + 세상에서.	This bag is ____________ in the world.
⑥ 이 자동차는 가장 싸 + 세상에서.	This car is ____________ ____________.
⑦ 그녀는 가장 인기 있어 + 우리 반에서.	She is the ______ in our ______.
⑧ 그녀는 가장 귀여운 소녀야.	She is ____________ girl.
⑨ 이것은 가장 쉬운 시험이야.	This is the ______.
⑩ 이것은 가장 큰 집이 아니야 + 세상에서.	This is not ____________ house ____________.
⑪ 이것은 가장 큰 트럭이 아니야 + 내가 본 중에.	This is ______ the ______ truck I have seen.
⑫ 이것이 가장 무겁니?	Is this ____________?
⑬ 이것이 가장 싸니 + 여기에서?	Is this ____________ here?
⑭ 이 마우스가 가장 비싸니 + 여기에서?	______ this ______ the most expensive ______?
⑮ 이 커피가 가장 달콤하니?	Is this coffee ____________?

어순 입영작

어순대로 우리말 부분을 입으로 영작해 보세요.

1. 나는 가장 강해. ______________.
2. 그는 가장 빨라. ______________.
3. 그는 가장 느려 / 우리들 중에. ______________ / ______.
4. 그녀는 가장 못생겼어 / 그들 중에. ______________ / ______.
5. 이 가방은 가장 비싸 / 세상에서. ______________ / ______.
6. 이 자동차는 가장 싸 / 세상에서. ______________ / ______.
7. 그녀는 가장 인기 있어 / 우리 반에서. ______________ / ______.
8. 그녀는 가장 귀여운 소녀야. ______________.
9. 이것은 가장 쉬운 시험이야. ______________.
10. 이것은 가장 큰 집이 아니야 / 세상에서. ______________ / ______.
11. 이것은 가장 큰 트럭이 아니야 / 내가 본 중에. ______________ / ______.
12. 이것이 가장 무겁니? ______________?
13. 이것이 가장 싸니 / 여기에서? ______________ / ______?
14. 이 마우스가 가장 비싸니 / 여기에서? ______________ / ______?
15. 이 커피가 가장 달콤하니? ______________?

COMPLETE SENTENCES

완성 문장 낭독 훈련

이번에는 완성 문장을 잘 듣고
10회 이상 낭독 훈련해 보세요.

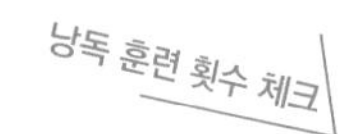

5회 10회

❶ 나는 가장 강해.
I am the strongest.

❷ 그는 가장 빨라.
He is the fastest.

❸ 그는 가장 느려 / 우리들 중에.
He is the slowest / of us.

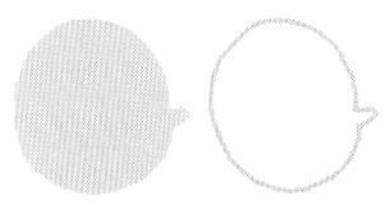

❹ 그녀는 가장 못생겼어 / 그들 중에.
She is the ugliest / of them.

❺ 이 가방은 가장 비싸 / 세상에서.
This bag is the most expensive / in the world.

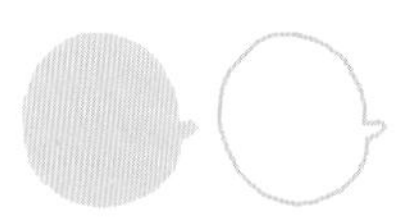

❻ 이 자동차는 가장 싸 / 세상에서.
This car is the cheapest / in the world.

❼ 그녀는 가장 인기 있어 / 우리 반에서.
She is the most popular / in our class.

⑧ 그녀는 가장 귀여운 소녀야.
She is the cutest girl.

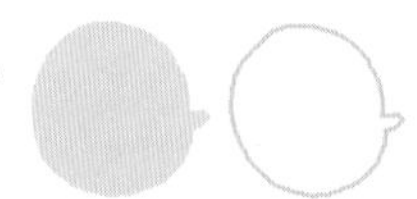

⑨ 이것은 가장 쉬운 시험이야.
This is the easiest exam.

⑩ 이것은 가장 큰 집이 아니야 / 세상에서.
This is not the biggest house / in the world.

⑪ 이것은 가장 큰 트럭이 아니야 / 내가 본 중에.
This is not the biggest truck / I have seen.

⑫ 이것이 가장 무겁니?
Is this the heaviest?

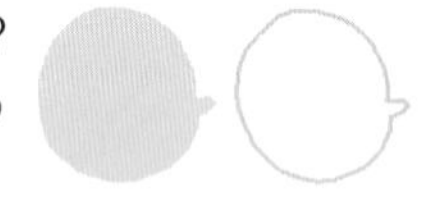

⑬ 이것이 가장 싸니 / 여기에서?
Is this the cheapest / here?

⑭ 이 마우스가 가장 비싸니 / 여기에서?
Is this mouse the most expensive / here?

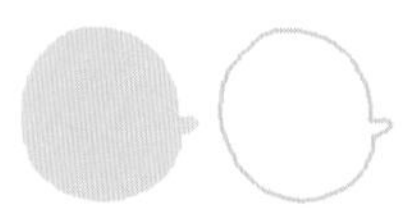

⑮ 이 커피가 가장 달콤하니?
Is this coffee the sweetest?

스피드 입영작

한글 해석을 보고 0.5초 내로 한번에 입 영작하세요.

녹음하여
'완성 문장 낭독 훈련'과
비교하세요.

완성도 체크 100%

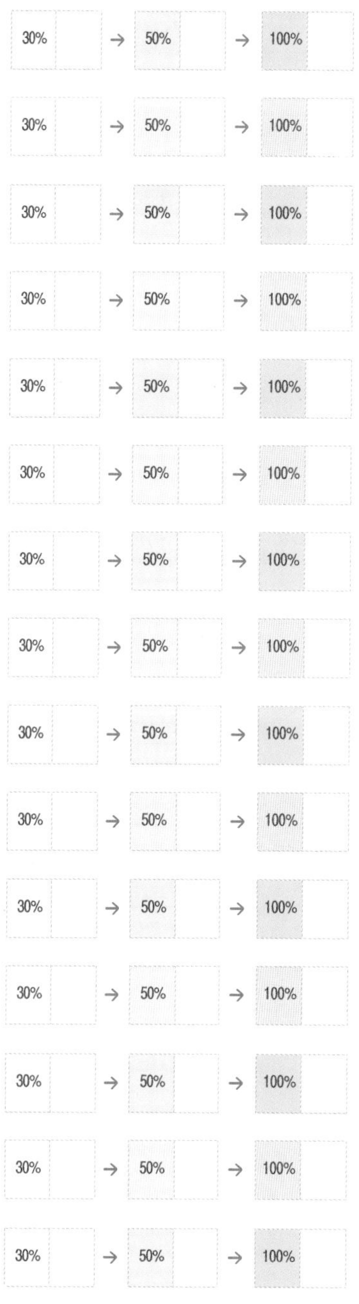

1. 나는 가장 강해.
2. 그는 가장 빨라.
3. 그는 우리들 중에 가장 느려.
4. 그녀는 그들 중에 가장 못생겼어.
5. 이 가방은 세상에서 가장 비싸.
6. 이 자동차는 세상에서 가장 싸.
7. 그녀는 우리 반에서 가장 인기 있어.
8. 그녀는 가장 귀여운 소녀야.
9. 이것은 가장 쉬운 시험이야.
10. 이것은 세상에서 가장 큰 집이 아니야.
11. 이것은 내가 본 중에 가장 큰 트럭이 아니야.
12. 이것이 가장 무겁니?
13. 이것이 여기에서 가장 싸니?
14. 이 마우스가 여기에서 가장 비싸니?
15. 이 커피가 가장 달콤하니?

패턴 19

A는 B만큼이나 ~해
A is as 형용사 as B

의미 단위 입영작

이번에는 빈칸 부분을 채워서 말해 보세요.

1. 이 책상은 가벼워 + 내 책상만큼이나. — This desk is as light / as ________.
2. 그녀는 아름다워 + 내 어머니만큼이나. — She is ________ / ____ my mother.
3. 이 스커트는 짧아 + 이 드레스만큼이나. — This ____ is ________ / as this ____.
4. 이 커피는 써 + 이 알약만큼이나. — This coffee is ________ / ____ this pill.
5. 오늘은 더워 + 어제만큼이나. — Today is as ____ / ________.
6. 영어는 쉬워 + 일본어만큼이나. — English is ________ / ____ Japanese.
7. 그녀는 무겁지는 않아 + 나만큼이나. — She is not ________ / as me.
8. 나는 쿨하지는 않아 + 너만큼이나. — I am ____ as ____ / ____ you.
9. 내 컴퓨터는 빠르지는 않아 + 너의 것만큼이나. — My computer is ________ / ____ yours.
10. 내 피부는 가무잡잡하지는 않아 + 너의 것만큼이나. — My skin is ________ / as ____.
11. 내 코는 날카롭지는 않아 + 그녀의 것만큼이나. — My nose is ________ / as ____.
12. 네 남자 친구는 게으르니 + 내 남자 친구만큼이나? — Is your ________ / as my ____?
13. 네 여자 친구는 느리니 + 내 여자 친구만큼이나? — Is your ____ as ____ / ____ my girlfriend?
14. 네 언니는 친절하니 + 네 남동생만큼이나? — Is your ____ as ____ / ____ your ____?
15. 너의 소파는 작니 + 이 상자만큼이나? — Is your ____ as ____ / as ________?

어순 입영작

어순대로 우리말 부분을 입으로 영작해 보세요.

1. 이 책상은 가벼워 / 내 책상만큼이나. ____________________ / ________.
2. 그녀는 아름다워 / 내 어머니만큼이나. ____________________ / ________.
3. 이 스커트는 짧아 / 이 드레스만큼이나. ____________________ / ________.
4. 이 커피는 써 / 이 알약만큼이나. ____________________ / ________.
5. 오늘은 더워 / 어제만큼이나. ____________________ / ________.
6. 영어는 쉬워 / 일본어만큼이나. ____________________ / ________.
7. 그녀는 무겁지는 않아 / 나만큼이나. ____________________ / ________.
8. 나는 쿨하지는 않아 / 너만큼이나. ____________________ / ________.
9. 내 컴퓨터는 빠르지는 않아 / 너의 것만큼이나. ____________________ / ________.
10. 내 피부는 가무잡잡하지는 않아 / 너의 것만큼이나. ____________________ / ________.
11. 내 코는 날카롭지는 않아 / 그녀의 것만큼이나. ____________________ / ________.
12. 네 남자 친구는 게으르니 / 내 남자 친구만큼이나? ____________________ / ________?
13. 네 여자 친구는 느리니 / 내 여자 친구만큼이나? ____________________ / ________?
14. 네 언니는 친절하니 / 네 남동생만큼이나? ____________________ / ________?
15. 너의 소파는 작니 / 이 상자만큼이나? ____________________ / ________?

COMPLETE SENTENCES

완성 문장 낭독 훈련

이번에는 완성 문장을 잘 듣고 10회 이상 낭독 훈련해 보세요.

낭독 훈련 횟수 체크

❶ 이 책상은 가벼워 / 내 책상만큼이나.
This desk is as light / as my desk.

❷ 그녀는 아름다워 / 내 어머니만큼이나.
She is as beautiful / as my mother.

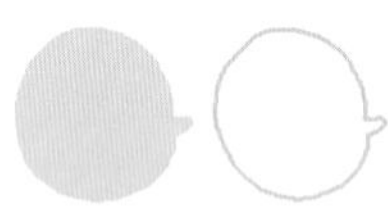

❸ 이 스커트는 짧아 / 이 드레스만큼이나.
This skirt is as short / as this dress.

❹ 이 커피는 써 / 이 알약만큼이나.
This coffee is as bitter / as this pill.

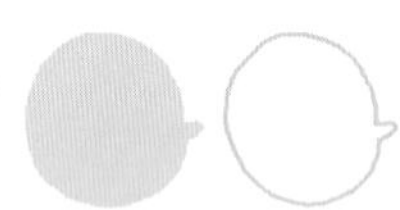

❺ 오늘은 더워 / 어제만큼이나.
Today is as hot / as yesterday.

❻ 영어는 쉬워 / 일본어만큼이나.
English is as easy / as Japanese.

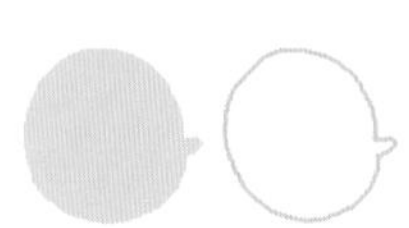

❼ 그녀는 무겁지는 않아 / 나만큼이나.
She is not as heavy / as me.

❽ 나는 쿨하지는 않아 / 너만큼이나.
I am not as cool / as you.

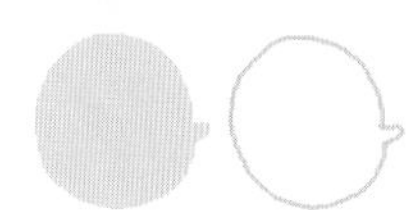

❾ 내 컴퓨터는 빠르지는 않아 / 너의 것만큼이나.
My computer is not as fast / as yours.

❿ 내 피부는 가무잡잡하지는 않아 / 너의 것만큼이나.
My skin is not as dark / as yours.

⓫ 내 코는 날카롭지는 않아 / 그녀의 것만큼이나.
My nose is not as sharp / as hers.

⓬ 네 남자 친구는 게으르니 / 내 남자 친구만큼이나?
Is your boyfriend as lazy / as my boyfriend?

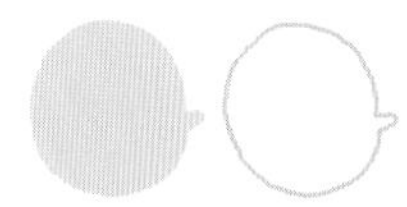

⓭ 네 여자 친구는 느리니 / 내 여자 친구만큼이나?
Is your girlfriend as slow / as my girlfriend?

⓮ 네 언니는 친절하니 / 네 남동생만큼이나?
Is your sister as kind / as your brother?

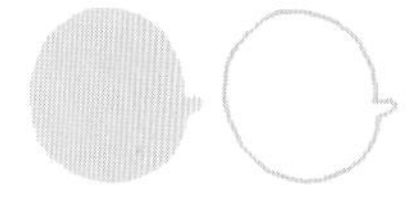

⓯ 너의 소파는 작니 / 이 상자만큼이나?
Is your sofa as small / as this box?

스피드 입 영작

한글 해석을 보고 0.5초 내로 한번에 입 영작하세요.

완성도 체크 100%

	완성도 체크
1 이 책상은 내 책상만큼이나 가벼워.	30% → 50% → 100%
2 그녀는 내 어머니만큼이나 아름다워.	30% → 50% → 100%
3 이 스커트는 이 드레스만큼이나 짧아.	30% → 50% → 100%
4 이 커피는 이 알약만큼이나 써.	30% → 50% → 100%
5 오늘은 어제만큼이나 더워.	30% → 50% → 100%
6 영어는 일본어만큼이나 쉬워.	30% → 50% → 100%
7 그녀는 나만큼이나 무겁지는 않아.	30% → 50% → 100%
8 나는 너만큼이나 쿨하지는 않아.	30% → 50% → 100%
9 내 컴퓨터는 너의 것만큼이나 빠르지는 않아.	30% → 50% → 100%
10 내 피부는 너의 것만큼이나 가무잡잡하지는 않아.	30% → 50% → 100%
11 내 코는 그녀의 것만큼이나 날카롭지는 않아.	30% → 50% → 100%
12 네 남자 친구는 내 남자 친구만큼이나 게으르니?	30% → 50% → 100%
13 네 여자 친구는 내 여자 친구만큼이나 느리니?	30% → 50% → 100%
14 네 언니는 네 남동생만큼이나 친절하니?	30% → 50% → 100%
15 너의 소파는 이 상자만큼이나 작니?	30% → 50% → 100%

녹음하여
'완성 문장 낭독 훈련'과
비교하세요.

계속 ~해 keep -ing

의미단위 입영작

이번에는 빈칸 부분을 채워서 말해 보세요.

1. 그녀는 계속 울어. — She _____ crying.
2. 그는 계속 전화해 + 내게. — He keeps _____ me.
3. 내 남자 친구는 계속 물어봐 + 내게. — My boyfriend __________ me.
4. 그는 계속 보내 + 문자 메시지들을 + 내게. — He __________ text _____ _____ me.
5. 그들은 계속 춤췄어. — _____ kept _____.
6. 그녀는 계속 미소 지었어 + 행복하게. — She __________ happily.
7. 나는 계속 운전했어 + 세 시간 동안. — I __________ for 3 _____.
8. 나는 계속 마셨어 + 물을. — I __________ water.
9. 그는 계속 사용했어 + 내 컴퓨터를. — He __________ my _____.
10. 그는 계속 물어봤어 + 같은 질문들을. — He __________ the same _____.
11. 그녀는 계속 때렸어 + 그녀의 남자 친구를. — She __________ her _____.
12. 그가 계속 괴롭히니 + 너를? — _____ he _____ bothering _____?
13. 그가 계속 부르니 + 같은 노래를? — Does he __________ the __________?
14. 그들은 계속 불평했니 + 너에게? — Did they keep _____ to _____?
15. 그 장난감은 계속 움직였니 + 네가 만졌을 때 + 그것을? — _____ the _____ keep _____ when you _____ it?

어순 입영작

어순대로 우리말 부분을 입으로 영작해 보세요.

1. 그녀는 계속 울어. ____________________.
2. 그는 계속 전화해 / 내게. ____________________ / ________.
3. 내 남자 친구는 계속 물어봐 / 내게. ____________________ / ________.
4. 그는 계속 보내 / 문자 메시지들을 / 내게. ____________________ / ________ / ________.
5. 그들은 계속 춤췄어. ____________________.
6. 그녀는 계속 미소 지었어 / 행복하게. ____________________ / ________.
7. 나는 계속 운전했어 / 세 시간 동안. ____________________ / ________.
8. 나는 계속 마셨어 / 물을. ____________________ / ________.
9. 그는 계속 사용했어 / 내 컴퓨터를. ____________________ / ________.
10. 그는 계속 물어봤어 / 같은 질문들을. ____________________ / ________.
11. 그녀는 계속 때렸어 / 그녀의 남자 친구를. ____________________ / ________.
12. 그가 계속 괴롭히니 / 너를? ____________________ / ________?
13. 그가 계속 부르니 / 같은 노래를? ____________________ / ________?
14. 그들은 계속 불평했니 / 너에게? ____________________ / ________?
15. 그 장난감은 계속 움직였니 / 네가 만졌을 때 / 그것을? ____________________ / ________ / ________?

COMPLETE SENTENCES

완성 문장 낭독 훈련

이번에는 완성 문장을 잘 듣고
10회 이상 낭독 훈련해 보세요.

낭독 훈련 횟수 체크

❶ 그녀는 계속 울어.
She keeps crying.

❷ 그는 계속 전화해 / 내게.
He keeps calling / me.

❸ 내 남자 친구는 계속 물어봐 / 내게.
My boyfriend keeps asking / me.

❹ 그는 계속 보내 / 문자 메시지들을 / 내게.
He keeps sending / text messages / to me.

❺ 그들은 계속 춤췄어.
They kept dancing.

❻ 그녀는 계속 미소 지었어 / 행복하게.
She kept smiling / happily.

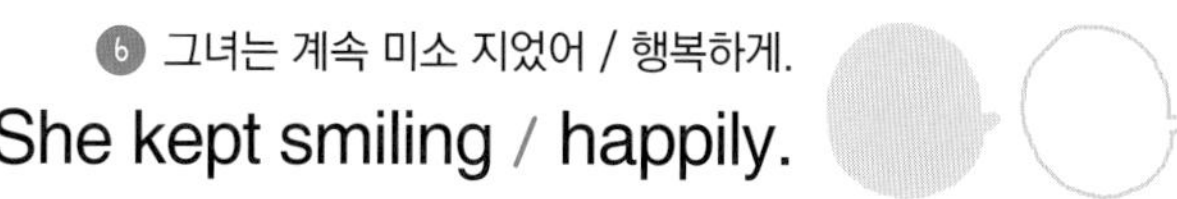

❼ 나는 계속 운전했어 / 세 시간 동안.
I kept driving / for 3 hours.

⑧ 나는 계속 마셨어 / 물을.
I kept drinking / water.

⑨ 그는 계속 사용했어 / 내 컴퓨터를.
He kept using / my computer.

⑩ 그는 계속 물어봤어 / 같은 질문들을.
He kept asking / the same questions.

⑪ 그녀는 계속 때렸어 / 그녀의 남자 친구를.
She kept hitting / her boyfriend.

⑫ 그가 계속 괴롭히니 / 너를?
Does he keep bothering / you?

⑬ 그가 계속 부르니 / 같은 노래를?
Does he keep singing / the same song?

⑭ 그들은 계속 불평했니 / 너에게?
Did they keep complaining / to you?

⑮ 그 장난감은 계속 움직였니 / 네가 만졌을 때 / 그것을?
Did the toy keep moving / when you touched / it?

스피드 입 영작

한글 해석을 보고 0.5초 내로 한번에 입 영작하세요.

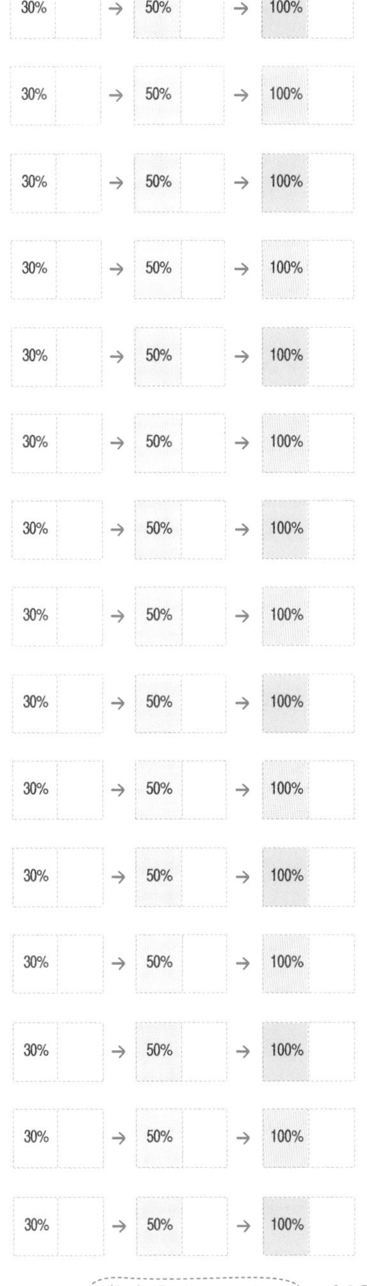

녹음하여
'완성 문장 낭독 훈련'과
비교하세요.
00:05

완성도 체크 100%

		완성도 체크				
1	그녀는 계속 울어.	30%	→	50%	→	100%
2	그는 내게 계속 전화해.	30%	→	50%	→	100%
3	내 남자 친구는 내게 계속 물어봐.	30%	→	50%	→	100%
4	그는 문자 메시지들을 내게 계속 보내.	30%	→	50%	→	100%
5	그들은 계속 춤췄어.	30%	→	50%	→	100%
6	그녀는 계속 행복하게 미소 지었어.	30%	→	50%	→	100%
7	나는 세 시간 동안 계속 운전했어.	30%	→	50%	→	100%
8	나는 물을 계속 마셨어.	30%	→	50%	→	100%
9	그는 내 컴퓨터를 계속 사용했어.	30%	→	50%	→	100%
10	그는 같은 질문들을 계속 했어.	30%	→	50%	→	100%
11	그녀는 그녀의 남자 친구를 계속 때렸어.	30%	→	50%	→	100%
12	그가 너를 계속 괴롭히니?	30%	→	50%	→	100%
13	그가 같은 노래를 계속 부르니?	30%	→	50%	→	100%
14	그들은 너에게 계속 불평했니?	30%	→	50%	→	100%
15	그 장난감은 네가 그것을 만졌을 때 계속 움직였니?	30%	→	50%	→	100%

패턴 21

그만 ~하다 / ~하는 것을 멈추다 stop -ing

의미단위 입영작

이번에는 빈칸 부분을 채워서 말해 보세요.

1. 그만 먹어! — Stop ______!
2. 그만 울어! — ______ crying!
3. 그만 전화해 + 나에게. — Stop ______ me.
4. 그만 쳐다봐 + 내 얼굴을. — ____________ at my ______.
5. 그들은 멈췄어 + 먹는 것을. — They ______ eating.
6. 나는 멈췄어 + 방문하는 것을 + 그녀를. — I ______ ______ ______.
7. 그녀는 멈췄어 + 사용하는 것을 + 그녀의 전화기를. — She ______ ______ her phone.
8. 그들은 멈췄어 + 공격하는 것을 + 우리를. — They stopped ______ ______.
9. 우리는 멈췄어 + 보는 것을 + TV를. — We ______ ______ TV.
10. 나는 멈췄어 + 쓰는 것을 + 그 편지를. — I ______ ______ the letter.
11. 그녀는 멈췄어 + 찍는 것을 + 사진들을. — She ______ taking ______.
12. 그는 멈췄니 + 하는 것을 + 그의 숙제를? — ______ he ______ ______ his homework?
13. 그녀는 멈췄니 + 먹는 것을 + 그 치즈케이크를? — ______ she stop ______ the cheesecake?
14. 네 오빠는 멈췄니 + 코를 고는 것을 + 어젯밤에? — ______ your ______ stop ______ last night?
15. 네 누나는 멈췄니 + 요리하는 것을 + 너를 위해? — Did your ______ stop ______ for you?

어순 입 영작

어순대로 우리말 부분을 입으로 영작해 보세요.

1. 그만 먹어! ____________________!
2. 그만 울어! ____________________!
3. 그만 전화해 / 나에게. ____________________ / ________.
4. 그만 쳐다봐 / 내 얼굴을. ____________________ / ________.
5. 그들은 멈췄어 / 먹는 것을. ____________________ / ________.
6. 나는 멈췄어 / 방문하는 것을 / 그녀를. ____________________ / ________ / ________.
7. 그녀는 멈췄어 / 사용하는 것을 / 그녀의 전화기를. ____________________ / ________ / ________.
8. 그들은 멈췄어 / 공격하는 것을 / 우리를. ____________________ / ________ / ________.
9. 우리는 멈췄어 / 보는 것을 / TV를. ____________________ / ________ / ________.
10. 나는 멈췄어 / 쓰는 것을 / 그 편지를. ____________________ / ________ / ________.
11. 그녀는 멈췄어 / 찍는 것을 / 사진들을. ____________________ / ________ / ________.
12. 그는 멈췄니 / 하는 것을 / 그의 숙제를? ____________________ / ________ / ________?
13. 그녀는 멈췄니 / 먹는 것을 / 그 치즈케이크를? ____________________ / ________ / ________?
14. 네 오빠는 멈췄니 / 코를 고는 것을 / 어젯밤에? ____________________ / ________ / ________?
15. 네 누나는 멈췄니 / 요리하는 것을 / 너를 위해? ____________________ / ________ / ________?

COMPLETE SENTENCES

완성 문장 낭독 훈련

이번에는 완성 문장을 잘 듣고
10회 이상 낭독 훈련해 보세요.

① 그만 먹어!
Stop eating!

② 그만 울어!
Stop crying!

③ 그만 전화해 / 나에게.
Stop calling / me.

④ 그만 쳐다봐 / 내 얼굴을.
Stop looking / at my face.

⑤ 그들은 멈췄어 / 먹는 것을.
They stopped / eating.

⑥ 나는 멈췄어 / 방문하는 것을 / 그녀를.
I stopped / visiting / her.

⑦ 그녀는 멈췄어 / 사용하는 것을 / 그녀의 전화기를.
She stopped / using / her phone.

8 그들은 멈췄어 / 공격하는 것을 / 우리를.
They stopped / attacking / us.

9 우리는 멈췄어 / 보는 것을 / TV를.
We stopped / watching / TV.

10 나는 멈췄어 / 쓰는 것을 / 그 편지를.
I stopped / writing / the letter.

11 그녀는 멈췄어 / 찍는 것을 / 사진들을.
She stopped / taking / pictures.

12 그는 멈췄니 / 하는 것을 / 그의 숙제를?
Did he stop / doing / his homework?

13 그녀는 멈췄니 / 먹는 것을 / 그 치즈케이크를?
Did she stop / eating / the cheesecake?

14 네 오빠는 멈췄니 / 코를 고는 것을 / 어젯밤에?
Did your brother stop / snoring / last night?

15 네 누나는 멈췄니 / 요리하는 것을 / 너를 위해?
Did your sister stop / cooking / for you?

스피드 입 영작

한글 해석을 보고 0.5초 내로 한번에 입 영작하세요.

완성도 체크 100%

① 그만 먹어!	30%	→ 50%	→ 100%
② 그만 울어!	30%	→ 50%	→ 100%
③ 나에게 그만 전화해.	30%	→ 50%	→ 100%
④ 내 얼굴을 그만 쳐다봐.	30%	→ 50%	→ 100%
⑤ 그들은 먹는 것을 멈췄어.	30%	→ 50%	→ 100%
⑥ 나는 그녀를 방문하는 것을 멈췄어.	30%	→ 50%	→ 100%
⑦ 그녀는 그녀의 전화기를 사용하는 것을 멈췄어.	30%	→ 50%	→ 100%
⑧ 그들은 우리를 공격하는 것을 멈췄어.	30%	→ 50%	→ 100%
⑨ 우리는 TV를 보는 것을 멈췄어.	30%	→ 50%	→ 100%
⑩ 나는 그 편지를 쓰는 것을 멈췄어.	30%	→ 50%	→ 100%
⑪ 그녀는 사진들을 찍는 것을 멈췄어.	30%	→ 50%	→ 100%
⑫ 그는 그의 숙제를 하는 것을 멈췄니?	30%	→ 50%	→ 100%
⑬ 그녀는 그 치즈케이크를 먹는 것을 멈췄니?	30%	→ 50%	→ 100%
⑭ 네 오빠는 어젯밤에 코를 고는 것을 멈췄니?	30%	→ 50%	→ 100%
⑮ 네 누나는 너를 위해 요리하는 것을 멈췄니?	30%	→ 50%	→ 100%

녹음하여
'완성 문장 낭독 훈련'과
비교하세요.

00:05

~할 의향이 있어 / 기꺼이 ~하겠어

be willing to

MP3 22_02

의미 단위 입영작

이번에는 빈칸 부분을 채워서 말해 보세요.

1. 나는 의향이 있어 + 도와줄 + 너를. — I am willing to _____ you.
2. 나는 의향이 있어 + 배울 + 영어를. — I am _____ to _____ English.
3. 그녀는 의향이 있어 + 공부할 + 너와 함께. — She __________ study _____ you.
4. 나는 의향이 없어 + 머무를 + 여기에. — I am _____ willing to _____ here.
5. 나는 의향이 없어 + 갈 + 대학에. — I am _____ willing to _____ _____ college.
6. 나의 상사는 의향이 없어 + 승진시킬 + 그녀를. — My boss is __________ promote _____.
7. 나의 어머니는 의향이 없어 + 살 + 새 가방을. — My mother is not __________ buy a __________.
8. 나는 의향이 있었어 + 올 + 그 파티에. — I was __________ _____ to the _____.
9. 그녀는 의향이 있었어 + 방문할 + 이탈리아를. — She __________ to _____ Italy.
10. 그는 의향이 있었어 + 이사 갈 + 서울로. — He __________ to move to _____.
11. 나의 삼촌은 의향이 있었어 + 팔 + 그의 차를. — My _____ was willing _____ sell __________.
12. 너는 의향이 있니 + 결혼할 + 나와? — Are you __________ _____ me?
13. 그녀는 의향이 있니 + 걸을 + 우리와 함께? — _____ she _____ to walk _____ us?
14. 그들은 의향이 있었니 + 도울 + 서로를? — Were they __________ help _____ other?
15. 너는 의향이 있었니 + 볼 + 이 영화를? — _____ you __________ watch this _____?

어순 입영작

어순대로 우리말 부분을 입으로 영작해 보세요.

1 나는 의향이 있어 / 도와줄 / 너를. ____________ / ________ / ________.

2 나는 의향이 있어 / 배울 / 영어를. ____________ / ________ / ________.

3 그녀는 의향이 있어 / 공부할 / 너와 함께. ____________ / ________ / ________.

4 나는 의향이 없어 / 머무를 / 여기에. ____________ / ________ / ________.

5 나는 의향이 없어 / 갈 / 대학에. ____________ / ________ / ________.

6 나의 상사는 의향이 없어 / 승진시킬 / 그녀를. ____________ / ________ / ________.

7 나의 어머니는 의향이 없어 / 살 / 새 가방을. ____________ / ________ / ________.

8 나는 의향이 있었어 / 올 / 그 파티에. ____________ / ________ / ________.

9 그녀는 의향이 있었어 / 방문할 / 이탈리아를. ____________ / ________ / ________.

10 그는 의향이 있었어 / 이사 갈 / 서울로. ____________ / ________ / ________.

11 나의 삼촌은 의향이 있었어 / 팔 / 그의 차를. ____________ / ________ / ________.

12 너는 의향이 있니 / 결혼할 / 나와? ____________ / ________ / ________?

13 그녀는 의향이 있니 / 걸을 / 우리와 함께? ____________ / ________ / ________?

14 그들은 의향이 있었니 / 도울 / 서로를? ____________ / ________ / ________?

15 너는 의향이 있었니 / 볼 / 이 영화를? ____________ / ________ / ________?

COMPLETE SENTENCES

완성 문장 낭독 훈련

이번에는 완성 문장을 잘 듣고 10회 이상 낭독 훈련해 보세요.

낭독 훈련 횟수 체크

5회 10회

1 나는 의향이 있어 / 도와줄 / 너를.
I am willing to / help / you.

2 나는 의향이 있어 / 배울 / 영어를.
I am willing to / learn / English.

3 그녀는 의향이 있어 / 공부할 / 너와 함께.
She is willing to / study / with you.

4 나는 의향이 없어 / 머무를 / 여기에.
I am not willing to / stay / here.

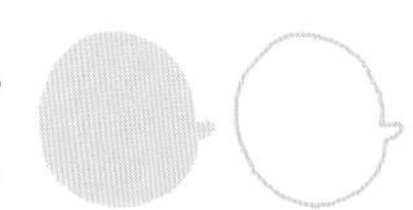

5 나는 의향이 없어 / 갈 / 대학에.
I am not willing to / go / to college.

6 나의 상사는 의향이 없어 / 승진시킬 / 그녀를.
My boss is not willing to / promote / her.

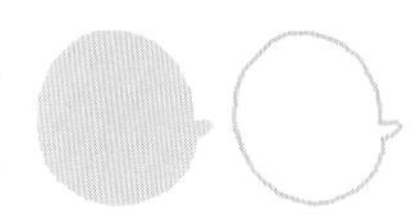

7 나의 어머니는 의향이 없어 / 살 / 새 가방을.
My mother is not willing to / buy / a new bag.

⑧ 나는 의향이 있었어 / 올 / 그 파티에.

I was willing to / come / to the party.

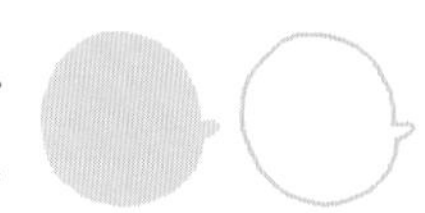

⑨ 그녀는 의향이 있었어 / 방문할 / 이탈리아를.

She was willing to / visit / Italy.

⑩ 그는 의향이 있었어 / 이사 갈 / 서울로.

He was willing to / move / to Seoul.

⑪ 나의 삼촌은 의향이 있었어 / 팔 / 그의 차를.

My uncle was willing to / sell / his car.

⑫ 너는 의향이 있니 / 결혼할 / 나와?

Are you willing to / marry / me?

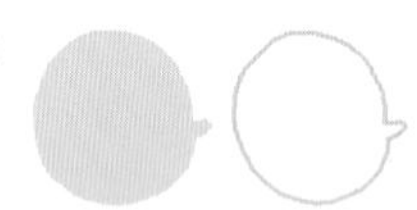

⑬ 그녀는 의향이 있니 / 걸을 / 우리와 함께?

Is she willing to / walk / with us?

⑭ 그들은 의향이 있었니 / 도울 / 서로를?

Were they willing to / help / each other?

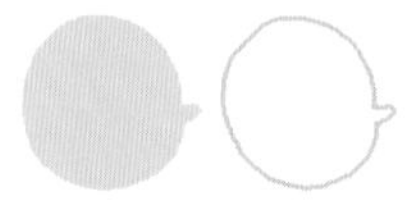

⑮ 너는 의향이 있었니 / 볼 / 이 영화를?

Were you willing to / watch / this movie?

스피드 입 영작

한글 해석을 보고 0.5초 내로 한번에 입 영작하세요.

완성도 체크 100%

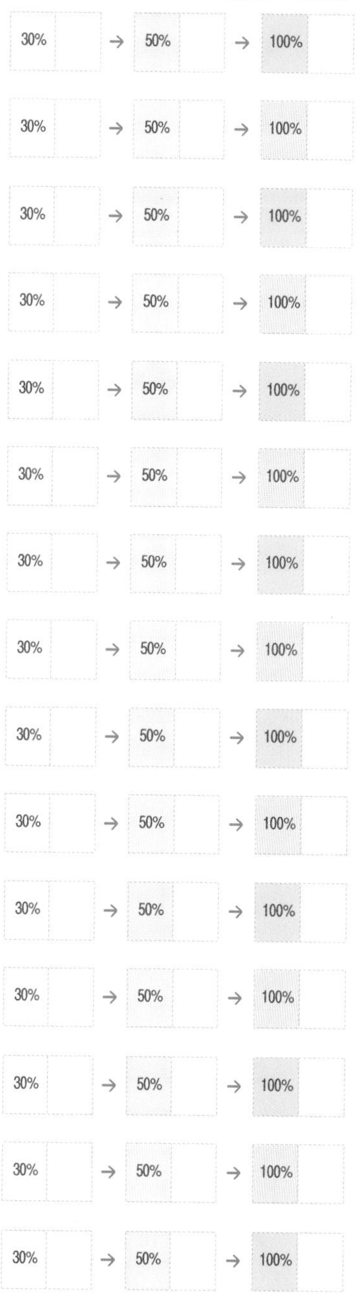

1. 나는 너를 도와줄 의향이 있어.
2. 나는 영어를 배울 의향이 있어.
3. 그녀는 너와 함께 공부할 의향이 있어.
4. 나는 여기에 머무를 의향이 없어.
5. 나는 대학에 갈 의향이 없어.
6. 나의 상사는 그녀를 승진시킬 의향이 없어.
7. 나의 어머니는 새 가방을 살 의향이 없어.
8. 나는 그 파티에 올 의향이 있었어.
9. 그녀는 이탈리아를 방문할 의향이 있었어.
10. 그는 서울로 이사 갈 의향이 있었어.
11. 나의 삼촌은 그의 차를 팔 의향이 있었어.
12. 너는 나와 결혼할 의향이 있니?
13. 그녀는 우리와 함께 걸을 의향이 있니?
14. 그들은 서로를 도울 의향이 있었니?
15. 너는 이 영화를 볼 의향이 있었니?

녹음하여 '완성 문장 낭독 훈련'과 비교하세요.

막 ~하려는 참이야 be about to

의미단위 입영작

이번에는 빈칸 부분을 채워서 말해 보세요.

1. 나는 막 가려는 참이야 + 학교에. — I __________ go ______ school.
2. 그녀는 막 울려는 참이야. — She is about to ______.
3. 그는 막 걸으려는 참이야 + 그의 여자 친구와. — He __________ walk ______ his girlfriend.
4. 우리는 막 방문하려는 참이야 + 너를. — We ______ about to ______ you.
5. 나는 막 물어보려던 참이었어 + 질문을. — I was about to ______ a ______.
6. 그녀는 막 가려던 참이었어 + 집에. — She ______ about to ______ home.
7. 그들은 막 훔치려던 참이었어 + 이 차를. — They ______ about to ______ this ______.
8. 우리는 막 팔려던 참이었어 + 이 보트를. — We ______ about to ______ this ______.
9. 너는 막 주문할 참이니 + 아메리카노를? — ______ you about __________ an Americano?
10. 그녀는 막 포기할 참이니 + 그녀의 꿈을? — ______ she about to ______ up her ______?
11. 그들은 막 해고할 참이니 + 그녀를? — ______ they ______ to ______ her?
12. 너는 막 떠나려던 참이었니 + 한국을? — Were you ______ to ______ Korea?
13. 너는 막 끄려던 참이었니 + 이 컴퓨터를? — ______ you about to __________ this ______?
14. 그녀는 막 먹으려던 참이었니 + 점심을? — ______ she __________ have ______?
15. 그는 막 그리려던 참이었니 + 동물을? — ______ he ______ to draw an ______?

어순 입영작

어순대로 우리말 부분을 입으로 영작해 보세요.

1. 나는 막 가려는 참이야 / 학교에. ____________ / ______.
2. 그녀는 막 울려는 참이야. ________________.
3. 그는 막 걸으려는 참이야 / 그의 여자 친구와. ____________ / ______.
4. 우리는 막 방문하려는 참이야 / 너를. ____________ / ______.
5. 나는 막 물어보려던 참이었어 / 질문을. ____________ / ______.
6. 그녀는 막 가려던 참이었어 / 집에. ____________ / ______.
7. 그들은 막 훔치려던 참이었어 / 이 차를. ____________ / ______.
8. 우리는 막 팔려던 참이었어 / 이 보트를. ____________ / ______.
9. 너는 막 주문할 참이니 / 아메리카노를? ____________ / ______?
10. 그녀는 막 포기할 참이니 / 그녀의 꿈을? ____________ / ______?
11. 그들은 막 해고할 참이니 / 그녀를? ____________ / ______?
12. 너는 막 떠나려던 참이었니 / 한국을? ____________ / ______?
13. 너는 막 끄려던 참이었니 / 이 컴퓨터를? ____________ / ______?
14. 그녀는 막 먹으려던 참이었니 / 점심을? ____________ / ______?
15. 그는 막 그리려던 참이었니 / 동물을? ____________ / ______?

COMPLETE SENTENCES

완성 문장 낭독 훈련

이번에는 완성 문장을 잘 듣고
10회 이상 낭독 훈련해 보세요.

낭독 훈련 횟수 체크

❶ 나는 막 가려는 참이야 / 학교에.
I am about to go / to school.

❷ 그녀는 막 울려는 참이야.
She is about to cry.

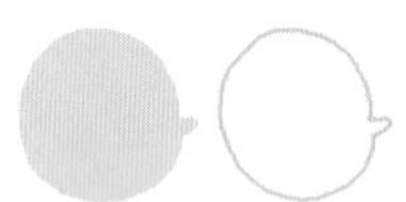

❸ 그는 막 걸으려는 참이야 / 그의 여자 친구와.
He is about to walk / with his girlfriend.

❹ 우리는 막 방문하려는 참이야 / 너를.
We are about to visit / you.

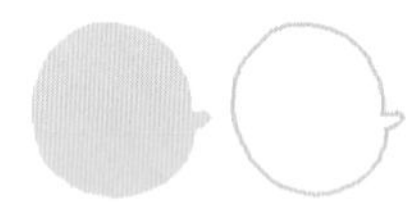

❺ 나는 막 물어보려던 참이었어 / 질문을.
I was about to ask / a question.

❻ 그녀는 막 가려던 참이었어 / 집에.
She was about to go / home.

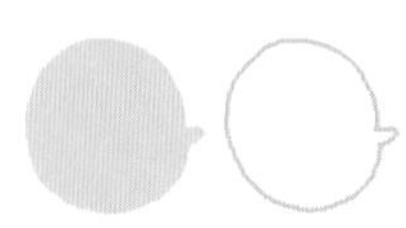

❼ 그들은 막 훔치려던 참이었어 / 이 차를.
They were about to steal / this car.

8 우리는 막 팔려던 참이었어 / 이 보트를.
We were about to sell / this boat.

9 너는 막 주문할 참이니 / 아메리카노를?
Are you about to order / an Americano?

10 그녀는 막 포기할 참이니 / 그녀의 꿈을?
Is she about to give up / her dream?

11 그들은 막 해고할 참이니 / 그녀를?
Are they about to fire / her?

12 너는 막 떠나려던 참이었니 / 한국을?
Were you about to leave / Korea?

13 너는 막 끄려던 참이었니 / 이 컴퓨터를?
Were you about to turn off / this computer?

14 그녀는 막 먹으려던 참이었니 / 점심을?
Was she about to have / lunch?

15 그는 막 그리려던 참이었니 / 동물을?
Was he about to draw / an animal?

스피드 입 영작

한글 해석을 보고 0.5초 내로 한번에 입 영작하세요.

	완성도 체크 100%
① 나는 막 학교에 가려는 참이야.	30% → 50% → 100%
② 그녀는 막 울려는 참이야.	30% → 50% → 100%
③ 그는 막 그의 여자 친구와 걸으려는 참이야.	30% → 50% → 100%
④ 우리는 막 너를 방문하려는 참이야.	30% → 50% → 100%
⑤ 나는 막 질문을 하려던 참이었어.	30% → 50% → 100%
⑥ 그녀는 막 집에 가려던 참이었어.	30% → 50% → 100%
⑦ 그들은 막 이 차를 훔치려던 참이었어.	30% → 50% → 100%
⑧ 우리는 막 이 보트를 팔려던 참이었어.	30% → 50% → 100%
⑨ 너는 막 아메리카노를 주문할 참이니?	30% → 50% → 100%
⑩ 그녀는 막 그녀의 꿈을 포기할 참이니?	30% → 50% → 100%
⑪ 그들은 막 그녀를 해고할 참이니?	30% → 50% → 100%
⑫ 너는 막 한국을 떠나려던 참이었니?	30% → 50% → 100%
⑬ 너는 막 이 컴퓨터를 끄려던 참이었니?	30% → 50% → 100%
⑭ 그녀는 막 점심을 먹으려던 참이었니?	30% → 50% → 100%
⑮ 그는 막 동물을 그리려던 참이었니?	30% → 50% → 100%

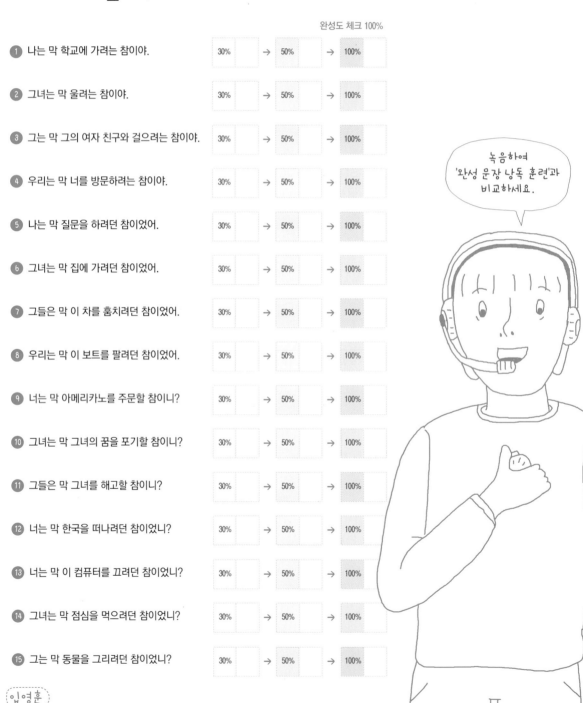

녹음하여
'완성 문장 낭독 훈련'과
비교하세요.

~하는 경향이 있어 tend to

의미단위 입영작

이번에는 빈칸 부분을 채워서 말해 보세요.

1. 나는 거짓말하는 경향이 있어. — I tend to ______.
2. 나는 수줍어하는 경향이 있어. — I ____________ be shy.
3. 그녀는 일어나는 경향이 있어 + 일찍. — She ______ to wake ______ early.
4. 그는 말하는 경향이 있어 + 빨리. — He ____________ talk fast.
5. 우리는 걷는 경향이 있어 + 너무 천천히. — We ______ to ______ too ______.
6. 나는 가는 경향이 있어 + 학교에 + 늦게. — I tend to ______ ______ school ______.
7. 그들은 방어하는 경향이 있어 + 그들 자신을. — They ____________ defend ______.
8. 나는 울지 않는 경향이 있어. — I tend ______ to ______.
9. 나는 일어나지 않는 경향이 있어 + 일찍. — I tend not to ____________ early.
10. 그녀는 마시지 않는 경향이 있어 + 커피를. — She ____________ drink ______.
11. 그들은 고용하지 않는 경향이 있어 + 남자들을. — They ____________ to ______ ______.
12. 내가 말하는 경향이 있니 + 너무 많이? — Do I tend to ______ ______ much?
13. 그녀는 오는 경향이 있니 + 여기에 + 자주? — ______ she tend to ______ here ______?
14. 그는 먹는 경향이 있니 + 너무 빨리? — ______ he ______ to ______ ______ fast?
15. 너는 까먹는 경향이 있니 + 너의 생일을? — ______ you ______ to ______ your ______?

어순 입영작

어순대로 우리말 부분을 입으로 영작해 보세요.

1. 나는 거짓말하는 경향이 있어. ______________________.
2. 나는 수줍어하는 경향이 있어. ______________________.
3. 그녀는 일어나는 경향이 있어 / 일찍. ________________ / ______.
4. 그는 말하는 경향이 있어 / 빨리. ________________ / ______.
5. 우리는 걷는 경향이 있어 / 너무 천천히. ________________ / ______.
6. 나는 가는 경향이 있어 / 학교에 / 늦게. ________________ / ______ / ____.
7. 그들은 방어하는 경향이 있어 / 그들 자신을. ________________ / ______.
8. 나는 울지 않는 경향이 있어. ______________________.
9. 나는 일어나지 않는 경향이 있어 / 일찍. ________________ / ______.
10. 그녀는 마시지 않는 경향이 있어 / 커피를. ________________ / ______.
11. 그들은 고용하지 않는 경향이 있어 / 남자들을. ________________ / ______.
12. 내가 말하는 경향이 있니 / 너무 많이? ________________ / ______?
13. 그녀는 오는 경향이 있니 / 여기에 / 자주? ________________ / ____ / ______?
14. 그는 먹는 경향이 있니 / 너무 빨리? ________________ / ______?
15. 너는 까먹는 경향이 있니 / 너의 생일을? ________________ / ______?

COMPLETE SENTENCES 완성 문장 낭독 훈련

이번에는 완성 문장을 잘 듣고
10회 이상 낭독 훈련해 보세요.

낭독 훈련 횟수 체크

5회 10회

❶ 나는 거짓말하는 경향이 있어.
I tend to lie.

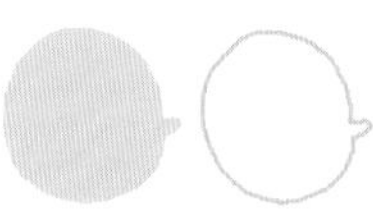

❷ 나는 수줍어하는 경향이 있어.
I tend to be shy.

❸ 그녀는 일어나는 경향이 있어 / 일찍.
She tends to wake up / early.

❹ 그는 말하는 경향이 있어 / 빨리.
He tends to talk / fast.

❺ 우리는 걷는 경향이 있어 / 너무 천천히.
We tend to walk / too slowly.

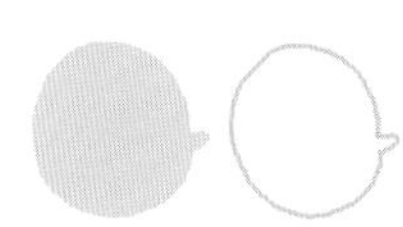

❻ 나는 가는 경향이 있어 / 학교에 / 늦게.
I tend to go / to school / late.

❼ 그들은 방어하는 경향이 있어 / 그들 자신을.
They tend to defend / themselves.

⑧ 나는 울지 않는 경향이 있어.

I tend not to cry.

⑨ 나는 일어나지 않는 경향이 있어 / 일찍.

I tend not to wake up / early.

⑩ 그녀는 마시지 않는 경향이 있어 / 커피를.

She tends not to drink / coffee.

⑪ 그들은 고용하지 않는 경향이 있어 / 남자들을.

They tend not to hire / men.

⑫ 내가 말하는 경향이 있니 / 너무 많이?

Do I tend to talk / too much?

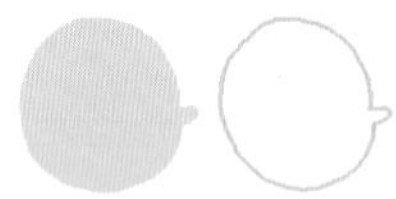

⑬ 그녀는 오는 경향이 있니 / 여기에 / 자주?

Does she tend to come / here / often?

⑭ 그는 먹는 경향이 있니 / 너무 빨리?

Does he tend to eat / too fast?

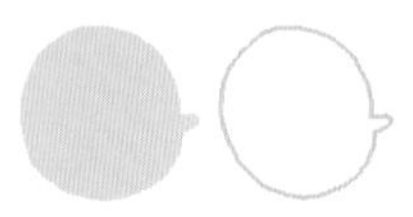

⑮ 너는 까먹는 경향이 있니 / 너의 생일을?

Do you tend to forget / your birthday?

스피드 입 영작

한글 해석을 보고 0.5초 내로 한번에 입 영작하세요.

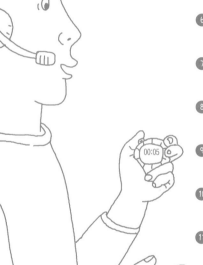

녹음하여
'완성 문장 낭독 훈련'과
비교하세요.

완성도 체크 100%

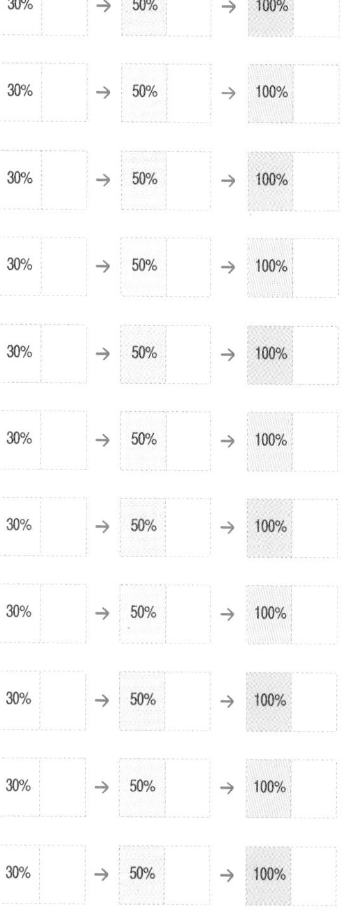

1. 나는 거짓말하는 경향이 있어.
2. 나는 수줍어하는 경향이 있어.
3. 그녀는 일찍 일어나는 경향이 있어.
4. 그는 빨리 말하는 경향이 있어.
5. 우리는 너무 천천히 걷는 경향이 있어.
6. 나는 학교에 늦게 가는 경향이 있어.
7. 그들은 그들 자신을 방어하는 경향이 있어.
8. 나는 울지 않는 경향이 있어.
9. 나는 일찍 일어나지 않는 경향이 있어.
10. 그녀는 커피를 마시지 않는 경향이 있어.
11. 그들은 남자들을 고용하지 않는 경향이 있어.
12. 내가 너무 많이 말하는 경향이 있니?
13. 그녀는 여기에 자주 오는 경향이 있니?
14. 그는 너무 빨리 먹는 경향이 있니?
15. 너는 너의 생일을 까먹는 경향이 있니?

패턴 25 ~하는 게 좋을 거야 had better

의미단위 입영작

이번에는 빈칸 부분을 채워서 말해 보세요.

1. 너는 좋을 거야 + 떠나는 게. — You had better _____.
2. 그녀는 좋을 거야 + 포기하는 게. — She __________ _____ up.
3. 너는 좋을 거야 + 멈추는 게 + 지금. — You __________ _____ _____.
4. 우리는 좋을 거야 + 달리는 게 + 빨리. — We __________ _____ fast.
5. 그들은 좋을 거야 + 오는 게 + 나의 파티에. — They __________ come _____ my _____.
6. 그녀는 좋을 거야 + 멈추는 게 + 일하는 것을. — She __________ _____ working.
7. 너는 좋을 거야 + 하는 게 + 너의 숙제를. — You __________ do your _____.
8. 나의 상사는 좋을 거야 + 멈추는 게 + 전화하는 것을 + 내게. — __________ had better _____ calling me.
9. 너는 좋을 거야 + 끝마치는 게 + 이 에세이를. — You __________ _____ this _____.
10. 너는 좋을 거야 + 사용하지 않는 게 + 내 카메라를. — You __________ _____ use my _____.
11. 그들은 좋을 거야 + 해고시키지 않는 게 + 나를. — They __________ not _____ me.
12. 그녀는 좋을 거야 + 만족해하는 게. — She __________ be _____.
13. 이 차는 좋을 거야 + 빠른 게. — This _____ had _____ be _____.
14. 우리는 좋을 거야 + 늦지 않는 게. — We __________ _____ be _____.
15. 이 차는 좋을 거야 + 느리지 않는 게. — __________ had better __________ slow.

어순 입 영작

어순대로 우리말 부분을 입으로 영작해 보세요.

1. 너는 좋을 거야 / 떠나는 게. ________________ / ______.
2. 그녀는 좋을 거야 / 포기하는 게. ________________ / ______.
3. 너는 좋을 거야 / 멈추는 게 / 지금. ________________ / ______ / ______.
4. 우리는 좋을 거야 / 달리는 게 / 빨리. ________________ / ______ / ______.
5. 그들은 좋을 거야 / 오는 게 / 나의 파티에. ________________ / ______ / ______.
6. 그녀는 좋을 거야 / 멈추는 게 / 일하는 것을. ________________ / ______ / ______.
7. 너는 좋을 거야 / 하는 게 / 너의 숙제를. ________________ / ______ / ______.
8. 나의 상사는 좋을 거야 / 멈추는 게 / 전화하는 것을 / 내게. ________________ / ______ / ______ / ______.
9. 너는 좋을 거야 / 끝마치는 게 / 이 에세이를. ________________ / ______ / ______.
10. 너는 좋을 거야 / 사용하지 않는 게 / 내 카메라를. ________________ / ______ / ______.
11. 그들은 좋을 거야 / 해고시키지 않는 게 / 나를. ________________ / ______ / ______.
12. 그녀는 좋을 거야 / 만족해하는 게. ________________ / ______.
13. 이 차는 좋을 거야 / 빠른 게. ________________ / ______.
14. 우리는 좋을 거야 / 늦지 않는 게. ________________ / ______.
15. 이 차는 좋을 거야 / 느리지 않는 게. ________________ / ______.

COMPLETE SENTENCES

완성 문장 낭독 훈련

이번에는 완성 문장을 잘 듣고
10회 이상 낭독 훈련해 보세요.

낭독 훈련 횟수 체크

5회 10회

❶ 너는 좋을 거야 / 떠나는 게.
You had better / leave.

❷ 그녀는 좋을 거야 / 포기하는 게.
She had better / give up.

❸ 너는 좋을 거야 / 멈추는 게 / 지금.
You had better / stop / now.

❹ 우리는 좋을 거야 / 달리는 게 / 빨리.
We had better / run / fast.

❺ 그들은 좋을 거야 / 오는 게 / 나의 파티에.
They had better / come / to my party.

❻ 그녀는 좋을 거야 / 멈추는 게 / 일하는 것을.
She had better / stop / working.

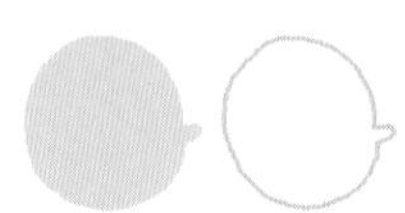

❼ 너는 좋을 거야 / 하는 게 / 너의 숙제를.
You had better / do / your homework.

⑧ 나의 상사는 좋을 거야 / 멈추는 게 / 전화하는 것을 / 내게.
My boss had better / stop / calling / me.

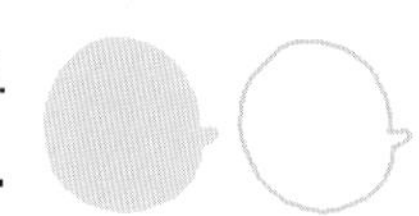

⑨ 너는 좋을 거야 / 끝마치는 게 / 이 에세이를.
You had better / finish / this essay.

⑩ 너는 좋을 거야 / 사용하지 않는 게 / 내 카메라를.
You had better / not use / my camera.

⑪ 그들은 좋을 거야 / 해고시키지 않는 게 / 나를.
They had better / not fire / me.

⑫ 그녀는 좋을 거야 / 만족해하는 게.
She had better / be satisfied.

⑬ 이 차는 좋을 거야 / 빠른 게.
This car had better / be fast.

⑭ 우리는 좋을 거야 / 늦지 않는 게.
We had better / not be late.

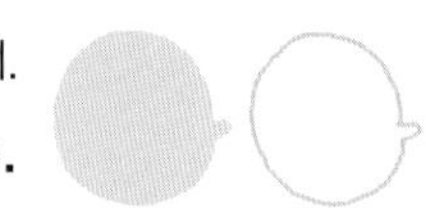

⑮ 이 차는 좋을 거야 / 느리지 않는 게.
This car had better / not be slow.

한글 해석을 보고 0.5초 내로 한번에 입 영작하세요.

	완성도 체크 100%
① 너는 떠나는 게 좋을 거야.	30% → 50% → 100%
② 그녀는 포기하는 게 좋을 거야.	30% → 50% → 100%
③ 너는 지금 멈추는 게 좋을 거야.	30% → 50% → 100%
④ 우리는 빨리 달리는 게 좋을 거야.	30% → 50% → 100%
⑤ 그들은 나의 파티에 오는 게 좋을 거야.	30% → 50% → 100%
⑥ 그녀는 일하는 것을 멈추는 게 좋을 거야.	30% → 50% → 100%
⑦ 너는 너의 숙제를 하는 게 좋을 거야.	30% → 50% → 100%
⑧ 나의 상사는 내게 전화하는 것을 멈추는 게 좋을 거야.	30% → 50% → 100%
⑨ 너는 이 에세이를 끝마치는 게 좋을 거야.	30% → 50% → 100%
⑩ 너는 내 카메라를 사용하지 않는 게 좋을 거야.	30% → 50% → 100%
⑪ 그들은 나를 해고시키지 않는 게 좋을 거야.	30% → 50% → 100%
⑫ 그녀는 만족해하는 게 좋을 거야.	30% → 50% → 100%
⑬ 이 차는 빠른 게 좋을 거야.	30% → 50% → 100%
⑭ 우리는 늦지 않는 게 좋을 거야.	30% → 50% → 100%
⑮ 이 차는 느리지 않는 게 좋을 거야.	30% → 50% → 100%

녹음하여
'완성 문장 낭독 훈련'과
비교하세요.

영어회화 입영작 훈련 1 개정판

저자 | 마스터유진
초판 1쇄 발행 | 2014년 7월 28일
개정판 2쇄 발행 | 2024년 2월 9일

발행인 | 박효상
편집장 | 김현
기획 · 편집 | 장경희, 김효정, 권순범, 이한경
디자인 | 임정현
마케팅 | 이태호, 이전희
관리 | 김태옥

교정 | 엄성수, 안창렬
디자인 · 조판 · 삽화 | 홍수미

종이 | 월드페이퍼
인쇄 · 제본 | 예림인쇄 · 바인딩

출판등록 | 제10-1835호
발행처 | 사람in
주소 | 04034 서울시 마포구 양화로11길 14-10(서교동) 3F
전화 | 02) 338-3555(代) 팩스 | 02) 338-3545
E-mail | saramin@netsgo.com
Website | www.saramin.com

책값은 뒤표지에 있습니다.
파본은 바꾸어 드립니다.

ISBN 978-89-6049-971-3 14740
978-89-6049-401-5 (set)

우아한 지적만보, 기민한 실사구시 사람in